KB202640

자신 안을 능력으로 꽉 채우기 원하는 분의 책

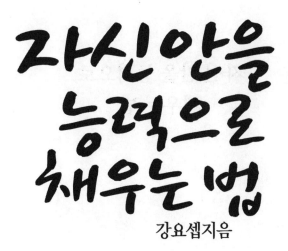

강요셉지음

능력은 자신 안 성전에서 성령으로 분출된다.

성령

자신 안을 능력으로
채우는 법

성령

들어가는 말

하나님께서는 내면이 생명의 말씀과 성령으로 꽉 찬 크리스천들을 통하여 이 땅에 하나님의 나라를 건설하십니다. 무엇보다도 하나님은 사랑하는 마음으로 가득 채워지기를 소원하십니다. 많은 목회자와 성도들이 외부로 눈으로 보이는 외형적인 믿음 생활을 하는 경향이 있습니다. 분명하게 알아야 할 것은 내면이 성령의 권능으로 꽉 채워지지 않으면 외부로 나타나는 것들은 바람에 나는 겨와 같이 아무런 힘도 발휘하지 못합니다. 지금 보이는 능력이나 현상을 발휘한다고 할지라도 지속하지 못하고 중간에 소멸되는 것이 보통입니다.

하나님은 고린도후서 4장 18절에서 "우리가 주목하는 것은 보이는 것이 아니요, 보이지 않는 것이니 보이는 것은 잠깐이요 보이지 않는 것은 영원함이라."고 말씀하십니다. 우리 크리스천들은 영원한 것을 추구해야 합니다. 영원한 것은 성도들의 마음안의 성전에 주인으로 계시는 하나님으로부터 나타나는 것입니다. 우리 크리스천들은 보이는 면에 치중하기에 앞서서 내면이 생명의 말씀과 성령으로 꽉 채워지는 일에 관심을 집중해야 합니다. 외부에 나타나는 권능은 마음 안 성전에서 분출되는 권능이 되도록 관심을 집중해야 합니다. 일부 목회자와 성도들이 권능이 있고 신령한 사람을 추종하며 따르는 분들이 있습니다. 하나님은 그 사람을 통하여 자신 안에 성전삼고 계신 하나님과 관계를 열기를 원하십니다. 그리하여 하나님의 말씀에 온전하게 순종하는 크리스천들이 되어야 합니다. 예수님은 요한복음 14장 21절에서 "나의 계명을 지키는 자라야 나를 사랑하는 자니 나를 사랑하는 자는 내 아버지께 사랑을 받을 것이요 나도 그를 사랑하여 그에게 나를 나타내리라" 말씀하셨습니다. 크리스천의 권능은 꽉 찬 내면에서 나오는 것이 진정한 권능입니다.

이 책을 통하여 내면의 권능이 얼마나 중요한 것인지와 외형을 추구하는 신앙의 문제점을 확실하게 인식하기를 바랍니다. 이 책을 통하여 내면에 대하여 바르게 인식하고 내면을 강하게 하여 세상에서 하나님을 나타내는 크리스천들이 되기를 바랍니다. 내면을 강하게 하시어 늙도록 부하고 존귀하며 건강하게 하나님의 일꾼으로 살다가 주님이 오라고 부르시면 영원한 천국에 입성하시기를 바랍니다.

주후 2017년 03월 20일
충만한 교회 성전에서
저자 강요셉목사

세부적인목차

1부 성공 실패가 자신 안에 들어 있다.

1장 내면의 능력은 어디에서 나올까

(요15:7)"너희가 내 안에 거하고 내 말이 너희 안에 거하면 무엇이든지 원하는 대로 구하라. 그리하면 이루리라."

하나님은 예수를 믿고 성령으로 거듭난 성도들이 자신 안에 성령으로 꽉 채우기를 원하십니다. 왜 예수를 믿으면서도 내면이 부실하여 오만가지 고통을 당하면서 세상을 살아갈까요? 그것은 하나님을 관념적으로 알고 믿음생활을 하기 때문입니다. 하나님은 관념적인 하나님이 아닙니다. 살아서 역사하시는 실제적인 하나님이십니다. 살아서 역사하시는 성령하나님으로 꽉 채워지려면 먼저 알고 믿어야 할 것이 있습니다. 다름이 아니라 자신은 예수를 믿을 때 죽고, 다시 예수로 태어났다는 것입니다. 지금 자신이 사는 것은 예수님으로 사는 것입니다. 예수님은 자신 안 성전에 주인으로 계십니다. 자신 안 성전에 주인으로 계시는 예수님은 영이십니다. 영이신 예수님은 성령으로 살아서 역사하십니다. 살아서 역사하시는 성령하나님이 자신 안에 꽉 채워져야 예수님으로 다시 태어난 사람답게 초자연적인 능력을 나타내면서 살수가 있기 때문입니다.

자신이 예수를 믿을 때 죽은 것을 잘 모르고 자신이 주인 되어 살기 때문에 내면이 부실한 것입니다. 빨리 자신이 죽어야 합니다. 자신이 죽어 없어지면 질수록 내면은 강해지는 것입니다. 반대로 자신이 살아있으면 있을수록 내면은 부실한 것입니다.

생명의 말씀과 성령으로 자신이 없어지면 질수록 자신 안의 능력은 강해지는 것입니다. 내면의 능력은 자신이 무능하다는 진리를 깨달으면 깨달을수록 강해지는 것입니다. 하나님은 이렇게 말씀하십니다. "아무도 자신을 속이지 말라 너희 중에 누구든지 이 세상에서 지혜 있는 줄로 생각하거든 어리석은 자가 되라 그리하여야 지혜로운 자가 되리라(고전 3:18)" 어리석은 자가 되어야 지혜로운 자가 된다는 하나님의 말씀입니다. 이 또한 깨달아야 자신의 것이 되는 것입니다. 예수님은 요한복음 8장 43절에서 이렇게 말씀하십니다. "어찌하여 내 말을 깨닫지 못하느냐 이는 내 말을 들을 줄 알지 못함이로다." 예수님의 말씀인 진리를 깨달으려면 예수님의 말씀이 들리고 알아야 한다는 말씀입니다. 예수님의 말씀이 들리고 깨달아 알아지려면 성령으로 충만해야 가능합니다. "우리가 이것을 말하거니와 사람의 지혜가 가르친 말로 아니하고 오직 성령께서 가르치신 것으로 하니 영적인 일은 영적인 것으로 분별하느니라(고전 2:13)" 성령으로 진리를 깨달아 자신이 없어지고 성령으로 충만하면 내면의 능력은 저절로 강해지는 것입니다. 성령으로 하나가 되어가기 때문입니다. 예수님은 "그 날에는 내가 아버지 안에, 너희가 내 안에, 내가 너희 안에 있는 것을 너희가 알리라(요 14:20)" 말씀하셨습니다. 성령으로 세례를 받으면 예수님과 하나가 된다는 뜻입니다. 성령께서 깨달아 알게 하시는 것입니다. 절대로 조금 머리로 안다고 교만하지 말고 예수님과 하나가 되어 성령으로 깨달아야 합니다. 하나님은 고린도전서 8장 2절에서 "만일 누구든지 무엇을 아는 줄로 생각하면 아직도 마땅히 알 것을 알지 못하는 것이요" 경고하셨다는 것을 명심해야 합니다.

내면이 강하게 되려면 하나님의 말씀을 대할 때 겸손하게 대해 보시기를 바랍니다. 성경을 읽을 때 자신에게 하는 말씀으로 읽으라는 것입니다. 거북스러운 말씀이라도 자신도 그와 같을 수가 있다고 받아들이라는 것입니다. "만일 누구든지 무엇을 아는 줄로 생각하면 아직도 마땅히 알 것을 알지 못하는 것이요 (고전 8:2)" 말씀을 안다고 자만하지 말아야 겠구나 하면서 실천하는 것입니다. 설교 시간에 예수 믿는 성도에게도 귀신이 역사할 수 있습니다. 하면 아멘! 으로 화답하고, 혹시라도 자신도 알지 못하는 영적인 존재가 역사하고 있지 않나 관심을 갖아야 내면이 강해지는 것입니다. 그런데 아니 예수 믿는 성도에게 무슨 귀신이 역사해~ 나는 목사이고, 장로이고 안수집사이고, 권사로서, 초신자보다 성령 충만하기 때문에 상관없는 말이야 하고 무시하면 내면이 부실할 수밖에 없는 것입니다. 목사님이 기도를 할 때는 내면에서 성령의 역사가 일어나서 자신을 장악하여 밖으로 분출이 될 수 있도록 깊고 오래할 수가 있어야 합니다. 그래야 잠재의식에 스트레스가 쌓이지 않습니다. 그렇게 말씀을 하신다면 자신이 기도할 때 그렇게 하려고 해야 내면이 강해진다는 것입니다. 말씀을 들을 때 합리적이고 이성적이면 받아들이고, 자아가 거부하면 버리는 정수기 역할과 같은 상태로 말씀을 받으면 내면이 부실해질 수밖에 없는 것입니다.

그래서 젊을수록 내면보다 외형을 추구하는 것입니다. 영적인 능력도 밖으로 무엇이 나타나야 강한 것으로 인식을 하고 추구합니다. 기도를 하더라도 밖으로 보이는 역사를 나타내려고 합니다. 능력을 받는 것도 마찬가지입니다. 밖으로 나타나는 행동을 하면서 능력이 나타나기를 소원합니다. 성령의 역사를 일으키는 것도 마찬가지입니다. 꼭 밖으로 어떤 동작이나 행동이 나타나야 성령으로 충만한 것으로 인식하는 경향이 있습니다.

그러다가 진리를 깨닫고 깊어지면 외형으로 나타나는 현상보다도 내면의 변화와 평화를 추구하게 됩니다. 내면이 안정되지 않으면 아무것도 되는 것이 없다고 느끼고 깨닫게 됩니다. 내면의 평안이 곧 능력이라는 것을 깨달아 알게 됩니다. 그러나 여기까지 발전하려면 많은 시행착오와 시련과 고통을 통과해야 깨닫게 됩니다. 그래서 "존귀하나 깨닫지 못하는 사람은 멸망하는 짐승 같도다(시 49:20)" 하시는 것입니다.

내면이 부실하니까, 밖에서 부족을 채우려고 합니다. 자신의 노력으로 내면을 강하게 하려고 열심히 하고, 밤잠을 설 처가면서 인간적인 노력을 합니다. 그러다가 건강에 문제가 발생하기도 합니다. 스트레스가 과하여 불면증이나 우울증이나 불안 장애가 발생하기도 합니다. 피부병이 발생하기도 합니다. 내면이 부실하여 마음을 몸이 따라주지 못하기 때문에 일어나는 현상입니다. 아토피도 마찬가지입니다. 피부에 아무리 약을 발라도 치유가 되지 않습니다. 내면을 강하게 하면 피부병도 치유가 되니다. 이런 몸을 치유하려고 영양주사를 맞고 심지어 프로포폴을 투약하여 잠을 자고 평안을 찾으려고 하는 것입니다. 세상 사람들이 모두 한결같습니다. 내면이 부실하기 때문입니다.

우리가 알아야 할 것은 내면의 능력이 성도를 바꿉니다. 한 때 필자는 주님을 외적으로 경험하는 것과 내적으로 경험하는 것의 차이를 잘 알지 못했습니다. 그 차이는 간단합니다. 외적인 경험은 흥분되고 신나고 달콤하지만 삶과 인격이 바뀌어 지지 않습니다. 그것은 자기 착각과 교만, 판단의 열매를 생산합니다. 그러나 내면의 체험은 사람의 중심을 바꾸어 놓습니다. 그래서 하나님께서 마음 안에 성전삼고 주인으로 임재하신 것입니다.

이제 저는 분명히 느낍니다. 주님을 외적으로 경험하는 것과 주님을 내면에서 경험하는 것은 다르다는 것입니다. 주님을 내면에서 경험해 갈 때 그것은 당신의 삶 자체를 바꿉니다. 성향 자체를 바꿉니다. 내면의 능력이 강해지면 사람들을 미워하는 것이 점차로 불가능해집니다. 누군가를 원망하는 것이 점차로 불가능해집니다. 모든 것이 자신의 무지의 소치로 인정하게 됩니다. 내면이 강해져야 성도가 변합니다. 밖으로 나타나는 경험을 찾아다니는 성도들은 어떤 면에서 건강하지 않습니다. 필자는 거의 매일 밖으로 나타나는 현상에 치우치지 말고 진정한 변화를 추구하라고 강조 합니다. 사람은 자신이 갖춘 외적인 능력을 통해 존경을 받고 내적인 성품을 통해 신뢰를 얻는 것이기 때문입니다. 아무리 외적인 능력이 강해도 사람들에게 신뢰를 받지 못하면 헛것이라는 것입니다.

밖으로 나타나는 경험을 찾아다니는 성도들은 역시 여기가 제일 성령의 불이 세다고 말합니다. 거기는 좀 약하다고 합니다. 거기는 영이 깨끗하다고 말합니다. 거기는 좀 영이 흐린 것 같다고 그들은 말합니다. '아무개 목사님은 영 권이 강하다고' 하고 '아무개 목사님 영 권 많이 떨어 졌대'라고 그들은 말합니다. 그들은 언제나 더 좋고 강하고 자극적인 것을 찾아다닙니다. 조금 있다가 다른 곳을 찾아갑니다. 내면의 성숙을 위하여 찾아다니는 것이 아니고 외부에서 나타나는 현상을 느끼려고 찾아다닙니다. 특별하게 조금 영적인 것을 안다고 하는 초보 목회자들이 이리저리 돌아다닙니다. 이들은 주님을 사랑하는 것이 아니라, 자신의 느낌을 사랑하는 것입니다. 자신의 내면을 보지 못하고 능력이 있다는 사역자만 바라보고 사역자에게 무엇을 얻을 수 있을까 치중하면서 돌아다닙니다. 나타나는 현상에 치중하면 자신을 정확하게 보지 못하고 자신 안에 주인으로 계시는 하나님을 만나지 못하는 것입니다. 나중에 깨닫고 보면 사람에게 얻을 것이 없다는 것을 알게 됩니다. 절대로 인격의 성숙이 되지 않습니다. 내면이 성숙해서 밖으로 은사가 나타나야 합니다. 내면을 성숙을 먼저 추구하라는 말입니다. 목회자들도 마찬가지입니다. 나타나는 현상을 체험하려고 돌아다니지 말라는 것입니다. 내면이 강해져야 외적인 능력이 강해지는 것입니다.

필자가 말하는 것은 권능이 있는 사역자를 찾아가지 말라는 말이 아닙니다. 그 사역자를 통하여 자신 안에 성전삼고 주인으로 계시는 하나님과 관계를 열라는 것입니다. 내면을 생명의 말씀과 성령으로 꽉 채우라는 것입니다. 그 목사님에게 역사하는 성령의 역사가 자신에게 나타나게 하라는 것입니다. 진리의 말씀도 자신의 마음 안에서 성령으로 깨닫고 전하는 수준을 만들라는 것입니다. 그렇게 되려면 자신을 바라보아야 합니다. 자신의 내면에 집중해야 합니다. 하나님은 관심을 가지고 찾는 자에게 찾아오시고 역사하십니다. 자신 안에 성전삼고 주인으로 계셔도 찾지 않고 관심 같지 않으면 주무신다는 것을 깨닫고 알아야 합니다. 자신 안에 주인으로 계시는 하나님을 찾으십시오.

주님을 내면으로 경험하십시오. 외적인 능력과 은혜는 사모하면 누구나 받을 수 있습니다. 민감한 체질이면 더 쉽게 여러 가지를 경험 할 것입니다. 그러나 진정 자신을 주님께 드리고 진정 그 분이 없으면 세상을 살아갈 수가 없다는 의식으로 변화되지 않는다면 그분을 내적으로 경험하지는 못합니다. 항상 내면이 부실한 사람들이 됩니다. 진정 자신의 욕망과 겉 사람을 십자가에 못 박고, 오직 주님을 기쁘시게 해드리겠다는 일념과 헌신만이 외적으로 나타나는 일시적인 능력이 아닌 참된 주님과의 교통으로 사람으로 성숙되어 가는 것입니다

내적능력과 내적지혜는 어디에서 나올까요? 그 원천은 많겠으나 무엇보다 자기를 관찰하는 노력에서 나온다고 봅니다. 자기를 알아야 합니다. 자신이 얼마나 무능한지를 깨달아야 합니다. 밖으로 나타나는 현상에 치유치지 않고 자신의 내면을 정확하게 보는 눈이 열려야 합니다. 백전백승의 전제조건인 지피지기도 자기를 관찰해야만 얻을 수 있습니다. 내면의 능력은 성령

으로 채워진 예수님의 능력입니다. 예수님은 대중들에게 지탄을 받는 일은 절대로 하지 않으셨습니다. 내면이 강하셨기 때문입니다. 하나님께서 함께 하셨기 때문입니다. 내면의 능력은 주변 사람들에게 환영을 받는 능력도 포함이 됩니다.

내적인 능력은 죄와 싸워서 이길 수 있는 힘입니다. 육체의 소욕을 따르지 않고 성령을 좇아 행할 수 있는 것(갈 5:16-18)이 곧 성령 충만으로 말미암는 내적인 능력입니다. 이것은 자기를 부인하는 일과 하나님을 믿고 맡기는 생활에서 구체적으로 나타납니다. 체험하고 깨달아야 강해지는 것입니다. 자신을 정확하게 성찰하여 자신의 무능함을 인정해야 강해지는 능력입니다. 예수님은 이렇게 말씀하십니다. "또 무리에게 이르시되 아무든지 나를 따라 오려거든 자기를 부인하고 날마다 제 십자가를 지고 나를 좇을 것이니라(눅 9:23)"

예수님은 당신을 따르고자 하는 많은 사람들에게 미리 말씀하셨습니다. 그러나 제자들마저 이 말씀에 부응하지 못했습니다. 진정한 말씀의 뜻을 깨닫지 못했기 때문입니다. 저들은 죽음의 공포와 자기 목숨에 대한 애착을 끊지 못했기 때문입니다. 자기를 부인하는 것은 인간 스스로가 극복하기 힘든 과정임에 틀림없습니다. 반드시 체험해야 극복할 수가 있는 것입니다. 자신의 나약함을 인정해야… 자신이 없어져야 가능한 것입니다. 자신이 없어지려면 자신이 얼마나 나약한 존재인지 체험해야 가능한 것입니다. 스스로 자기를 부인하는 것은 많은 세월이 걸리는 것입니다. 자신의 능력과 지혜로 세상을 살아가다가 많은 시행착오와 고통을 당해보아야 비로소 자신을 바르게 알 수 있기 때문입니다.

그러나 성령이 임하시고 난 후에는 사정이 달라졌습니다. 주님께서 십자가에 못 박히신 후 불과 50일이 지났을 뿐입니다. 부활하신 예수께서는 승천하시기까지 40일을 제자들에게 나타나사 하나님 나라의 일을 말씀하셨습니다(행 1:3). 제자들이 기도하면서 성령 세례를 기다린 시일은 겨우 10여 일 정도였습니다.

이 사실로 미루어 볼 때 오순절 날 임하신 성령님은 변화의 주체이시요, 내면의 능력 그 자체라는 것을 알 수 있습니다. 한마디로 성령님이 믿는 자들의 생각과 행동이 100% 바뀌는 것이라는 것을 알 수가 있습니다. 부정적인 사람들이 긍정적인 사람으로 바뀌는 계기가 된 것입니다. 그 어디에도 인간의 노력이나 공로를 가미할 구석이 전혀 없습니다. 전혀 기도에 힘썼다고 합니다. 그렇다면 그 기도의 내용이 무엇이었을까를 스스로 생각해 보시기를 바랍니다.

주님이 승천하셨을 때 제자들에게 남은 유일한 소망은 예수님이 약속하신 말씀이 이루어지는 때를 바라보고 기다리는 일이었습니다. 이제 더 이상 자신들의 의지와 결심을 믿을 수 없었습니다. 오직 성령님이 오셔야 했습니다. 그럴 때 이 어둠과 온갖 무지가 사라질 것이기 때문입니다. 자기의 지혜와 능력과 노력으로 산다는 생각이 없어지기 때문입니다. 자기가 없어지니 내면에서 성령의 능력과 지혜가 자신을 주장하게 되는 것입니다.

성령 세례는 먼저 제자들의 속을 새롭게 만들었습니다. 그야말로 새 영으로 인해 새 마음을 입은 것입니다. "또 새 영을 너희

속에 두고 새 마음을 너희에게 주되 너희 육신에서 굳은 마음을 제하고 부드러운 마음을 줄 것이며(겔 36:26)" 믿는 사람들의 내면이 바뀌는 것입니다. 하나님의 능력과 지혜가 나타나는 사람들이 되는 것입니다.

모든 것이 하나님을 찾는 자들과 순종하는 자들에게 주어진 것입니다. "저가 또한 우리에게 인치시고 보증으로 성령을 우리 마음에 주셨느니라(고후 1:22)" 순종하는 자들에게 성령으로 인을 쳐서 보증하여 주신 것입니다. 하나님은 순종하는 자들에게 이렇게 말씀하십니다. "주께서 가라사대 그 날 후로는 저희와 세울 언약이 이것이라 하시고 내 법을 저희 마음에 두고 저희 생각에 기록하리라 하신 후에 또 저희 죄와 불법을 내가 다시 기억하지 아니하리라 하셨으니(히 10:16-17)" 그 결과 자기 부인이 가능해졌습니다. 무능한 자기를 신뢰하지 않는 자들이 되었습니다.

그렇다면 "외부(율법)로부터 오는 명령"과 "자발적으로 순종하는 마음"의 차이는 무엇일까요? 그것은 옛 언약과 새 언약을 바로 이해하는 데서부터 시작이 됩니다. "나 여호와가 말하노라 보라 날이 이르리니 내가 이스라엘 집과 유다 집에 새 언약을 세우리라…나 여호와가 말하노라 그러나 그 날 후에 내가 이스라엘 집에 세울 언약은 이러하니 곧 내가 나의 법을 그들의 속에 두며 그 마음에 기록하여 나는 그들의 하나님이 되고 그들은 내 백성이 될 것이라(렘 31:31,33)"

"새 언약이라 하셨으매 첫 것은 낡아지게 하신 것이니 낡아지고 쇠하는 것은 없어져 가는 것이니라(히 8:13)" 옛 언약은 기록된 율법입니다. 그리고 새 언약은 새 마음을 뜻하는 것입니다. 성령께서 주인 된 마음입니다. 마음에 성전삼고 임재하신 하나님이십니다. 마음 안에 성전에 주인으로 계시는 하나님께서 우리에게 주시는 것은 새로운 율법이나 윤리체계가 아닙니다.

후안 카를로스 오르티즈 목사는 "제자입니까"라는 그의 책에서 이렇게 말했습니다. "새 언약은 우리가 무엇을 하는 것이 아니다. 하나님의 계명들을 암송하고 배울 수는 있지만 그것을 다 행할 수는 없다. 어떤 사람들은 회심한 후 새 마음을 받아 소유하고 있음에도 옛 속성을 그대로 간직하고 있다. 하지만 하나님의 말씀을 쌓는 새로운 토대를 가진 사람 즉 새 마음을 가진 사람은 마침내 하나님의 요구를 행할 수 있다. 그러나 그것은 오로지 하나님의 은혜로만 가능한 일이다. 이 은혜는 관념적이거나 이론적이지 않고 오히려 실천적이다. 옛 언약은 마땅히 복종해야 할 성문법에 기초하고 있다. 그러나 새 언약은 반드시 따라야 할 성령을 주심에 근거하고 있는 것이다. 성령님은 옛 언약처럼 하나님의 뜻의 일부가 아닌 전부이다. 새 마음을 부여받은 제자들은 이제 율법의 요구를 뛰어 넘는 삶을 살기 시작했다." 새 마음을 부여 받은 성도들은 성령의 지배와 인도를 받는 사람을 살게 된 것입니다.

크리스천의 내적인 모든 능력은 이 새 마음속에 있습니다. 새 마음인 성전 속에 하나님께서 주인으로 계시기 때문입니다. 하나님은 이렇게 말씀하십니다. "우주와 그 가운데 있는 만물을 지으신 하나님께서는 천지의 주재시니 손으로 지은 전에 계시지 아니하시고, 또 무엇이 부족한 것처럼 사람의 손으로 섬김을 받으시는 것이 아니니 이는 만민에게 생명과 호흡과 만물을 친히 주시는 이심이라(행 17:24-25)” 하나님은 인격이시라, 벽돌로 지은 예배당과 교통하실 수가 없습니다. 하나님은 믿는 자의 새 마음 안에 성전삼고 계십니다. 새 마음 안에 성전삼고 계시는 하나님으로부터 내면의 능력이 분출되는 것입니다. 그래서 자신이 없어지면 질수록 내면의 능력과 지혜가 강해지는 것입니다.

나면서 앉은뱅이 된 사람을 고친, 베드로를 에워싸는 백성들을 향한 그의 고백은 사뭇 충격적입니다. “나은 사람이 베드로와 요한을 붙잡으니 모든 백성이 크게 놀라며 달려 나아가 솔로몬의 행각이라 칭하는 행각에 모이거늘 베드로가 이것을 보고 백성에게 말하되 이스라엘 사람들아 이 일을 왜 기이히 여기느냐 우리 개인의 권능과 경건으로 이 사람을 걷게 한 것처럼 왜 우리를 주목하느냐(행 3:11-12)” 세상 사람들은 베드로가 앉은뱅이를 고친 줄로 알고 모여듭니다. 그러니까, 베드로가 자신이 한 것이 아니라, 자신 안에 성전삼고 주인으로 계시는 하나님께서 하신일이라고 담대하게 말합니다. 내안에 주인으로 계시는 하나님의 능력으로 이 사람을 고쳤다고 외칩니다. “그 이름을 믿으므로 그 이름이 너희 보고 아는 이 사람을 성하게 하였나니 예수로 말미암아 난 믿음이 너희 모든 사람 앞에서 이같이 완전히 낫게 하였느니라(행 3:16)”

이전의 인간적이고 기고만장하던 베드로가 아닙니다. 자신을 부인하고 도리어 예수님과 부활을 증거하는 증인으로 담대히 외치고 있습니다. 오순절 날 성령으로 세례를 받고 베드로가 완전하게 바뀐 것입니다. 내면의 능력은 자신이 없어지고 하나님께서 주인 된 것은 담대하게 선포할 때 강해지는 것입니다. 한마디로 인격이 바뀌어야 가능한 것입니다. 인격을 누가 바뀌게 합니까? 성령께서 하시는 것입니다. 성령님이 아니고서는 인격이 바뀔 수기 없습니다. 인간적인 노력으로 인격이 바뀔 수가 없습니다. 대통령이 되어도 바뀔 수기 없습니다. 아니 인간성이 더 나빠질 수가 있습니다. 그러나 성령으로 세례 받은 베드로는 순간 바뀌었습니다. 유대인들과 관원들의 무리도 더 이상 두려워하지 않습니다. "베드로와 요한이 대답하여 가로되 하나님 앞에서 너희 말을 듣는 것이 하나님 말씀을 듣는 것보다 옳은가 판단하라. 우리는 보고 들은 것을 말하지 아니할 수 없다 하니 관원들이 백성을 인하여 저희를 어떻게 행할 도리를 찾지 못하고 다시 위협하여 놓아 주었으니 이는 모든 사람이 그 된 일을 보고 하나님께 영광을 돌림이러라(행 4:19-21)"

나아가 이스라엘의 공회 앞에서도 여전히 담대하기만 합니다. 하나님께 영광을 돌립니다. 오히려 기쁨으로 고난을 감당하고 있습니다. 이런 놀라운 변화야말로 새 마음으로 말미암은 내적인 능력에서 비롯된 것입니다. 베드로의 내면이 성령으로 바뀌니까, 내면의 능력이 강해진 것입니다. "사도들은 그 이름을 위하여 능욕 받는 일에 합당한 자로 여기심을 기뻐하면서 공회 앞을 떠나니라. 저희가 날마다 성전에 있든지 집에 있든지 예수는 그리스도라 가르치기와 전도하기를 쉬지 아니하니라(행 5:41-42)" 이러한 일로 당황한 것은 도리어 대제사장들과 공회였습니다(행 4:13-14). 불과 며칠 전만 해도 유대인들을 두려워했던(요 20:19) 모습은 어느새 온데간데없이 사라졌습니다. 그리고 "날마다 제 십자가를 지고" 주님을 끝까지 따라갔습니다. 사도들의 삶은 내적 변화와 진정한 능력이 무엇인지를 새삼 생각하게 합니다.

이렇게 베드로와 같이 깨달아야 내면이 강하지고 내면의 능력으로 살아갈 수가 있는 것입니다. 깨달음이란 자신의 내면을 강화하는 근본입니다. 베드로가 성령으로 세례를 받고 완전하게 변했습니다. 자신이 지금 어떤 위치에 있으며 누가 함께하고 있는지 바르게 깨달았기 때문입니다. 깨달음이란 생명보다 더 위대한 것입니다. 그리고 육안으로 보거나 육신의 도구로 만질 수 있는 것보다 더 위대한 것을 아는 과정입니다. 깨달음이란 그런 것보다 더 위대한 것, 즉 우리 내면에 있는 우주의 진정한 통치자를 알기 시작하는 순간입니다. 이는 반드시 성령으로 되는 것입니다. "오직 하나님이 성령으로 이것을 우리에게 보이셨으니 성령은 모든 것 곧 하나님의 깊은 것까지도 통달하시느니라. 사람의 일을 사람의 속에 있는 영외에 누가 알리요, 이와 같이 하나님의 일도 하나님의 영외에는 아무도 알지 못하느니라(고전 2:10-11)"

깨달음은 내면의 각성을 뜻합니다. 자신이 매일 쓰고 있는 것보다 훨씬 위대한 힘이 자신에게 있다는 것을 인식하는 것입니다. 예수를 믿고 성령으로 세례를 받은 연후에 깨달아지기 시작합니다. 무엇보다도 성령으로 세례를 받는 것이 중요합니다. 하나님은 영이십니다. 성령으로 나타내시고 일하시는 분입니다. 그러기 때문에 성령으로 세례를 받아야 내면에 어떤 능력이 있는지 깨달아지기 시작할 수가 있는 것입니다. 바울도 성령으로 세례를 받은 후에 완전하게 뒤바뀐 인생을 살게 된 것입니다.

보통은 자신의 생각과 의중의 지시를 따르지만 깨달은 후에는 하나님의 뜻을 따릅니다. 우리는 하나님과 연결되어 우리의 진가를 인식하게 되지만 동시에 매우 겸손해집니다. 자신에 대해 많이 알수록 더욱 겸손해지게 됩니다. 자신이 한 일이 아니고 마음 안에 주인으로 계시는 하나님께서 하신 것을 깨달았기 때문입니다.

이 우주에는 위대한 힘이 있는데, 그 힘이 우리 인간의 사고력으로 논의되거나 파악될 수 없다는 것을 알기에 우리는 겸손해지지 않을 수 없습니다. 성령께서 깨닫게 하시어 자신의 무능과 무지를 알기 때문에 겸손해지는 것입니다. 그런 다음 우리는 내면에 더 고등한 힘을 갖추고 매일 다른 사람을 위해 그 힘을 사용하게 되므로 매우 힘 있는 존재가 됩니다.

우리 안에 거하는 성령님과 전지전능한 하나님으로 분출되는 긍정적인 힘의 올바른 근원을 향해 우리의 내면을 두드리면 전에는 닫혀 있던 그 근원이 열립니다. 일단 그 근원이 열리고 나면 우리는 그리스도와 같이 전능해집니다. 내면이 강해집니다. 우리는 이 타고난 하나님의 능력으로 많은 사람을 도울 수 있습니다. 그때 우리는 보다 겸손해집니다. 왜냐하면 모든 사람 안에 똑같은 힘이 있다는 것을 알게 되어 모든 이들을 살아 있는 하나님의 형상으로 존경하게 되기 때문입니다.

2장 내면이 건강하고 실해야 행복하다.

(요4:13~14)"예수께서 대답하여 이르시되 이 물을 마시는 자마다 다시 목마르려니와 내가 주는 물을 마시는 자는 영원히 목마르지 아니하리니 내가 주는 물은 그 속에서 영생하도록 솟아나는 샘물이 되리라"

하나님은 내면이 생명의 말씀과 성령으로 꽉 차 건실하기를 소원하십니다. 내면이 건실해지려면 마음 안에 하나님으로 채워져야 가능합니다. 하나님으로 채워진 성도는 하나님으로 만족하게 되어 있습니다. 마음 안에 하나님이 채워지지 않으니 항상 마음이 공허하여 세상 것으로 해결하려고 하는 것입니다. 최 아무개 목사는 장가를 다섯 번을 갔다고 하는데 마음이 텅 비어서 일어난 현상입니다. 참으로 불쌍한 존재입니다. 왜냐하면 목사의 마음 안이 하나님으로 채워지지 않았기 때문에 불쌍한 것입니다. 우리는 내면을 강하게 하여 이런 불쌍한 존재가 되지 말아야 합니다.

오늘 본문에 보면 예수님께서 어느 날 정오에 햇빛이 쨍쨍 비추고 무더운 어느 날 사마리아를 통과하시다가 수가성 어느 곳에 가서 우물곁에 앉았습니다. 제자들은 먹을 것을 찾아 시내로 들어갔는데 예수님은 누구를 간절히 기다리는 심정으로 그곳에 앉아 계셨습니다. 그런데 조금 있다가 사마리아 여인이 물동이를 걸머지고 총총히 오더니만 좌우를 살펴보지도 아니하고 예수님이 앉아 계신 곳에 눈길도 주지 아니하고 그는 우물가에 나와서

동이를 내려놓고 물을 길기 시작합니다. 그때 예수께서 말씀하시기를 여자여, 내게 물을 좀 주시오, 그 여자가 놀라서 예수님을 쳐다보면서 아니 당신 유대인들은 우리 사마리아인을 개로 취급하고 사마리아인들과는 상종도 안하는데 더구나 사마리아 여인에게 물을 좀 달라고 합니까? 예수께서 하나님의 선물과 물을 좀 달라는 이가 누군 줄 알았더라면 구했을 것이요, 그가 생수를 당신에게 주었을 것입니다.

그 여자가 웃으면서 하는 말이 물길을 그릇도 없고 이 물은 깊은데 어디에서 생수를 길러 나에게 주신다는 말입니까? 이 물은 우리 조상 야곱이 우리에게 주신 것이고, 여기에서 당신의 자녀들과 짐승들이 다 물을 마셨습니다. 예수께서 다시 말씀에 이 물을 마시면 다시 목마르거니와 내가 주는 물을 마시면 영원히 목마르지 아니하고 솟아나는 샘물이 되리라. 그러면 그 물을 내게도 주시옵소서. 이곳에 와서 물길을 필요도 없고 목마르지도 않게 해 주시옵소서. 예수님께서 고개를 끄덕끄덕하시고 당신 남편을 데려 오시오. 여자가 고개를 푹 수그러드니 나는 남편이 없나이다. 예수께서 맞았어요, 당신은 참말을 했습니다. 당신 남편이 다섯이 있는데 지금 살고 있는 남자는 오다가다 만난 남자로써 당신 남편이 아니지요. 이 대화를 통해서 이 사마리아 여인은 예수 그리스도가 구주인 것을 알게 되고 그는 그리스도를 구주로 모심으로 일생일대에 큰 행복과 변화를 가져왔습니다. 이 이야기를 통해서 우리 하나님께서 우리에게 가르치시기를 원하시는 귀한 말씀을 알아보고자 합니다.

첫째, 내면이 부실하면 외적인 욕구로 채우려고 한다. 본문에 보면 사마리아 여인은 남편을 다섯번이나 바꿨습니다. 다섯번 남편을 바꿔봐도 만족함을 얻을 수가 없었습니다. 그래서 다시 여섯 번째 남편과 만나서 살아도 여전하게 허전함을 해결할 수가 없었습니다. 더군다나 자신의 처지가 수치스러워 사람들이 물을 길러오는 시간이 아닌 한적한 시간에 물을 길러 나왔습니다. 그러다가 예수님을 만나자 담대하게 마을로 뛰어가서 자신이 그리스도를 만났다고 외칩니다. "여자가 물동이를 버려두고 동네로 들어가서 사람들에게 이르되, 내가 행한 모든 일을 내게 말한 사람을 와서 보라 이는 그리스도가 아니냐 하니, 그들이 동네에서 나와 예수께로 오더라(요 4:28-30)" 사모하고 찾던 예수님을 만나니 마음속의 기갈이 영원하게 해소가 된 것입니다. 사람은 하나님께서 창조하셨습니다. 창조주 하나님이 내면이 채워져 있어야 만족된 삶을 살아갈 수가 있는 것입니다.

우리 크리스천들은 하나님의 속성을 잘 알고 적용해야 합니다. 하나님을 처음은 찾아오십니다. 다음부터는 찾고 사모해야 만나주시고 찾아오십니다. 많은 크리스천들이 가만히 있으면 믿음이 자라고 성령이 충만한 것으로 알고 있는 경우가 많습니다. 모든 것이 은혜로 된다는 논리입니다. 그러나 하나님은 찾아야 만나주시고 역사하십니다. 자신의 마음 안에 성전삼고 오신 하나님을 주인으로 믿고 찾고 찾아야 역사하십니다. 성령으로 세례를 받고 충만하려면 아랫배에서 나오는 소리로 뜨겁게 기도해야 된다는 말입니다. 하나님은 역대상 28장 9절에서 "내 아들 솔로몬아 너는 네 아버지의 하나님을 알고 온전한 마음과 기쁜 뜻으로 섬길 지어다. 여호와께서는 모든 마음을 감찰하사 모든 의도를 아시나 니 네가 만일 그를 찾으면 만날 것이요, 만일 네가 그를 버리면 그 가 너를 영원히 버리시리라" 말씀하셨습니다. 찾아야 만나주십 니다. 찾지 않으면 나타나시지 않습니다. 아니 영원히 버릴지도 모릅니다. "너희가 온 마음으로 나를 구하면 나를 찾을 것이요, 나를 만나리라(렘 29:13)" 찾아야 만나주시는 하나님이십니다.

자신 안에 성전 삼고 주인으로 계신다고 할지라도 찾지 않으면 나타나시지 않습니다. 이는 갈릴리 호수에서 일어난 일을 생각하 면 쉽게 이해가 될 것입니다. "큰 광풍이 일어나며 물결이 배에 부딪쳐 들어와 배에 가득하게 되었더라. 예수께서는 고물에서 베 개를 베고 주무시더니 제자들이 깨우며 이르되 선생님이여 우리 가 죽게 된 것을 돌보지 아니하시나이까 하니 예수께서 깨어 바 람을 꾸짖으시며 바다더러 이르시되 잠잠하라! 고요하라! 하시니 바람이 그치고 아주 잔잔하여지더라. 이에 제자들에게 이르시되 어찌하여 이렇게 무서워하느냐 너희가 어찌 믿음이 없느냐 하시 니(막 4:37-40)" 예수님은 자신 안에 성전에 주인으로 임재하여 계셔도 찾아야 나타내십니다. 자신 안에 주인으로 계시는 하나님 을 무시로 찾아야 내면이 강해질 수가 있는 것입니다. 그렇기 때 문에 내 믿음이 이만하면 되었다라고 생각하는 것은 참으로 위험 한 발상입니다. 많은 크리스천들이 영육의 문제로 고통을 당하다 가 생명의 말씀과 성령의 역사로 해결을 받습니다. 문제가 있을 때는 문제만 해결되면 하나님께 모든 것을 바치겠다고 다짐하고 또 다짐을 합니다. 그러나 얼마가지 않아 믿음이 식어져서 예배를 등한히 합니다. 저녁예배와 목요일 밤이나 금요일 밤 예배에 지극정성으로 나와서 말씀 듣고 기도하다가 평안해지니까, 점점 어렵고 힘들 던 시절을 망각하고 예배를 등한히 합니다. 그래서 점점 하나님과의 관계가 멀어지기 시작을 합니다. 하나님은 찾지 않으면 주무시는 분이시기 때문입니다. 자연스럽게 육성이 강화되기 시작을 합니다. 사람은 육을 가지고 있기 때문에 일어나는 현상입니다. 자신이 영육의 문제를 해결 받을 당시의 영성을 유지해야 영육의 문제가 재발하지 않는 것입니다. 예배 생활을 등한히 하면 얼마가지 않아서 최초의 문제보다 더 심한 문제가 발생할 수가 있습니다. 그렇기 때문에 "그런즉 선줄로 생각하는 자는 넘어질까 조심하라(고전 10:12)" 경고하시는 것입니다.

사람이 영육의 만족을 누리려면 하나님을 찾아 내면이 하나님으로 채워져야 만족할 수가 있는 것입니다. 내면이 하나님으로 채워지려면 무시로 자신 안에 성전삼고 주인으로 계시는 하나님을 찾고 찾아야 합니다. 그렇기 때문에 창조주 하나님이 내면에 주인으로 충만하게 채워지지 않아 내면이 부실할 때 여러 가지 문제가 발생하는 것입니다. 인간의 문제는 하나님께서 내면에 주인으로 충만하게 채워지지 않아서 일어나는 것입니다. 그래서 영혼의 만족을 위하여 방황하는 성도들이 있습니다. 소위 '가나안 성도' '방황하는 성도'라고 불리는 분들입니다. 서울에만 2-3만 명이 방황을 한다는 것입니다. 모두 자신의 내면이 부실하여 한 교회에서 정착하여 만족을 누리지 못하고 이교회로 저 교회로 자신의 영혼의 갈급함을 채워줄 교회를 찾기 위해서 방황합니다. 영혼에 하나님으로 채워지지 못해서 일어나는 현상입니다.

　일부 크리스천들이 밖에서 일어나는 문제나 정신적인 문제나 질병이나 환경의 문제가 발생하면 문제만 해결하려고 매달립니다. 문제만 해결하려고 매달리다가 해결이 안 되면 하나님을 원망하기도 합니다. 바르게 깨닫고 보면 내면에 살아계신 하나님께서 주인으로 장악하시지 못해서 발생하는 것입니다. 그렇기 때문에 근본인 하나님으로 채워지는 영성을 추구해야 문제가 해결이 되는 것입니다. 쉽게 설명한다면 어린 아기들이 감기를 달고산다고 하여 감기약만 먹이면 감기가 치유 되겠습니까? 내면이 부실하여 감기를 달고 사는 것입니다. 내면이 부실하여 면역력이 약하니 감기를 달고 사는 것입니다. 그래서 아기의 내면(건강)의 문제(원인)가 무엇인지 알고 아기의 내면이 강해지게 해야 감기가 멈추게 되는 것입니다. 여러 가지 방법으로 한약이나 영양제나 영양식이나 약한 장기를 강하게 하는 것들을 통하여 아기의 건강을 끌어 올려야 한다는 것입니다. 그래야 감기에 걸리지 않는 강한 아기가 되는 것입니다. 크리스천의 문제도 마찬가지입니다. 내면을 강하게 해야 문제가 해결이 되는 것입니다. 모든 영적인 문제나 질병의 대부분이 자율 신경의 부조화에서 나오는 경우가 많습니다. 내면이 부실하여 내면의 기능이 원활하지 못하여 영적인 문제나 질병이 발생하는 것입니다. 자율 신경의 조화는 주로마음의 평안과 영의 기쁨을 항상 유지하게 됩니다. 자율 신경의 교감신경은 불안 좌절 분노, 등의 결과를 유발하고, 부교감 신경은 주로 기쁨, 화평, 감사, 용서, 사랑, 절제, 인내, 자비와 양선과 충성과 온유함을 주관합니다. 그래서 하나님은 빌립보서 4장 4절에서 "주 안에서 항상 기뻐하라 내가 다시 말하노니 기뻐하라." 하시는 것입니다. 포도나무의 가지가 원줄기에 붙어 있어야 하듯이, 우리의 영적 생명과 성령의 역사는 생명의 근원 되시는 예수님에게 붙어 있어서, 영적 신령한 생명이 계속 공급을 받아서 끊임없이 흘러나오거나 솟아나야 합니다. 주님을 찾고 찾으니 생명의 말씀과 성령으로 내면이 꽉 찬 것입니다. 이러한 생명의 흐름이나 성령의 흐름이 성경에서는 기름부음이라는 표현으로 설명되고 있습니다.

내면이 생명의 말씀과 성령으로 꽉 차서 예수의 생명이 흘러넘치는 역사가 충만하기 위해서는 속사람(영)이 강건해야 하는데, 이 속 사람은 자율신경의 부교감 신경에 주로 영향을 받게 됩니다. 자율 신경의 조화를 이루지 못하고, 분노나 불안이나 좌절 등을 일으키면 위장, 간, 심장, 폐, 등 오장육부의 혈관 정맥, 근육 등에 뻗어 있는 자율 신경에 자극을 주게 되어, 신체에 이상을 일으키고 질병을 유발시킵니다. 내면이 부실하면 성격에도 문제가 생깁니다. 피부 트러블이 생기는 것도 내면이 부실하기 때문입니다. 그렇기 때문에 내면을 생명의 말씀과 성령으로 꽉 채워지면 전인적인 복을 받게 되는 것입니다. 그렇기 때문에 하나님께서는 항상 기뻐하라. 쉬지 말고 기도하라. 범사에 감사하라. 강조하시는 것입니다. 하나님을 찾고 찾으라고 말씀하시는 것입니다.

둘째, 예수님의 말씀을 한번 생각해 보십시다. 영원히 솟아나는 샘물은 무엇입니까? 인간은 태어날 때부터 마음속에 샘물을 가지고 태어납니다. 하나님께서는 아담과 하와를 지으시고 그 속에 생기를 불어 넣어 주실 때에 그 생기가 바로 우리 마음속에 영혼의 샘물인 것입니다. 이 영혼의 샘물을 가지고서 그 샘의 물을 마시면서 살 동안에는 삶의 의미도 있고 가치고 있고 행복도 있고 평화도 있었습니다. 그러나 그가 하나님의 배반하고 나올 때에 이 샘물이 말라버렸습니다.

성경에는 예레미야 2장 13절에 "내 백성이 두 가지 악을 행하였나니 곧 그들이 생수의 근원되는 나를 버린 것과 스스로 웅덩이를 판 것인데 그것은 그 물을 가두지 못할 터진 웅덩이들이니라"고 말한 것입니다. 생수의 근원되신 분이 하나님이십니다. 바로 하나님의 영이 우리 속에 들어와서 샘의 근원이 되었는데 그 하나님을 버리니깐 그 스스로 속에 있는 샘의 근원을 버려버리고 말았습니다. 샘물을 못 마신 사람의 갈급함이 어떻게 하겠습니까? 견딜 수가 없습니다.

시편 14편 1절에 "어리석은 자는 그 마음에 이르기를 하나님이 없다 하도다. 저희는 부패하고 소행 이 가증하여 선을 행하는 자가 없도다"고 말했습니다. 그러나 사람들은 마음의 생수를 쫓아 버리고 마음의 샘물이 말라버리니깐 인간 스스로가 죽을힘을 다해서 우물을 팝니다. 스스로 우물을 팠으나 성경은 말씀하기를 이는 터진 우물이라. 물을 저장치 못한다고 말한 것입니다.

이사야1장 28절에 "그러나 패역한 자와 죄인은 함께 패망(敗亡)하고 여호와를 버린 자도 멸망할 것이라"고 말한 것입니다. 오늘날 사람들은 하님 대신에 하나님이 우리에게 주신 그 샘물 대신에 인간 스스로가 지혜와 총명과 지식과 문화를 통해서 우물물을 파서 물을 저장하여 삶의 의미와 가치와 행복을 찾아보려고 하지만은 실패했습니다.

무신론, 유물론에 근거한 공산주의를 보십시오. 공산주의란 우물을 파서 그곳에 물을 저장하려고 하나 70년 동안 파고 보니 터진 우물이었습니다. 공산주의에는 패망하고 그를 따라가던 사람들은 모두 다 처절한 절망에 처해버리고 마는 것입니다.

많은 크리스천들이 내면이 부실하여 외부에서 만족을 얻으려고 합니다. 교회에 다니면서도 내면이 채워지지 않으면 외향적인 것으로 만족을 찾으려고 합니다. 그래서 사람들에게 보이려고 봉사를 열심 있게 하고 직분도 받습니다. 교회에서 열심 있게 봉사하고 받은 직분을 가지고 다된 것과 같이 행동하다가 집으로 돌아가면 다시 허전합니다. 교회에서 다른 사람들이 자신의 행동을 보고, 되게 교만하다고 입방아를 찌어도 알아차리지 못합니다. 왜 일까요? 내면이 생명의 말씀과 성령으로 꽉 채워지지 않았기 때문에 지신을 보는 눈이 열리지 않았기 때문입니다.

하나님의 생수를 마시고 하나님을 알게 되면 모든 것이 밝히 보이게 될 것인데 하나님을 잃어버리고 나니 삶의 의미도 가치도 판단도 다 흐려져 버리고 마는 것입니다. 마음에 샘은 바로 하나님인 것입니다. 잠언 14장 27절에 "여호와를 경외하는 것은 생명의 샘이라 사망의 그물에서 벗어나게 하느니라"

요한계시록 21장 6절에 "또 내게 말씀하시되 이루었도다 나는 알파와 오메가요 처음과 나중이라 내가 생명수 샘물로 목마른 자에게 값없이 주리니"라고 말한 것입니다. 그러므로 우리 예수 그리스도를 믿고 하나님을 마음속에 모실 때에 마음속에 하나님이 처음 주신 생명수가 넘쳐나기 시작하는 것입니다. 우리의 삶은 다 생명의 샘을 갖고 태어났기 때문에 이 샘의 물이 가득해야 삶의 의미와 가치가 있고 행복이 있지. 이 샘을 잃어버리면 의미와 가치를 상실해 버리고 마는 것입니다.

한국인의 삶의 대한 불만족도가 76%입니다. 왜 그럴까요? 마음의 생명의 샘을 잃어버린 사람이 사회생활을 하는데 만족도가 있을 수가 없는 것입니다. 한국인 30대 후반의 목표가 뭐냐고 물으니깐 51%가 경제적으로 부유해 지는 것이고 37%가 자기가 하고 싶은 대로하는 것이라고 했습니다. 경제적으로 아무리 부유해 지고 가지가 하고 싶은 대로 다 한다고 해서 행복하냐! 그런 것은 주위의 환경의 변화에 불가하지 마음속에 갈급함을 결코 채워 줄 수가 없습니다. 수가성 물가의 여인은 다섯 번 남편을 바꾸면서 삶의 부유도 추구해보고 자기 마음대로 생활 행동해 보았지만 그의 갈급함은 채워지지 않는 것입니다.

그렇기 때문에 우리가 경제 문제가 해결이 되면 행복하겠지, 직업이 튼튼하면 행복하겠지, 자녀 문제가 해결되면 행복하겠지, 그러나 그것은 다 주위 환경의 문제입니다. 자기 마음 중심에 생명수가 없는 이상은 행복하지 않습니다. 그렇기 때문에 끝없는 갈급함을 가집니다. 돈을 쌓아 놓고 권력을 얻어 놓고 좋은 집을 놓고 아름다운 환경을 갖다 놓고도 그 마음속에 뿌듯한 갈급함이 없어 자꾸만 찾고 또 찾고 하는 것입니다. 환경과 쾌락으로는 도저히 채울 수가 없는 것입니다. 세계 중에 유명한 노벨 수상자인 헤밍웨이는 왜 사냥총으로 자살했습니까? 그러한 명예가 그 마음 속에 행복을 갖다 주지 못했습니다. 그는 돈도 있었습니다.

부인도 여러번 바꾸었습니다. 사람들에게 칭찬도 받았습니다. 그러나 그의 유서에는 나는 필라멘트가 끊어진 전구처럼 공허하다고 말했습니다. 마음속에 하나님이 없는 그는 모든 지위와 명예와 돈으로도 행복을 구할 수가 없는 것입니다. 우리나라의 30-40대 남자 10명 중 10명이 행복하지 않다고 말했습니다. 왜 행복하지 않습니까? 행복의 근원되는 생수를 버렸기 때문인 것입니다.

AD900년 초에 압둘라만 3세는 당시에 세계에서 최강국의 강자였습니다. 그는 후궁이 3321명 자녀가 616명이나 되었습니다. 그러나 그가 마지막 숨을 거둘 때 이런 말을 했습니다. 나는 오랜 세월 명예로운 통치에도 불구하고 진정한 행복을 누린 날은 단 14일 뿐이었다고 말했습니다. 세계적인 권력을 가지고 사람이 좋아하는 첩을 그렇게 많이 거느리고 자녀가 왕성하고 물질이 많아도 평생을 살면서 14일 밖에는 행복하다고 느낀 적이 없다고 그랬습니다. 주님을 찾아야 행복하지 주를 버린 자에게는 세상의 부귀영화 공명이 행복을 갖다 주지 못합니다.

셋째, 여기 예수께서 하신 말씀을 들어 보십시다. 목마른 자는 내게 와서 마셔라. 그리하면 너희 배속에서 생수의 강이 넘쳐 나리라고 말씀한 것입니다. 생수의 근원되신 하나님께로 나아가는 길을 우리가 알아야 되겠어요. 우리가 죄를 지으면 죄가 우리 하나님 앞에 나가면 길을 막아 버리고 맙니다.

이사야 59장 1절에서 2절에 "여호와의 손이 짧아 구원하지 못하심도 아니요 귀가 둔하여 듣지 못하심도 아니라. 오직 너희 죄악이 너희와 너희 하나님 사이를 갈라놓았고 너희 죄가 그의 얼굴을 가리어서 너희에게서 듣지 않으시게 함이니라."라고 했습니다. 인간이 지은 죄를 인간의 힘으로 청산 할 수가 없어요, 모든 사람이 죄를 범하였으니 하나님의 영광이 이르지 못함으로 죄가 있는 사람은 큰 죄나 작은 죄나 할 것 없이 다 하나님 앞에 걸림돌이 되고 우리가 뛰어 넘지 못할 큰 성벽이 되는 것입니다. 거기에 또한 불신앙의 장애물이 있습니다.

요한복음 3장 36절에 "아들을 믿는 자는 영생이 있고 아들을 순종치 아니하는 자는 영생을 보지 못하고 도리어 하나님의 진노가 그 위에 머물러 있느니라"고 했었습니다. 많은 사람들은 복음을 듣고도 믿지를 않습니다. 불순종이 큰 걸림돌이 되는 것입니다. 그러면 이 장애물을 누가 제하여 줄까요, 죄악의 장애물과 불순종의 장애물, 불신앙의 장애물을 누가 제하여 줄까요. 하나님이 세상을 이처럼 사랑하사 독생자를 주셨으니 누구든지 저를 믿으면 멸망하지 않고 영생을 얻으라고 말씀하신 것입니다.

요한복음 14장 6절에 "예수께서 가라사대 내가 곧 길이요 진리요 생명이니 나로 말미암지 않고는 아버지께로 올 자가 없느니라"고 말씀하신 것입니다. 주님께서 오셔서 십자가에 못 박혀 몸을 찢고 피를 흘리셔서 인류의 모든 죄악을 다 청산하시고 성령을 보내셔서 우리의 불순종과 불신앙을 깨뜨리고 이끌어 주심으로 우리가 아버지 앞에 나와서 생수를 마실 수가 있는 것입니다. 예수님께서 에베소서 2장 16절 말씀대로 "또 십자가로 이 둘을 한 몸으로 하나님과 화목하게 하려 하심이라 원수 된 것을 십자가로 소멸하시고"

에베소서 1장 7절에 "우리가 그리스도 안에서 그의 은혜의 풍성함을 따라 그의 피로 말미암아 구속 곧 죄 사함을 받았으니"라고 했습니다. 얼마나 오늘 우리는 행복합니까? 우리가 힘써도 애써도 못하는 일을 하나님의 아들 예수님께서 우리를 대신하여 십자가에서 다 이루어 주셨습니다. 모든 죄의 장애물을 제거해버리고 불순종과 불신앙의 장애물도 제거해버리셨습니다. 예수 그리스도의 보혈의 대로가 하나님 보좌로 연결되었습니다. 죄를 짓고 불의하고 추악하고 버림을 받아야 마땅한 인생들이라고 해도 죄를 회개하고 예수를 구주로 모시면 그 보혈의 대로를 통하여 아버지 앞에 나아가게 되고 아버지는 그 속에 생수를 부어 주시는 것입니다. 그리고 우리는 예수 그리스도를 확실히 마음속에 믿고 나아가면 하나님의 성령의 생수가 우리 속에 넘쳐 나게 되는 것입니다.

스가랴 13장 1절에 "그 날에 죄와 더러움을 씻는 샘이 다윗의 족속과 예루살렘 거민을 위하여 열리리라"고 말했습니다. 죄와 더러움을 씻는 샘이 바로 예수님의 십자가 보혈 아닙니까? 요한복음 4장 13절에서 14절에 "예수께서 대답하여 가라사대 이 물을 먹는 자마다 다시 목마르려니와 내가 주는 물을 먹는 자는 영원히 목마르지 아니하리니 나의 주는 물은 그 속에서 영생하도록 솟아나는 샘물이 되리라"고 말한 것입니다.

또한 예수님께서는 누구든지 목마르거든 내게로 와서 마셔라 그러면 그의 배속에서 생수의 강이 넘쳐흐르리라고 말씀한 것입니다. 생명의 생물인 예수님만이 생수의 강 같은 평화, 강 같은 기쁨, 강 같은 만족, 강 같든 행복을 우리에게 갖다 줄 수가 있는 것입니다. 한국인들이 뽑는 행복의 요소는 첫째가 가족의 화목이고, 둘째가 건강이고 셋째가 재산입니다. 그러나 오늘날 46%나 되는 사람들이 돈만 있으면 행복하다가 생각합니다. 그러나 세계에서 가장 잘 사는 구라파나 미국 사람들에게 가서 당신에게 행복이 있느냐고 물어 보십시오. 돈이나 환경으로써 행복은 살 수가 없습니다. 오직 예수 그리스도를 통해서 하나님께서 원래 아담과 하와에게 주신 그 생수의 샘, 이것을 복구 시켜서 그 속에 샘물이 넘쳐 날 때에 비로써 우리는 삶의 의미와 가치와 행복을 얻을 수가 있는 것입니다.

마음의 평안과 기쁨, 만족과 행복은 영적인 것이요, 환경이나 물질적인 것이 아닙니다. 부귀영화 공명 쾌락 지식 문화 그 무엇이라도 몸에 끼어 입은 옷에 불과한 것입니다. 옷은 아무리 끼어 입어도 마음을 채울 수가 없습니다. 마음이 텅 비었는데 아무리 속옷 끼어 입고 겉옷 끼어 입고 외투를 끼어 입고 밖을 화려하게 해도 속이 빈 사람이 밖을 채워 넣는다고 채워지지 않습니다. 마음은 생수이신 예수님을 모셔 드려야만 하는 것입니다. 수가성 우물가의 여인은 예수님을 믿고 모셔드리자 순식간에 마음에 구원을 얻게 되는 것입니다.

그는 마음에 삶의 의미와 가치와 목적과 행복을 발견하게 된 것입니다. 시편 49편 16절에서 20절에는 이렇게 말하고 있습니다. "사람이 치부하여 그 집 영광이 더할 때에 너는 두려워 말지어다. 저가 죽으매 가져가는 것이 없고 그 영광이 저를 따라 내려가지 못함이로다. 저가 비록 생시에 자기를 축하하며 스스로 좋게 함으로 사람들에게 칭찬을 받을지라도 그 역대의 열조에게로 돌아가리니 영영히 빛을 보지 못하리로다. 존귀에 처하나 깨닫지 못하는 사람은 멸망하는 짐승 같도다"고 말한 것입니다. 우리 사람은 만물의 영작이요, 존귀한 존재입니다. 그러나 우리 스스로가 깨달아서 회개하고 예수님을 구주로 모시고 그 보혈로 최선을 다하고 하나님을 아버지로 모시고 섬겨서 우리 속에 생수가 넘쳐나게 하기 전까지는 결코 인간에게 행복도 기쁨도 삶의 의미도 가치고 없는 것입니다. 세상의 출세는 끼어 입은 옷입니다. 부귀도 끼어 입는 옷입니다, 영화도 끼어 입는 옷입니다, 환경을 아름답게 해 놓아도 아무리 입을 끼어 입어도 그 속에 굶주린 사람은 그 끼어 입은 것으로 배가 부르지 않습니다. 그러므로 환경으로 말미암아 행복이 다가온다는 것은 미혹된 것입니다. 속은 것입니다. 아무리 환경을 끼어 입어도 밥을 먹지 아니하면 속은 비어 있고 배는 고픕니다. 아무리 세상 부귀영화 공명을 가지고 다 치장을 하더라도 예수 믿고 하나님 모시지 아니하면 그 속에 영적으로 굶주려 있게 되고 영적인 굶주린 사람에게 의와 평강과 희락 믿음 소망 사랑 행복은 찾아오지 아니하는 것입니다.

3장 내면세계가 균형이 잡혀야 승리한다.

(행 4:29-31)"주여~ 이제도 저희의 위협함을 하감하옵시고 또 종들로 하여금 담대히 하나님의 말씀을 전하게 하여 주옵시며, 손을 내밀어 병을 낫게 하옵시고 표적과 기사가 거룩한 종 예수의 이름으로 이루어지게 하옵소서 하더라. 빌기를 다하매 모인 곳이 진동하더니 무리가 다 성령이 충만하여 담대히 하나님의 말씀을 전하니라"

하나님은 밖으로 나타나는 능력과 내면에서 나오는 능력의 균형이 잡히기를 소원하십니다. 분명하게 외적인 능력과 내적인 능력이 균형을 잡혀야 합니다. 내적인 능력이 변화된 '새 마음'으로 말미암는 개인적인 것이라면, 외적인 능력은 이것을 기초로 외부적으로 드러나서 다른 사람에게도 영향을 미치는 것입니다. 우리는 흔히 이 외적 능력에만 관심을 기울이기 쉬우나, 보다 중요한 것은 내적으로 다져지는 것입니다. 내적 변화는 반드시 외적 능력을 수반합니다. 먼저는 내면이 변화되어야 한다는 뜻도 됩니다.

그러나 은사로 말미암는 외적 능력은 항상 내적 변화와 비례하지만은 않습니다. 오히려 내적 다져짐이 없는 은사 체험은 사람을 교만하게 만들어 방자하게 행하도록 만듭니다. 이것은 보통 영성의 초기에 경험하는 일로, 이 때 겸손하게 자신을 낮추고 회개하는 사람만이 더 나은 진보를 이루게 됩니다. 영성의 길에서 어긋난 사람의 마음에는 교만과 탐욕이 영-육간에 가득합니다. 여기에 교활하고 자칫 속기 쉬운 사탄의 계략이 숨어 있는 것입니다.

성령 충만을 경험한 사도들의 변화된 모습에서 새 사람이 된 그들의 외적 능력을 살펴보겠습니다. 외적 능력은 무엇보다 주님께서 약속하신 말씀에 기초합니다. "나를 따라오너라. 내가 너희로 사람을 낚는 어부가 되게 하리라"(마 4:29). "내 어린 양을 먹이라"(요 21:15). 그 약속들을 이루시도록 그 약속을 담을 수 있는 그릇이 되도록, 성령께서 능력으로 함께 하시는 것입니다. 분명하게 성령의 능력은 내면에서 나오는 것입니다. 예수님은 분명하게 내면에서 나오는 능력을 말로 표현하셨습니다. 내면에서 나오는 성령의 권능에 의해 발원한 말씀에 권위가 있어서 제자들이 다른 것입니다.

첫째, 외적 능력은 회개와 변화를 일으키게 한다. 사실상 무력하기 짝이 없었던 제자들은 오순절 성령감림을 경험한 후 능력 있는 복음의 증거자가 되었습니다. 베드로의 첫 번 설교(행 2:14-36)는 전혀 막힘없이 그리고 한 점 군 더기 없게 메시아이신 예수를 확연히 드러냈습니다. 베드로의 마음 안에 주인으로 계시는 성령으로 발원한 권위가 그대로 선포되었기 때문입니다. 그 순간 사람들은 자신의 죄악과 허물을 깨달았습니다.

"저희가 이 말을 듣고 마음에 찔려 베드로와 다른 사도들에게 물어 가로되 형제들아 우리가 어찌할꼬 하거늘 베드로가 가로되 너희가 회개하여 각각 예수 그리스도의 이름으로 세례를 받고 죄 사함을 얻으라. 그리하면 성령을 선물로 받으리니 이 약속은 너희가 자녀와 모든 먼 데 사람 곧 주 우리 하나님이 얼마든지 부르시는 자들에게 하신 것이라 하고 또 여러 말로 확증하며 권하여 가로되 너희가 이 패역한 세대에서 구원을 받으라 하니 그 말을 받는 사람들은 세례를 받으매 이 날에 제자의 수가 삼천이나 더 하더라 저희가 사도의 가르침을 받아 서로 교제하며 떡을 떼며 기도하기를 전혀 힘쓰니라(행 2:37-42)"

"말씀을 들은 사람 중에 믿는 자가 많으니 남자의 수가 약 오천이나 되었더라(행 4:4)" 참된 회개와 변화를 경험한 사람만이 다른 사람들을 그 길로 인도할 수 있습니다. 그래서 기독교는 체험의 종교입니다. 체험의 종교라는 것은 살아계신 하나님의 역사가 체험하게 하기 때문입니다. 기독교는 종교가 아닙니다. 살아계신 하나님께서 믿는 자를 통하여 나타나는 것입니다. 항상 그렇듯 이 시대도 교회의 부흥을 열망하고 있습니다. '교회의 영광을 회복하자'고 외치므로 되는 것이 아닙니다. 진정한 교회의 부흥은 이러한 회개의 역사와 함께 시작됩니다. 성령으로 발원한 외적능력으로 회개가 시작되는 것입니다. 성령님의 주도적인 역사가 아니고는 회개의 역사가 일어날 수가 없는 것입니다.

교회의 개혁도 마찬가지입니다. 개혁의 열망을 품은 사람들에게는 이미 그 시대의 죄악상과 자신을 분리하지 않는 정직함이 있었습니다. 나아가 죄에 대한 통회와 영적 오염에 대한 분명한 각성이 있었습니다. 그들은 하나님의 나라와 의에 목마른 사람들이었습니다. 또한 그 일에도 성령님은 항상 주인이셨습니다.

성령님께서 교회를 개혁하도록 역사하신 것입니다.

한때 미국은 풍요로운 물질과 선진화된 정치가 사회의 질서와 안녕을 가져 올 것이라 생각했습니다. 그러나 자본주의는 부와 자유를 가져다 준 반면, 물질주의와 개인주의를 심화시켰습니다. 그리고 민주주의는 사회 각층의 문제와 요구들에 대해서 대부분 무기력했습니다.

그 결과 신앙을 새로운 대안으로 진지하게 검토하게 되었습니다. 정치인들의 인기는 하락세를 면치 못하지만 종교의 필요성에 대한 문제 제기는 1990년 이후 꾸준한 증가세에 있습니다. 갤럽 통계 조사에 의하면 미국인의 2/3는 종교가 미국의 사회적인 문제들을 대부분 해결할 수 있다고 생각했습니다.

시카고 대학 로버트 포겔 교수는 "미국 사회는 지금 역사에 주기적으로 등장했던 또 하나의 영적 대각성의 전야에 서 있다"고 주장했습니다. 그동안 종교와 정치의 분리를 엄격하게 부르짖었던 미국 내에서 새롭게 변화된 조짐입니다. 그런데 오늘 우리의 모습은 어떠한가? 물론 종교의 사회적인 기능이나 그 역할에 대한 논의가 아닙니다. 붕괴되고 있는 교인과 교회의 모습과 역기능들에서 진정한 성경적인 회복을 위해서는 어떤 시각이나 영적인 각성이 필요한가를 진지하게 성찰할 때라는 사실을 지적하고자 함입니다. 한마디로 성도 한 사람 한 사람의 내면의 능력을 강하게 해야 하는 시기라고 생각합니다. 교회들이 외형을 추구했기 때문에 일어난 현상이라고 해도 과언은 아니라고 생각합니다.

어떤 새로운 방식의 도입이나 방법을 따라가는 구태의연함을 버리지 못한다면 미국의 영적 대각성이 있은 후, 그 뒤를 따르는 어리석은 행위를 하게 될 것입니다. 그러므로 한국 교회가 진심으로 하나님의 부흥을 소원하고 바라본다면, 변화된 개인과 성령님에 사로잡힌 사람들의 등장을 위해 기도해야 합니다. 내면의 강건함을 추구해야 합니다. 새롭게 변화된 새 마음의 소유자들이 새로운 시대를 이끌어 갈 것입니다. 그리고 자신과 다른 사람들을 온전히 그리스도 앞에 세우는 일이 그들의 목적이 되리라. 약속하신 말씀을 따라 성령께서 이 일을 이루실 것입니다.

"만국의 여호와가 이르노라 해뜨는 곳에서부터 해지는 곳까지의 이방 민족 중에서 내 이름이 크게 될 것이라. 각 처에서 내 이름을 위하여 분향하며 깨끗한 제물을 드리리니 이는 내 이름이 이방 민족 중에서 크게 될 것임이니라"(말 1:11). "그가 은을 연단하여 깨끗케 하는 자 같이 앉아서 레위 자손을 깨끗케 하되, 은같이 그들을 연단하리니 그들이 의로운 제물을 나 여호와께 드릴 것이라"(말 3:3). "내 이름을 경외하는 너희에게는 의로운 해가 떠올라서 치료하는 광선을 발하리니 너희가 나가서 외양간에서 나온 송아지 같이 뛰리라"(말 4:2).

둘째, 외적 능력은 은사를 통해 표출된다. 앞서 1장에서 내적 변화 없는 은사의 위험성을 지적했습니다. 그러나 내적 능력은 외적 능력을 동반합니다. 그리고 외적 능력은 성령의 선물인 은사를 통해 드러납니다. 은사 자체가 위험한 것은 결단코 아닙니다. 문제는 성령의 선물을 받은 은사자 개인에게 있습니다. 그러므로 은사에 대한 성경적인 이해가 무엇보다 우선되어야 합니다.

"각 사람에게 성령의 나타남을 주심은 유익하게 하려 하심이라"(고전 12:7). "우리 각 사람에게 그리스도의 선물의 분량대로 은혜를 주셨나니"(엡 4:7). 그리스도 예수의 선물이신 성령님은 각 성도에게 은사를 선물로 주십니다. 공동번역에서는 "성령께서는 각 사람에게 각각 다른 은총의 선물을 주셨는데 그것은 공동 이익을 위한 것입니다"(고전 12:7)라고 되어 있습니다. 이 은총의 선물인 은사는 결국 교회의 유익을 위한 것입니다.

그런데 일부 교인들은 이 은사를 부지런히 집회를 쫓아다니거나 산속 기도원에 가서 죽기를 각오하고 기도할 때 받는 것으로 알았습니다. 그런 잘못된 이해는 은사 사용에 있어 고스란히 드러났습니다. "내가 열심히 기도해서 받은 것이므로 내가 알아서 사용한다."는 의식이 팽배해서 자기 의를 내세우는 방편이 되었습니다. 또 교회의 유익보다 자신의 유익을 위해서 영적 은사들을 남용했습니다.

그 결과 하나님의 교회에 덕을 세우기보다 분란과 오해의 소지를 더 많이 남겼던 것입니다. 외형적으로 나타나는 면에 치중하는 크리스천을 양산한 것입니다. 그렇다고 우리의 경험을 근거로 해서 성령의 은사를 평가절하해서는 곤란합니다. 오히려 성경적인 은사와 은사자의 자세를 점검하면서 더욱 온전한 은사를 사모해야 합니다(고전 14:1). 신령한 것을 사모하고 기도하되 반드시 기억해야 할 말씀이 있습니다. "이 모든 일은 같은 한 성령이 행하사 그 뜻대로 각 사람에게 나눠주시느니라."(고전 12:11).

성령의 은사는 완악하고 패역한 각 사람들의 마음을 부수고 찔러 하나님께로 돌이키게 하는 결정적인 능력이 됩니다. 무엇보다 이 세대에 꼭 필요한 복음의 도구이기도 합니다. 그런데 은사는 반드시 성전 된 내면에서 나와야 한다는 것입니다. 성전 된 내면이란 내면이 성령의 역사로 정화되어 성숙된 상태를 말하는 것입니다. 따라서 변함없는 회개와 하나님의 빛 가운데 성령의 은사를 바로 사용함으로 하나님께 영광을 돌려야 하겠습니다.

바실레야 슐링크는 "성령의 은사를 통해서 받는 능력과 성화된 성품을 통해서 받은 능력이 있다"고 했습니다. 전자는 성령께서 주시는 선물로 때로는 회심한 지 얼마 안 되는 사람에게도 주어집니다. 그때 영적으로 성숙하지 못한 신자는 자신이 주도적으로 은사를 행함으로 오히려 실패와 오류에 빠지는 경우마저 생기게 됩니다. 다른 성도를 낙심하게 할 수도 있습니다. 후자는 내적인 변화로 말미암는 능력으로 성령께서 매사에 주도적으로 행하십니다. 따라서 죄를 드러내고 회개의 역사를 이루시면서 모든 일을 사랑 안에서 행하게 하십니다. 나아가 성령의 열매를 맺는 일은 최종적인 결과가 됩니다. "오직 성령의 열매는 사랑과 희락과 화평과 오래 참음과 자비와 양선과 충성과 온유와 절제니 이 같은 것을 금지할 법이 없느니라."(갈5:22-23).

내적인 능력은 자기 자신을 부인케 하고, 하나님께 영광을 돌리면서 온전히 하나님의 손에 모든 것을 맡길 수 있도록 하는 것입니다. 베드로가 하나님께 영광을 돌리는 것을 본받아야 할 것입니다. "그 이름을 믿으므로 그 이름이 너희 보고 아는 이 사람을 성하게 하였나니 예수로 말미암아 난 믿음이 너희 모든 사람 앞에서 이같이 완전히 낫게 하였느니라(행 3:16)"

외적인 능력은 사람을 낚는 어부로 부족함이 없도록 무장시키시는 성령의 은총입니다. 그러므로 이러한 능력은 반드시 성령의 임재가운데 하나님의 사랑 안에서 사랑으로 행할 때 성령의 열매를 맺게 됩니다. 특별히 초대교회에 강력하게 역사했던 능력은 사도들(행 5:12) 뿐만 아니라 스데반(행 6:8)에게도 동일하게 나타났습니다. 이러한 사실은 복음을 증거하는 일에 직분의 고하나 구분이 있을 수 없다는 명백한 반증이기도 합니다. 모든 성도들도 역시 하나님께 마음 안에 성전삼고 주인으로 계시기 때문입니다. 필자는 항상 이렇게 말합니다. "예수를 믿는 모든 이들은 위대하고 특별한 사람들이다." 왜냐하면 하나님께서 함께하시기 때문입니다. 일부 목회자나 성도들이 잘 못 알고 있는 것이 있다면 이것입니다. 귀신 잘 쫓아내고 병고치고 예언하고 내적 치유하는 은사가 있는 목회자가 특별한 사람인줄 아는 것입니다. 이는 지극히 잘못알고 있는 것입니다. 모든 크리스천은 위대하고 특별한 것입니다. 여기서 우리가 알아야 할 것은 성령께서 표적과 기사를 나타나게 하신 이유는 그들의 복음 증거를 능력 있게 하기 위한 것이었다는 것입니다.

우리는 외적인 은사나 능력을 나타내기 위하여 노력해야 합니다. 그러나 먼저 내면의 성숙을 추구해야 합니다. 내면이 강해지지 않은 외적능력은 모래위에 지은 집이나 마찬가지가 되기 쉽습니다. 모든 외적인 은사나 능력은 내면의 성령으로부터 발원이 되어야 합니다. 그러기 위해서는 내면세계를 알아야 하고 내면세계의 질서가 확립되어야 합니다.

셋째, 내면세계가 정리되어야 한다. 매우 성공적인 삶을 사는 것처럼 보이는 사람조차도 그 내면세계가 정리되지 않고 무질서할 수 있습니다. 어느 누구도 쉽게 말할 수 없고 인정하기 싫어하는 가장 깊은 곳에 있는 그것입니다. 내면세계의 질서의 유무입니다. 내면세계에 관심을 가져야 내면의 질서가 서게 되어있습니다. 많은 크리스천들이 보이지 않는 내면에 대하여 신경을 쓰지 않고 살아갑니다. 보이지 않기 때문입니다. 그러다가 문제가 생기면 그때 가서야 내면에 신경을 쓰고 관심을 집중하게 됩니다. 모든 문제의 근본이 내면세계에서 발원되기 때문입니다.

우리는 두 개의 아주 다른 세계에 살고 있는데 우리 대부분은 학위, 경력, 대인관계, 건강, 미모와 같이 눈에 보이는 외면의 능력을 개발하기 위해 우리의 시간과 노력을 다 써버립니다. 목적은 오직 하나입니다. 빠른 출세와 성공입니다. 그러나 외면의 능력을 지속할 수 있게 받쳐주고 있었던 내면세계에 공백이 생겨버리게 되면, 유능하지만 결국 지쳐 쓰러지는 상황을 맞이할 수밖에 없는 것입니다.

필자도 몇 년 전까지 외면세계에 치중하고 살아온 것이 사실입니다. 그러다가 성령님께서 강동하시기를 내면에 관심을 가지라는 레마를 지속적으로 주셔서 내면세계에 관심을 집중하고 개발하고 발전시키기 시작을 한 것입니다. 내면세계가 개발되어 강해지지 않으면 외면세계를 장악하거나 지배할 수가 없습니다.

외면세계를 지배하는 능력이 내면세계에서 나오기 때문입니다.

이 내면세계는 이 시대의 가장 격렬한 전쟁터 중 하나입니다. 모든 사람들은 내면세계에서 일어나는 전쟁에서 승리해야 인생을 성공할 수가 있습니다. 그러나 대부분의 사람들은 자기 안에 전쟁터가 있음에도 마치 없는 것처럼 살아가거나, 있다고 인식은 하고 있지만 그 전쟁에서 왜 이겨야 하는지도 모르고 있습니다.

세상에는 두 부류의 사람이 있습니다. 쫓겨 다니는 사람(driven people)과 부르심을 받은 사람(called people)이 있습니다. 전자는 빠른 출세와 성공을 이루어 사회에 지대한 공헌을 하기도 하지만 심한 스트레스에 시달리다가 어느날 갑작스런 사건에 휘말려 인생 실패의 나락으로 떨어질 가능성이 높습니다. 자신의 힘으로 인생을 살아가기 때문입니다. 이 부류의 사람은 오직 성취감으로만 만족을 얻으며, 절제되지 않은 팽창 욕에 사로잡혀 있고, 사람을 인격적으로 대하기보다는 일을 위해서만 사람을 만납니다.

또한 비정상적으로 바쁘고, 매우 경쟁적이며, 반대나 불신에 부딪히면 격렬히 폭발할 분노를 갖고 있습니다. 이들은 황금새장에 갇혀있는 꼴입니다. 이들은 격려를 받지 못하고 자랐거나 어려서 수치감과 상실감 속에 자란 경우, 또는 쫓기는 생활이 아예 일상적이 된 환경에서 자란 경우가 많습니다. 성장과정의 상처가 인생에 지대한 영향을 미치는 것입니다. 그래서 예수를 믿으면 성령님이 마음 안에 성전에서 잠재의식과 무의식의 상처들을 치유하시는 것입니다. 이유는 하나님께서 그 사람을 통하여 일하시기 때문입니다.

그러나 후자는 자신이 청지기임을 인식합니다. 즉, 자기에게 주어진 축복 (능력, 직업, 재산, 은사, 건강, 등등)의 주인이 자신이 아니라 하나님이라는 것을 성령으로 알게 됩니다. 깨달음을 통하여 터득하게 되는 것입니다. 그렇기 때문에 무슨 일을 하든지 자신의 능력에 기발한 계획을 맘대로 세우지 않고, 그 능력을 주신 성령하나님의 세밀한 인도를 받으려 내면세계의 질서와 영적 성장에 초점을 맞춥니다. 외면세계의 성공은 탄탄한 내면세계의 질서에 기반에서 따라오는 당연한 열매에 불과한 것이라는 것을 알았기 때문입니다. 그래서 그들에게는 조급함이나 불안함, 두려움이 없고 오직 평안과 기쁨이 있습니다. 이것이 롱런하며 성공하는 사람들의 비밀입니다. 외적세계에서 오는 환경을 누리는 사람들입니다.

넷째, 어떡하면 내면세계를 안정되게 하는가. 겸손해야 합니다. 하나님께서 주인이 되어야 합니다. 하나님은 이렇게 말씀하셨습니다. "만일 누구든지 무엇을 아는 줄로 생각하면 아직도 마땅히 알 것을 알지 못하는 것이요(고전 8:2)" 사람이 무한할 수가 없는 것입니다. 부족하다고 생각하기 때문에 하나님을 찾는 것입니다. 하나님을 찾으니 내면세계의 질서가 정리되어 강해지는 것입니다. 하나님은 교만한 자는 물리치시고 겸손한 자에게 은혜를 더하신다고 하십니다. 세상에서 높아지는 비결은 스스로 자기를 높이는 것입니다. 이러한 모습을 성경은 교만이라고 합니다. 그러나 성경의 원리는 높아지고자 하는 자는 낮아지라고 말씀하십니다. 교만의 끝은 비참합니다. 마귀가 교만함으로 하나님을 대적하였습니다. 그 나중이 음부 제일 밑 구덩이에 빠졌습니다. 교만은 마귀의 속성이요 겸손은 예수그리스도의 속성입니다. 세상 사람들이 교만해지는 것은 그 안에 내적이 능력이 없음으로 겉으로 치부하는 것입니다. 오직 하나님의 뜻을 받은 자, 우리는 항상 하나님 앞에 순종함으로 겸손한 삶을 살아야 합니다.

오나라의 왕이 강에 배를 띄우고 놀다가 강변의 원숭이 동산에 이르렀습니다. 여러 원숭이들은 왕의 일행을 보자 모두 겁에 질려서 나무쪽대기 위로 도망쳤습니다. 그런데 한 마리의 원숭이만은 완전히 무관심한 듯 몸을 자유자재하게 움직여 나뭇가지 사이로 이동하며 자기의 재주를 왕에게 자랑하는 듯했습니다. 왕이 활을 들어 그 원숭이를 향해 화살 하나를 쏘았습니다. 그러자 원숭이는 날아오는 화살을 능숙하게 손으로 잡는 것이었습니다. 이에 왕은 그의 신하들에게 일제히 원숭이를 향해 활을 쏘라고 명령했습니다. 여러 화살이 날아오자 원숭이는 화살을 잡지 못하고 한순간 만에 온몸에 집중적으로 화살을 맞고 떨어져 죽었습니다.

그러자 왕은 친구인 안 불의를 돌아보면서 말했습니다. "방금 일어난 일을 보았는가? 이 원숭이는 자기의 영리함을 자랑하고 자기의 재주를 너무 믿었다. 그는 아무도 그를 잡을 수 없다고 생각했다. 이것을 기억하라! 사람들과 상대할 때 자신을 돋보이지 말고 재능에 의존하지 말라!" 집에 돌아오자 안 불의는 그 길로 한 현자의 제자가 되었습니다. 자기를 돋보이게 하는 모든 것을 제거하기 위해서였습니다. 그는 지금까지의 모든 쾌락을 버렸으며 어떤 것이든 자신의 뛰어남을 감추는 법을 배웠습니다. 머지않아 나라 안의 누구도 그를 어떻게 하지 못했습니다. 그리하여 모두가 그를 경외하게 되었습니다.

　우리가 알아야 할 것은 겸손은 자신을 바르게 아는 것입니다. 자신을 바르게 알기 위해서는 성령으로 세례를 받아야 합니다. 그래서 겸손은 혼적인 것이 아니고, 겸손은 영적인 것입니다. 그리고 겸손이라는 것은 자기를 막 낮추는 것이 아니고, 겸손은 영적으로 눈이 열린 것입니다. 겸손은 하나님을 아는 것입니다. 겸손은 자기를 아는 것입니다. 겸손은 정직한 것입니다. 겸손은 진실하고, 공정한 것입니다. 그래서 겸손은 마땅히 하나님께 돌려야 될 영광을 너무나 당연하기 때문에 하나님께 돌리는 것입니다. 자신의 무능을 알기 때문에 하나님께 기도하는 것입니다.

　겸손은 또한 담대한 것입니다. 하나님이 자신에게 은혜 주신 것을 받았다고 말할 수 있는 것이고, 자기가 사도면 사도라고 말할 수 있는 것입니다. 그것이 겸손입니다. 예수님이 "나는 마음이 온유하고 겸손하다"(마11:29)고 한 것처럼 그런 것이 겸손입니다. 교만은 혼에서 나옵니다. 그래서 고린도전서 8장 1절에 "지식은 교만하게 하며" 그런 것입니다. 지식은 혼의 영역입니다. 교만은 혼에서 나옵니다. 이 혼에서 모든 허영심이 나옵니다. 이 혼에서 모든 자랑이 나옵니다. 이 혼에서 모든 자부심이 나옵니다. 지식은 교만하게 하고, 교만은 혼에서 나오고, 겸손은 영에서 나옵니다.

겸손은 심령이 가난해서 나옵니다. 겸손은 통회하는데서 나옵니다. 겸손은 말씀을 깨닫는데서 옵니다. 말씀이 거울이 돼서 말씀의 거울 앞에서 자신을 보는 것입니다. 다른 사람이 평가하는 자신이 아니고, 담임목사가 아니고, 저자가 아니고, 유명한 사람이 아니고, 하나님의 말씀 앞에서 벌거벗고 자기를 보는 것입니다. 그리고 사실을 인식하는 것입니다. 그것이 겸손입니다. 하나님의 말씀 앞에서 볼 때, 자기에게 어떤 은사가 있든, 자기에게 어떤 장점이 있든 그것이 또한 원래 자기 것이 아니고, 하나님의 은혜라는 것을 말씀의 빛을 통해서 분명히 보는 것입니다. 그래서 자기가 영광을 받지 않는 것입니다. 그래서 하나님께 영광을 돌리는 것입니다. 겸손은 진실 된 것입니다. 겸손은 허위가 아닙니다. 그것은 영적으로 눈이 열리는 것이고, 영적으로 지각하는 것이고, 하나님을 제대로 아는 것이고, 자기를 제대로 아는 것이고, 진리를 제대로 알면 겸손할 수밖에 없는 것입니다.

왜냐하면 그것이 사실이기 때문에, 우리가 아무것도 아닌 것이 사실이기 때문에, 우리가 죄인 중에 대괴수인 것이 사실이기 때문에, 우리가 무익한 종인 것이 사실이기 때문에, 세계 최대 교회의 목사라도 무익한 종인 것이 사실이기 때문에, 모든 것이 하나님의 은혜인 것이 사실이기 때문입니다. 그것이 겸손입니다.

4장 내면의 무한능력을 극대화해야 한다.

(고후12:10)"그러므로 내가 그리스도를 위하여 약한
것들과 능욕과 궁핍과 곤란을 기뻐하노니 이는 내가 약할
그 때에 곧 강함이라."

하나님은 모든 크리스천들이 내면이 강해지기를 소원하십니
다. 내면이 강해야 세상을 이길 수 있는 외적인 권능이 나오기 때
문입니다. 내면의 능력을 극대화하기 위하여 어떻게 해야 할까
요? 무조건 기도만 많이 한다고 내면이 강해지는 것이 아닙니다.
내면의 상처만 치유한다고 내면이 강해지는 것도 아닙니다. 교
회에 열심히 다닌다고 내면이 강해지는 것도 아닙니다. 그렇다면
어떡해야 내면이 강해질 수 있을까요? 생명의 말씀과 성령의 역
사로 내면이 정리되어 질서가 확립되고 안정이 되어야 합니다.
그리고 성령의 역사로 생명의 말씀을 깨달아야 합니다. 진리의
말씀을 깨닫는 만큼씩 내면이 강하게 됩니다.

진리를 깨달아야 받아들여서 강건해지기 때문입니다. 많은 수
의 크리스천들이 잘못 형성된 자아로 인하여 내면의 능력을 극대
화 하지 못합니다. 자신이 알고 체험한 것만 받아드리려고 하기
때문입니다. 예를 든다면 성령님은 평안하게 역사한다는 것입니
다. 그래서 성령의 역사가 강하게 나타나면 순간 성령의 역사는
평안하게 하는 것이라는데 두려운 것은 다른 영의 역사일 수가
있다고 하면서 이탈하는 것입니다. 그래서 성령의 세례를 받지

못하여 내면이 강해지지 못하는 것입니다.

설교도 마찬가지입니다. 교회에 와서 설교를 들을 때도 다른 사람에게 하는 말로 알고 들으니 깨닫지 못하여 내면능력과 내면의 지혜가 극대화되지 못하는 것입니다. 성경을 읽을 때도 마찬가지입니다. 옛날 구약시대에 일어났던 설화로 알고 읽고 들으니 영적인 비밀들을 깨달을 수가 없습니다. 구약성경이라도 자신에게 자신의 가정에 현재 일어날 수 있는 일이라고 생각하고 읽어야 영의 눈이 열리고 내면이 강해지고 내면에 지혜가 활성화되는 것입니다.

즉각적인 능력이 나타나야 하고, 질병도 순간치유가 되어야한다는 사고방식이 내면의 능력과 내면의 지혜를 극대화 하지 못하는 것입니다. 내면의 능력이나 내면의 지혜가 개발되는 것에는 시간이 필요합니다. 병을 고치는 것도 마찬가지입니다. 귀신을 쫓아내는 것도 시간이 걸립니다. 순간되지 않습니다. 내면의 능력이나 지혜는 멀리보고 인내하는 사람에게 극대화 됩니다. 능력을 받아도 순간 받으려고 하고, 내적인 상처를 치유해도 순간 치유 받으려고 합니다. 그렇기 때문에 내면이 부실한 것입니다. 하나님께서 지배하고 장악하지 못한 연고 입니다. 성령하나님께서 지배하고 장악해야 능력도 나타나고 상처도 치유되는 것입니다. 성령님으로 장악이 되어야 내면에서 올라오는 능력을 모든 문제가 해결이 되기 때문입니다.

성령께서 복음을 깨닫게 하시는 깨달음은 누구나 내면에 지니고 있는 무한능력, 무한지혜를 극대화함을 뜻합니다. 많은 성도들과 목회자들이 내면을 강하게 하려고 하지 않고 그저 권능이 나타나는 일에만 관심을 집중합니다. 그렇기 때문에 외적인 능력이 강하게 나타나지 않는 것입니다. 이를 빨리 깨닫는 것이 내면과 외면의 능력이 균형이 잡혀서 세상을 이기는 힘이 나오는 것입니다. 내면이 강해야 외적인 능력이 강하고 고갈되지 않는 권능이 나타나는 것입니다. 외적인 권능은 자신 안에 성전삼고 계시는 하나님으로부터 흘러나오기 때문입니다. 내면이 강해지지 않으면 절대로 외적인 권능이 강해지지 않고 지속되지 못합니다. 그렇기 때문에 외적인 권능을 나타내려고 열심을 내지 말고 내면을 강화시키는데 열심을 내야 합니다. 자신 안에 주인으로 계시는 하나님과 관계를 열어야 합니다. 그래야 하나님으로부터 분출되는 권능이 밖으로 나타나게 되는 것입니다.

필자는 16년 동안 성령의 역사로 성도들을 치유하여 영적으로 바꾸는 사역을 해왔습니다. 사역을 하면서 깨달은 것이 안수만해서도 안되고 기도만 열심히 해서도 안 되고 진리를 깨닫는 만큼씩 내면이 강해지는 것을 체험했습니다. 크리스천은 누구나 내면의 무한능력, 무한지혜가 극대화 된 만큼의 능력을 발휘하며 살아갑니다. 그러기에 크리스천마다 능력과 지혜가 다를 수가 있습니다. 내면의 능력에 따라서 똑 같은 상황, 똑 같은 여건에도 사람마다 대처함이 달라 삶이 달라지는 것입니다.

내면의 무한능력, 무한지혜란 자신 안에 성전에 임재하신 성령님으로부터 나오는 하나님의 초자연적인 에너지입니다. 그것의 기본 속성은 우리가 말하는 마음이며 사랑입니다. 사랑은 긍정적인 기운이며, 긍정적이 기운이 강한 사람일수록 꿈과 야망이 크고, 매사 호기심이 많아 역동적이며, 몸 마음이 건강하며 적극적 열정적입니다. 쉽게 설명하면 하나님의 지혜로 마음 안이 채워져 있기 때문에 담대하게 세상을 이기면서 살아가는 것입니다.

크리스천 안에 채워진 초자연적인 하나님의 지혜가 세상을 이기게 하는 것입니다. 이는 그 사람이 하나님을 얼마나 사모하며 집중하고 지내느냐에 따라서 다르게 되는 것입니다. 예수를 믿고 성령으로 거듭나 하나님께 예배를 드리면서 믿음 생활을 해도 자신이 얼마나 하나님께 집중하여 진리를 깨달았는가에 따라서 세상을 이기는 힘이 달라지는 것입니다.

세상을 이기는 힘이 강한가, 그렇지 못한가는 자신의 의지에 달려있습니다. 의자가 긍정인가 부정인가에 따라서 다르게 나타나기 때문입니다. 크리스천이라도 살아온 삶을 통해서 몸과 마음에 부정적 경험정보들이 쌓이면 자기 부정적 관념으로 작용하여 내면의 본성인 무한능력, 무한지혜의 극대화에 장애가 생기는 것입니다. 쉽게 설명하면 할 수 있는 일을 당하면 긍정으로 생각하고 자신의 능력으로 할 수가 없으면 부정적인 의식이 작용하기 때문에 내면에 형성된 하나님의 능력을 사용하지 못하는 것입니다. 자신이 할 수 있는 것만 하고 할 수 없는 것은 부정하기 때문입니다. 하나님은 자신이 할 수 없는 것도 하나님께 지혜를 구하기를 원하십니다. 그런데 시작도 하기 전에 포기해 버림으로 내면에 하나님이 무한한 능력을 잠재우는 것입니다. 하나님의 지혜를 구할 때 무한능력, 무한지혜가 극대화되기 때문입니다.

그렇기 때문에 내면의 능력을 극대화할 수가 없어서 다른 크리스천들과 같이 행복한 생활을 하지 못하는 것입니다. 자신의 위치가 부정적이기 때문에 함께하시는 하나님의 초자연적인 무한능력, 무한지혜를 극대화하지 못하기 때문에 열등한 삶을 살아가게 되는 것입니다. 크리스천이라면 누구에게나 하나님의 초자연적인 무한능력, 무한지혜가 내제되어 있습니다. 왜냐하면 하나님께서 함께하시고 계시기 때문입니다. 그런데 찾지 않고 구하지 않기 때문에 무한능력, 무한지혜가 극대화되지 못하는 것입니다.

누구든 매사 긍정적이며 적극적인 사람은 삶 자체가 긍정적 적극적이 되는 것은 만물이 다 하나님의 초자연적인 에너지로 되었습니다. 하나님의 초자연적인 에너지는 마음 안에 있습니다. 마음은 곧 자석과 같이 긍정적이고 부정적인 두 에너지를 끌어당기는 힘이기에, 긍정적인 마음은 긍정적인 삶을 끌어당기며, 부정적인 마음은 부정적인 삶을 끌어당기기 때문입니다. 상처가 많은 사람은 상처를 끌어당기기 때문에 부정적이 되는 것입니다. 그래서 사람은 자신이 마음을 먹은 대로 환경에 나타나는 것입니다.

쉽게 말해서 자신의 삶의 열매는 자신이 지금까지 추구한 결과물인 것입니다. 크리스천이라면 누구나 자신 안에 성전이 있습니다. 성전 안에는 하나님께서 주인으로 계십니다. 주인 되신 하나님은 초자연적으로 천지 만물을 통치하시는 분입니다. 그분의 능력을 이끌어내어 사용하느냐 못하느냐가 삶의 열매가 풍성 하느냐, 연약 하느냐로 나타나는 것입니다. 그렇기 때문에 평소에 무한능력, 무한지혜를 극대화시켰느냐 그렇지 못하느냐에 따라서 삶의 질이 결정이 되는 것입니다.

크리스천이라도 생명의 말씀과 성령의 역사로 내면이 정리되지 못하여 부정적 관념이 지나치게 강해지면 삶이 황폐화 되어 고통스러우며 심하면 각종 질병에 노출되어 죽음을 당하게 됩니다. 필자가 그동안 성령치유 사역을 하면서 체험한 바로는 긍정적인 사람이 영육의 고통을 당하는 경우는 극히 적습니다. 반대로 부정적인 크리스천들이 영육의 질병으로 고통을 당하는 경우가 많습니다. 영육의 고통도 부정적이기 때문에 쉽사리 빠져나오기 쉽지 않습니다. 하나님은 고통을 통하여 긍정의 사람으로 바뀌기를 고대하십니다. 하나님은 현실 문제를 통하여 하나님을 찾아 무한능력, 무한지혜를 극대화하기를 원하십니다. 그렇기 때문에 예수를 믿는 사람이라도 영육의 문제는 당하게 되어 있습니다.

그러면 몸과 마음에 쌓인 자기 부정적 관념들은 파동의 형태로 몸 마음에 합성 기록되어 있습니다. 그럼 언제 자기 부정적인 관념들이 정화되어 긍정적인 파동으로 바뀌는 가 입니다. 부정적인 관념의 파동을 따라 살다가 자신이 스스로 느끼기를 아~ 내가 부정적이라 이렇게 고통을 당하면서 살아가는 구나…. 하면서 부정적인 파동을 억제하고 긍정적인 파동을 따라갈 때, 파동의 속성상 상호 역 파동 관계의 파동들이 상호 상쇄 정화되어 지워지는 원리로 몸 마음에서 깨끗이 씻어낼 수 있는 것입니다. 실수를 통하여 깨닫는 만큼씩 부정적인 관념이 지워지는 것입니다. 똑 같은 실수를 하지 않으려는 의지를 가지고 긍정의 관념을 따라가면서 서서히 부정적인 관념들이 정화되는 것입니다. 이는 단시간 내에 되지 않습니다. 부정적으로 살아온 세월이 길면 더욱 오래 걸립니다. 그것도 자신이 바뀌려는 의지에 따라 기간이 달라지는 것입니다. 많은 크리스천들이 예수를 믿고 교회에 다니면 금방 긍정적이고 내면이 강한 크리스천이 되는 것으로 알고 있는 경우가 많습니다.

그러나 그렇지 못한 경우가 더 많습니다. 진리를 깨닫는데 시간이 걸리기 때문입니다. 예수를 믿고 교회에 나와서 나이가 많다는 것을 내세우는 사람이 있습니다. 그러나 하나님은 나이보다 진리의 말씀으로 변화되어 무한능력, 무한지혜의 극대화 정도를 가지고 성도들을 평가합니다. 쉽게 설명한다면 자신의 힘으로 살아가느냐, 하나님의 초자연적인 무한능력, 무한지혜로 살아가느냐가 하나님의 평가요소입니다. 그러므로 교회에 와서 나이를 내세우려고 하지 말고 내면의 능력을 내세우려고 해야 합니다.

크리스천은 누구나 마음 안에 각자 자신만의 큰 거인과 같은 힘을 가지고 있습니다. 자신이 권능이 없다는 것은 없는 것이 아니라, 우리 스스로 발견하지 못한 것입니다. 스스로 자신의 내면에 숨은 능력과 지혜를 발견하려면 성령으로 세례를 받고 성령으로 지배와 장악이 되어야 가능해집니다. 가끔씩 사람들은 행복하지 못하고, 행복할 수가 없다고 하지만 한편으로 보며 그 사람은 자신의 마음속에서 행복을 발견하지 못했기 때문입니다. 행복은 마음 안에 성전이 견고하게 지어져서 예수님으로 하나가 될 때 발견하고 체험하게 됩니다.

마치 모든 식물에는 씨앗이 있듯이 우리의 마음속에도 성장경향성과 같은 씨앗과 같은 거인의 큰 힘이 존재한다고 생각합니다. 그것을 잠재의식, 잠재능력이라고 합니다. 잠재능력의 극대화는 긍정적인 자아에서 개발이 됩니다. 하나님의 말씀이면 받아들이는 자세가 되어야 잠재능력이 개발되고 극대화되는 것입니다. 하나님의 말씀이나 성령님의 감동을 받아들이지 않으니까, 예수를 믿는다고 하면서도 여전하게 열등하게 살아가는 것입니다. 예수를 30-40년을 믿었는데 변화가 없다면 내면의 능력과 지혜를 개발하지 못한 연고입니다. 하나님은 동일하십니다. 무슨 말 인가하면 자신 안에 성전에 주인으로 계시는 하나님을 다른 사람의 마음 성전에 임재하신 하나님과 똑같다는 것입니다.

그래서 예수를 믿은 하나님의 자녀들은 잠재능력이 있습니다. 다른 사람에게 있는 능력이 자신에게 없는 것이 아니라, 잠재되어 있기 때문에 우리가 마음으로 들어가서 닫혔던 그 문을 열어주는 것이 최고의 정답입니다. 마음을 열고 받아들여야 잠재능력이 활성화되는 것입니다. 성령의 능력이나 세례를 받는 것과 마찬가지입니다. 마음을 열지 않고 적극적으로 받아들이지 않으면 성령세례를 받지 못합니다.

그러나 생각처럼 이해하기가 쉽지 않습니다. 그것은 "스스로가 자신의 그러한 능력을 믿고, 안 믿고"의 차이이기에 누군가에게 강요하거나 맞다, 라고 주장할 수가 없는 것입니다. 사람은 결국 자신이 보고자 하는 대로 보기 마련입니다. 관심이 중요한 것입니다. 듣고자 하는 대로 듣기 마련입니다. 느끼고자 하는 대로 느끼기 마련입니다. 그만큼 자신의 마음을 중요하고 그러한 마음 정도는 다스리는 법을 알아야합니다.

우리의 마음에는 우주와 같은 무한한 창조력이 있는 강력한 내면의 힘이 존재합니다. 문제는 끄집어내어 사용하느냐 아니냐에 따라서 능력이 강하고 열등하고가 결정되는 것입니다. 적극적으로 받아들여서 사용하는 사람이 점점 내면의 능력이 강해지고, 그렇지 못한 사람은 점점 열등해지는 것입니다. 하나님은 자신이 찾고 순종하지 않으면 역사하시지 않는 분이기 때문입니다.

다음의 이야기를 보면 잠재의식의 능력을 한번정도는 생각해 볼 수 있습니다. 어느날 천상에서 신들의 회의가 열렸습니다. 신들이 보기에 인간들의 행태가 심상치 않았기 때문입니다. 신들은 자신의 형상대로 만들어낸 인간은 감시 신에 범접할 수 없는 피조물이지만 그들에게는 신들이 부여한 비상하고 놀라운 두뇌가 있었습니다. 그들의 두뇌의 그 능력은 점점 진화하고 똑똑해지고 강해져서 어느새 신들의 능력을 위협할 정도로 커져버렸습니다.

이제 신들과 인간의 사이를 가르는 가장 큰 능력 하나가 인간의 손에 들어간다면 인간들은 신처럼 무소불위의 힘을 발휘할게 될 것입니다. 그래서 신들은 그것을 인간들이 찾지 못하도록 안전한 곳에 숨겨 놓아야했습니다. 아무리 높은 하늘이라도 깊은 바다라도 인간들은 놀라운 두뇌는 수단과 방법을 가리지 않고 그것을 찾아낼 것이라고 확신했습니다.

신들의 고민은 날로 커져갈 수밖에 없었습니다. 세상 어디에도 인간들의 눈을 피해서 그 능력을 숨기기란 쉽지가 않았습니다.

그러나 마침내 신들은 '그곳'을 찾아냈습니다. 그리고 이곳은 아무리 똑똑한 인간일지라도 찾아낼 수 없을 거라고 했습니다. 그러고서야 신들은 회심의 미소를 지으며 불안감이 사라졌습니다. 어떤 인간도 그곳을 찾아내지 못할 거라는 확신이 들었기 때문입니다. 과연 그곳은 어디일까요? 신들이 찾아낸 그 신비로운 장소? 그곳은 바로 인간의 마음 속이였습니다. 마음속에 신비한 능력이 잠재되어 있는 것입니다. 이처럼 인간의 마음속에는 무한한 잠재능력이 존재합니다.

그 마음이라는 것을 제대로 이해하고 보았을 때 우리는 신들이 말했던 그 능력을 갖게 될 것입니다. 마음이라는 것은 그냥 보이지 않습니다. 흙탕물인 상태에서는 아무것도 보이지 않습니다. 생명의 말씀과 성령으로 충만하여 마음을 안정시켰을 때 보이게 됩니다. 성령으로 충만하여 마음을 잘 들여다보았을 때 비로소 잠재의식의 능력과 내면의 큰 힘을 발견하게 됩니다.

가장 중요한 점은 자신이 그러한 능력이 있음을 인정하고 받아들이는 것입니다. 인정하지 않고 받아들이지 않으면 헛것입니다. 그리고 내면에 관심을 가지는 것입니다. 그래서 긍정의 사람이 내면이 강한 사람이 되는 것입니다. 무엇이든지 그럴 수 있다고 생각하고 받아들이기 때문입니다. 그럴 수 없다고 생각하면 받아들이지 못합니다. 그러면 내면의 능력은 잠자게 되는 것입니다. 그럴 수 있다고 긍정으로 생각하는 사람은 받아들이기 때문에 능력이 개발되는 것입니다.

이러한 능력은 내면의 빛이 외부로 투사될 뿐입니다. 내면의 고유한 능력이 외부로 드러날 뿐입니다. 자신의 그러한 능력을 믿지 못했을 때 자신을 질책하거나 원망하게 됩니다. 내면의 능력이 개발되지 못합니다. 나라는 존재는 이 지구상에서 가장 소중하고 중요한 존재입니다. 하나님의 형상이기 때문입니다. 하나님께서 나를 통하여 하나님의 일을 하시기 때문입니다. 이것만 이해해도 우리의 삶을 불행하도록 내버려두지 않을 것입니다.

깨달을 때 내면의 능력이 강해지는 것입니다. 성경 말씀에는 역설적인 진리가 참 많습니다. 즉 보통 인간의 상식으로는 이해되지 않는 모순 같이 보이는 진리가 참으로 많습니다. 애통하는 자가 복이 있다, 심령이 가난한 자가 복이 있다, 죽고자 하면 산다, 주는 자가 복이 있고 풍부해진다는 등 역설적인 것처럼 들리지만 모두가 참된 진리인 것입니다.

그 중에 '약할 때 강해진다'는 진리도 하나의 역설적 진리라 할 수 있습니다. 특별히 이것은 사도 바울이 많은 고난을 겪고 깊은 기도의 생활 끝에 발견한 영적 체험이며 깊은 진리의 말씀입니다. "내 능력이 약한 데서 온전하여짐이라", 또 "내가 약할 그때에 강함이니라" 그러므로 "약한 것들 외에 자랑치 아니하리라"는 말씀에 힘을 주어 언급하고 있습니다.

사도 바울은 다메섹 도상에서 자신이 핍박하던 예수 그리스도를 기적적으로 만나본 후 많은 병자를 신유의 은사로 고치고, 심지어 유두고와 같은 청년은 바울이 밤늦도록 설교할 때 졸다가 3층에서 떨어져 죽은 것을(행 20:9) 살려내기까지 하였습니다.

그러나 바울 자신은 자신의 몸에 가지고 있는 사단의 찌르는 가시 즉 어떤 고질적인 병을 제거해 주시기를 세 번이나 간절히 기도했는데, 그 병은 고쳐 주시지 않고 예수님이 말씀으로 응답해 주시기를 "내 은혜가 네게 족하도다. 이는 내 능력이 약한 데서 온전하여짐이라" 하는 것이었습니다. 이에 바울은 자신이 받은 계시도 많고 본 것도 많고 체험한 바도 많기 때문에 자고하지 않게 하기 위해서, 즉 교만 마귀에게 넘어가서 하나님으로부터 멀어지지 않게 하기 위하여 하나님께서 이 육체를 찌르는 고통의 가시를 뽑아주시지 않으신다는 것을 깨달았습니다.

자기의 약함과 부족함을 느낄 때 그리스도의 능력이 자기에게 머물러 있는 것을 깨닫고 감사했던 것입니다. 곧 "자기가 약하다고 느낄 때 곧 강해진다"고 하는 깊은 역설적 진리를 발견했습니다. 그렇습니다. 하나님의 능력은 인간이 약할 때에 온전하게 나타나는 것입니다. 인간이 스스로 강하다고 느낄 때는 하나님의 능력이 나타나지 않는 것입니다. 그러므로 인간의 비극은 약한 데 있는 것이 아니라, 도리어 자기의 연약함과 부족을 모르고 하나님을 믿고 의지하지 않는 데 그 원인이 있는 것입니다.

세계적으로 유명한 영국의 스펄젼(Spurgean)목사님이나, 미국의 무디(Moody) 같은 분들이 그렇게 능력 있는 하나님의 종이 된 것은, 그 비결이 다른 데 있었던 것이 아닙니다. 자기의 무능함과 부족함을 깊이 깨닫고 죽도록 하나님께 의지하고 매어 달리는데 있었던 것입니다. 심지어 스펄젼 목사님은 설교하러 강단에 서기 전에 하나님께 '거룩한 무질서(holy disorder)'를 요청하는 기도를 드렸다고 합니다. 즉 이 말은 짜임새 있는 조직적인 예배 순서나, 설교에 의지하지 않고 하나님이 자유자재로 인도하시는 가운데 능력 있는 말씀을 전하게 해달라는 기도를 했다는 것입니다.

자기의 약함과 결핍과 부족을 아는 것이야말로 하나님의 크신 은혜요, 큰 계시입니다. 자신의 약함과 부족을 깨닫지 못하는 자에게는 진정한 그리스도의 능력과 축복은 나타나지 않습니다. 고로 우리 하나님의 종들이나, 성도들은 죽을 때까지 인간의 약함과 하나님의 강함 사이의 긴장 관계에서 벗어나지 말아야 하는 것입니다. 저와 같이 부족한 종도 이 하나님의 큰 축복 가운데 끊임없이 성령치유 사역을 인도하게 되는 비결도 바로 저의 약함과 결핍을 깨달아 내안에 계신 하나님께 의지하고 기도했기 때문입니다. 분명한 사실은 제가 약함과 무능함을 깨닫는 만큼 거기 비례해서 하나님의 능력과 은혜가 나타난다는 것입니다.

실로 하나님의 능력에 의지해야만 된다는 것을 깨닫게 되는 것은 큰 은혜입니다. 은혜를 받아야 된다는 것을 깨닫는 것이 은혜인 것과 마찬가지입니다. 진리의 빛을 받은 사람은 다 자기의 약함을 깨닫는 법입니다. 하나님의 능력을 많이 받고 하나님의 축복을 많이 받을지라도 끊임없이 자기의 연약함과 비참함을 깨닫는 것이 항상 하나님의 도우심과 축복 가운데 거하는 비결입니다.

하나님의 은혜로 부요하게 되고, 존귀한 자리에 처한다고 해서 자기의 연약함과 비천함을 잊어버리는 사람은 머지않아 비참한 지경에 들어가게 됩니다. 그러나 자신의 연약함과 가난함을 깨닫는 사람은 참으로 복받을 사람입니다. 이에 (마 5:3)에서는 "심령이 가난한 자는 복이 있나니 천국이 저희 것임이요"라고 하였습니다.

고린도전서 1장 25절에 보면 "하나님의 미련한 것이 사람보다 강하니라" 하였고, 또 "형제들아 너희를 부르심을 보라 육체를 따라 지혜 있는 자가 많지 아니하며 능한 자가 많지 아니하며 문벌 좋은 자가 많지 아니하도다. 그러나 하나님께서 세상의 미련한 것들을 택하사 지혜있는 자들을 부끄럽게 하려 하시고 세상의 약한 것들을 택하사 강한 것들을 부끄럽게 하려 하시며 하나님께서 세상의 천한 것들과 멸시받는 것들과 없는 것들을 택하사 있는 것들을 폐하려 하시나니 이는 아무 육체라도 자랑하지 못하게 하려 하심이라"(26-29)고 하였습니다.

하나님은 자기의 약함을 깨닫지 못하는 자에게 여러 가지 고통의 가시를 통해서라도 자신의 약함과 비천함을 깨닫게 하십니다. 어떤 이는 바울과 같이 질병으로, 어떤 이는 가난과 궁핍으로, 어떤 이는 사업의 실패로, 어떤 이는 슬픔으로, 어떤 이는 어쩔 수 없는 육체의 한계를 통해 가시가 찌르고 괴롭히듯 고통을 당하지마는, 이 모든 것이 곧 자기의 약함과 비천함을 깨닫게 해서 하나님의 크신 능력과 은혜 안에 머물게 하는 자극제가 되는 것입니다. 그렇다고 바울은 병들어 죽지 않았습니다. 자신의 미약함을 깨달을 때 하나님을 찾으니 내면의 능력이 극대화되는 것입니다. 자연스럽게 육체도 강건해지는 것입니다.

5장 내면의 능력은 속사람에서 나온다.

(엡 3:16-19)"그의 영광의 풍성함을 따라 그의 성령으로 말미암아 너희 속사람을 능력으로 강건하게 하시오며, 믿음으로 말미암아 그리스도께서 너희 마음에 계시게 하시옵고 너희가 사랑 가운데서 뿌리가 박히고 터가 굳어져서, 능히 모든 성도와 함께 지식에 넘치는 그리스도의 사랑을 알고, 그 너비와 길이와 높이와 깊이가 어떠함을 깨달아 하나님의 모든 충만하신 것으로 너희에게 충만하게 하시기를 구하노라"

하나님은 속사람이 강건하여 내면의 능력을 강하게 나타내기를 소원하십니다. 내면의 능력은 속사람을 통해서 나타나는 것입니다. 속사람 안에 하나님의 성전이 있고 하나님께서 주인으로 임재하여 계시기 때문입니다. 내면의 능력이 강해져야 세상을 장악할 수가 있는 것입니다. 성도의 권능은 마음 안에 성전에서 성령으로 분출되는 것입니다. 내면의 능력이 강해지려면 먼저 해야 할 일이 있습니다. 자신 안에 하나님의 성전이 있다는 것입니다. 성전 안에 하나님께서 주인으로 계신다는 것입니다. 성전 안에 하나님으로부터 권능이 불출된다는 것입니다. 그런데 그냥 예수님만 믿었다고 성전에서 성령의 권능이 분출되는 것이 아니라는 것을 아는 것입니다.

내면의 권능이 강해지려면 반드시 성령으로 세례를 받아야 한다는 것을 알고 체험하는 것입니다. 막연하게 말로 하는 이론으로 예수를 믿을 때 성령으로 세례를 받았다고 믿으면 죽을 때까지 내면의 권능이 강화되지 못합니다. 자연스럽게 예수를 믿으면서도 외형에 치우치는 믿음 생활을 하여 세상 사람들에게 손가락질을 당할 소지가 다분하다는 것을 알고 대처하는 것입니다. 속사람을 강건하게 하려면 성령으로 세례를 받고 성령으로 기도해야 오늘 함께 읽은 본문은 에베소 교회 성도들을 위한 바울 사도의 기도문입니다. 바울 사도는 에베소 성도들을 위해서 무엇을 기도했습니까? 그들의 속사람이 강건해지도록 기도했습니다. 16절, "그 영광의 풍성을 따라 그의 성령으로 말미암아 너희 속사람을 능력으로 강건하게 하옵시며." 사람에게 속사람이 있다는 것은 겉 사람도 있다는 뜻인데, 속사람은 무엇이고, 겉 사람은 무엇입니까? 겉 사람은 당연히 겉으로 드러나는 외모를 말할 것입니다.

기왕이면 우리의 외모도 강건해야 합니다. 물론, 모든 사람이 다 성형수술을 해야 한다는 말은 아닙니다. 평소 우리의 겉으로 드러나는 이미지도 나의 겉 사람이라고 말할 수 있기 때문에 좋은 이미지 메이킹을 하는 것도 필요합니다. 직업이나 재산, 권세, 명예가 우리의 겉 사람이기도 합니다.

그러나 사도 바울은 이런 겉 사람보다는 속사람에 더 많은 관심을 가집니다. 그는 에베소 교인들의 속사람이 강건해지도록 기도하면서, 겉 사람은 아예 언급도 하지 않습니다. 어떻게 보면, 성경 전체가 우리의 겉 사람보다는 속사람에 관심을 가집니다. 그것은 곧 하나님의 마음이기도 합니다. 성경은 우리에게 우리의 겉 사람은 오히려 늙고 썩어지고 사라질 것이며, 장차 부활할 것이라고 말하면서 속사람에 더 관심을 가지라고 말씀합니다.

사도 바울 역시 에베소 교인들의 속사람이 강건해지기를 기도했습니다. 그렇다면, 속사람이 강건하다는 것은 무슨 뜻입니까? 17절, "믿음으로 말미암아 그리스도께서 너희 마음에 계시게 하옵시고…" 여기에 나오는 마음이 곧 속사람입니다. 그러므로 속사람이 강건하다는 것은 마음이 강건한 것입니다. 그러면, 마음이 강건한 것은 무엇입니까? 마음이 강건한 것은 뚝심이 세다, 심지가 곧다, 자존심이 강하다, 정직하다, 생각이 건전하다는 뜻으로 볼 수도 있습니다.

그런데 바울 사도는 이해는 조금 다릅니다. 다시 17절, "믿음으로 말미암아 그리스도께서 너희 마음에 계시게 하옵시고…" 바울 사도에 의하면, 강건한 마음은 그 마음에 누가 계시는 마음입니까? 예수 그리스도께서 계시는 마음이 강건한 마음입니다. 자신의 마음은 예수 그리스도께서 계시는 강건한 마음입니까? 물론, 우리의 마음에는 예수 그리스도께서 계십니다. 우리가 예수를 믿는다는 것은 예수님께서 이미 내 마음속에 계시다는 뜻입니다. 마음 안에 계실 때 속사람이 강건하게 되는 것입니다. 합니다. 기도를 성령으로 하는 것이 속사람을 강건하게 하는 시발점입니다.

여기에 나오는 '계시다'라는 말은 '거하다'라는 뜻인데, 잠시 거하는 것이 아니라, 오랜 기간 동안 거주한다는 뜻입니다. 다시 말하면, 예수님은 우리의 마음속에 단지 짧은 기간 동안 방문하신 것이 아니라 아예 거주하신다는 뜻입니다. 물론, 예수님은 지금 어디에 계십니까? 하늘에 계십니다. 그래서 사실, 이천년 전에 부활하시고 승천하시어 하늘의 하나님 보좌 우편에 계신 예수님께서 물리적으로 우리 마음속에 거하실 수는 없습니다.

다만, 예수님이 누구를 대신 보내셨습니까? 승천하신 예수님은 오순절에 자신의 영이신 성령을 이 세상에 보내셨고, 그 보냄을 받은 성령이 오순절에 마가의 다락방에 모인 제자들의 마음속에 거하기 시작하셨습니다. 그리고 그 후에 계속해서 성령은 예수를 믿는 다른 사람들의 마음속에도 거하심으로써 거처를 확장하셨고, 그 거처가 오늘 우리들에게도 확장되어진 것입니다. 그러므로 오늘 우리가 성령을 통하여 중생한 자가 분명하다면, 우리 마음속에 예수 그리스도께서 거하시는 것이 분명합니다.

사도 바울은 본래 육체적으로는 건강치 못한 사람이었지만 내적으로 건강하기 때문에 그 불편 한 몸으로도 순교할 때까지 건강을 지켜 일할 수 있었으며, 오늘 본문에서는 속사람으로 강건하게 되기를 원한다고 에베소교회를 향하여 기도하는 모습을 볼 수 있습니다. 건강이란, 세계보건기구의 정의에 따르던 단지 무병하거나 허약치 아니하다는 것을 의미하는 것이 아니고 육체적으로, 정신적으로, 사회적으로 완전히 양호한 상태를 의미한다고 합니다. 단순히 병들지 않았다는 것만으로 건강이 될 수 없는 것입니다. 그러므로 영적으로 건강하고야 사회적으로 건강하고, 정신적으로 건강할 때에 육체도 따라 건강할 수 있는 것이라는 말씀입니다.

영적으로 건강하다는 말은 속사람이 건강하다는 말입니다. 속사람의 건강이 우선입니다. 그런데 이 속사람은 물질로써 건강케 할 수가 없고 사회적인 문제로써 건강케 할 수가 없습니다. 속사람의 건강은 오직 경건에 있습니다. 아브라함 헤셀이라고 하는 학자는 산다는 것이 축복이라고 말합니다. 거룩함, 경건함, 그 속에 건강이 깃들어 있는 것입니다. 경건이 없는 건강이라면 몸부림이요 발악입니다. 거룩함 속에 진정한 건강이 깃들어 있는 것입니다. 거룩함을 떠나서는 건강이 없습니다. 특별히 오늘의 성경말씀은 구체적으로 설명해줍니다. "성령으로 말미암아 너희 속사람을 능력으로 강건하게 하옵시며(16절)" '성령으로'입니다.

성령이 능력을 공급할 때에 비로소 강건하다고 확실하게 정의를 내리고 있습니다. 내적 건강이 여기에 있습니다. 신약적인 경건이란 성령 충만을 의미합니다. 성경은 속사람과 겉 사람을 구분 짓습니다. 비록 겉 사람은 세월과 함께 후패해져 갈지라도 속사람은 복음 안에서 날로 젊어지고 싱그러워진다고 바울 사도는 말했습니다. 심리학자들은 속사람이 강건하다는 말은 '건강한 인격'을 말합니다.

칼 융(Carl G. Jung)이라는 심리학자는 '존재에 대해서 개별화

된 의식을 가진 사람이 건강한 사람이다'라고 '존재의 개별성'을 말합니다. 자기 자신을 다른 사람과 비교하지 않는 사람이 건강한 사람이라는 뜻입니다. 이것은 요즘 소위 신세대들의 특징이기도 한데 그들은 남의 눈치를 많이 보지 않고 자기 나름의 자기주의가 강합니다. 그러나 이것은 나만 잘 살고 나만 부자 되겠다는 '이기주의적 개별성'과는 다르고 남과의 비교를 거부하는 것입니다. 매사에 자기 것과 남의 것을 비교하는 사람이 있는데 이런 사람은 건강한 인격체가 못됩니다.

건강한 사람은 자기를 남과 비교하지 않습니다. 남한테 질질 끌려 다니지도 않습니다. 사람은 각기 개성이 있고 장단점이 있다는 현실을 그대로 인정하는 것입니다. 다섯 달란트 받은 사람, 두 달란트 받은 사람, 한 달란트 받은 사람 다 자신에게 적절한 달란트를 하나님으로부터 받은 것입니다. 작으면 작은 대로 좋은 데가 있는 것입니다. 그런데 자꾸 다른 사람과 비교해서 비굴의 노예가 되고 자기정체성을 잃어버리는 사람들이 있는 것입니다. 이런 사람들이 바로 병든 사람들인 것입니다. 그러나 건강한 사람은 존재를 개별적으로 생각하여 남과 비교하지 아니하고, 항상 개별성을 지니고 살아가는 것입니다.

하나님과 자신과의 관계를 중점으로 두라는 것입니다. 필자는 항상 이렇게 말합니다. '사람의식하지 말고, 하나님만 의식하며 살아갑시다.' 모든 크리스천의 문제는 주변 사람을 의식하는데서 출발이 됩니다. 건강도 마찬가지입니다. 다른 사람의식하지 말고 하나님만 의식하면 건강하게 살 수가 있습니다. 하나님만 의식하면 스트레스를 받지 않기 때문입니다. 세상 사람들이 스트레스를 받는 것은 다른 사람과 비교하기 때문입니다.

이렇게 하나님만 의식하기 위해서 영혼의 건강을 챙겨야 합니다. 육은 세상을 의식하고 혼은 자아를 의식하고 영은 하나님을 의식한다고 했습니다. 인간의 혼은 육신을 통하여 물질세계 속에서 상호작용 하며 살고, 영을 통하여 영적 세계와 교통합니다. 아담과 하와가 범죄했을 때 그들은 하나님께서 창조하신 완벽한 피조계에 죽음을 초래 했습니다. 뿐만 아니라, 이 때문에 그들의 후손이 영적으로 죽었습니다. 그들은 하나님과 교통할 수 있는 능력을 상실했습니다. 거듭나지 못한 사람은 영적으로 죽은 것이며 따라서 하나님과 교통할 수 없습니다.

예수님은 온전하셔서 육과 영 모두가 살아 있습니다. 그분은 물질세계와 영적 세계를 동시에 교통할 수 있으십니다. 그분은 우리를 구속하시고 죽음을 정복하시며 우리에게 영적 생명을 주기 위해 오셨습니다. 무언가가 우리에게 소중하게 여겨질 때 우리는 그것을 돌보게 됩니다. 가치가 없거나 중요하지 않다고 여겨지는 것을 위해 시간이나 노력 또는 돈을 들이는 경우는 없습니다. 자신의 진정한 가치를 이해할 때 우리는 우리 자신을 열심으로 돌보게 됩니다. 우리의 진정한 가치는 우리의 육신에 있지 않습니다. 육신은 우리가 살고 있는 집에 불과합니다. 진정한 자아는 우리의 영혼입니다.

예수께서 "사람이 만일 온 천하를 얻고도 제 목숨을 잃으면 무엇이 유익하리요, 사람이 무엇을 주고 제 목숨을 바꾸겠느냐"(마 16:26). 우리는 우리 영혼의 가치를 인정하는 것이 중요하고, 또 영혼의 건강을 보존하기 위해 필요하다면 어떤 대가라도 치러야 한다는 것입니다. 건강한 몸은 우연히 생기는 것이 아니라, 분명한 신체 관리에 따른 결과입니다. 육신의 건강을 유지하기 위한 공식은 다음과 같이 세워 볼 수 있습니다. 좋은 음식 알맞은 운동 적절한 휴식 건전한 생각이 건강한 몸을 만듭니다.

전문가들은 쓰레기 같은 음식을 먹고, 운동도 하지 않고, 온갖 염려에 싸여 살며, 두려운 생각들을 하고, 스트레스를 받는 것이 건강을 해치는 주요 요인들이라고 말합니다. 수없이 늘어난 건강센터나 건강 식품점 식생활에 관한 수많은 책자들이 얼마나 많습니까? 그러나 영혼을 돌보고 먹이는 일에는 무관심하고 게으름이 영혼을 병들게 하는 원인이기도 합니다. 또한 분주함과 산만함이 어쩌면 우리의 영혼에 관심을 갖지 않게 됩니다. 바쁜 일들에 너무 얽매여있는 탓에 우리 영혼의 필요를 채우는 일에 무관심한지도 모릅니다.

어떤 사람을 보면 자기는 영혼 없는 존재처럼 보일 정도로 영혼에 대해서 정말 무관심한 사람이 있습니다. 그 대표적인 인물이 바로 누가복음 12장에 나오는 어리석은 부자입니다. 그는 젊고 건강했습니다. 게다가 하는 일마다 잘돼서 재산이 점점 불어났습니다. 농사를 지었다하면 남보다 두 세배 많은 수확을 거두어 드렸습니다. 나중에는 쌓아놓을 창고가 없을 정도로 곡식이 넘쳐났습니다. 가끔 창고 안을 둘러보는 것만으로도 배가 불렀습니다. 그래서 스스로 말하기를 "영혼아, 여러 해 쓸 물건을 많이 쌓아 두었으니 평안히 쉬고 먹고 마시고 즐거워하자" 그렇게 말할 정도로 부유한 나날을 보내고 있었습니다. 그러나 이 사람은 영혼에 대해서는 관심이 없었습니다. "내 영혼아!"라고 스스로 말하긴 했지만 정작 영혼에 대해서는 관심이 없었습니다.

뭘까요? 먹고 마시고 즐기면 영혼이 저절로 잘 될 줄 알았던 겁니다. 몸을 잘 위하면 영혼은 절로 따라올 것으로 착각했던 것입니다. 그런데 하나님께서는 이 부자를 향해 무엇이라고 말씀하십니까? "어리석은 자여! 오늘 밤에 네 영혼을 도로 찾으리니 그러면 네 예비한 것이 뉘 것이 되겠느냐?" 영혼에 대해서 관심을 가져야 될 인간이 영혼을 무시하고 살면, 나중에 어리석은 종말을 맞이하게 될 것입니다. 우리 주변에 보면 이런 사람들이 한 두 명이 아닙니다. 오늘 영혼의 건강상태를 진단할 수 있는 방법으로 두 가지를 점검해 보기를 원합니다.

첫째로 하나님 그분 자신을 즐거워하고 있는지 점검해 보시기 바랍니다. 내가 하나님을 즐거워하면 내 영혼은 건강한 것입니다. 그러나 만일 그렇지 않다면 내 영혼에 지금 이상이 있다는 것입니다. 잘 아시다시피, 아담과 하와가 에덴동산에서 행복한 나날을 보낼 때 그들은 하나님과 매일 만났습니다. 그들에게 있어서 하나님은 가장 큰 즐거움이요, 행복이었습니다. 하나님이 다가오는 소리만 들리면 어린아이처럼 달려가 그 품에 안기곤 했습니다. 그러나 마귀의 유혹에 넘어가 죄를 용납하자마자 영혼이 오염되었습니다.

그 결과 나타난 현상은 하나님을 싫어하게 된 것입니다. 하나님이 그들을 찾으시자 어떻게 했습니까? 나무 밑에 숨어 버렸습니다. 영혼이 건강하지 못하면 아담과 하와에게 나타난 이 증세가 우리에게도 나타나게 됩니다. 예배드리는 것을 기뻐하십니까? 하나님이 좋아서 모인 것입니다.

우리를 사랑하시는 하나님, 우리를 창조하시는 하나님, 우리를 구원해 주신 하나님, 우리를 위해 죽으시고 부활하신 예수님이 너무나 좋기 때문에 성령의 감동을 받아서 이 자리에 나와 예배를 드리는 것입니다. 그러므로 영혼이 건강한 사람은 예배를 사모합니다. 기도하기를 좋아합니다. 말씀을 펴놓고 하나님의 음성을 조용히 묵상하며 듣는 것을 기뻐합니다. 항상 하나님을 모시고 살면서 하나님과 깊은 교제를 나눕니다.

두 번째로, 인생의 풍랑을 만났을 때 내가 어떻게 반응하느냐에 따라 내 영혼이 강건한 지, 아닌지를 알 수 있습니다. 누구나 한 세상을 살아갈 동안 풍랑을 만나게 되어 있습니다. 풍랑은 위기입니다. 위기란 우리 스스로 통제할 수 없는 사건을 말합니다. 누구에게나 이러한 위기가 있습니다. 영혼이 강건하지 못하면 이런 풍랑을 만났을 때 정신을 차리지 못합니다. 물에 빠져서 소리치는 사람처럼 자기를 가누지를 못합니다. 낙담해 하고 불안해하면서 자포자기에 빠져서 헤어 나오지 못합니다.

　그러나 영혼이 건강하면 이런 위기를 만났을 때 그 사람의 진가가 드러나게 됩니다. 그러므로 인생의 풍랑을 만났을 때 어떻게 반응하느냐를 보면 내 영혼이 어느 정도의 수준인가를 알 수 있습니다. 영혼이 강건하면 어떤 풍랑을 만나도 다시 제자리로 돌아옵니다. 자신의 영혼은 어떻습니까? 건강합니까? 하나님을 정말 즐거워하세요? 아무리 세상 일이 잘 되어도 마음이 세상으로 기울지 않고, 항상 하나님을 향해 있나요? 풍랑을 만났을 때 뒤집어 졌다가도 다시 제자리로 오는 그런 은혜가 있습니까? 그렇다면 우리 모두의 영혼은 건강한 것입니다. 그러나 조금이라도 문제가 있다고 생각된다면 영혼의 강건함을 회복해야 합니다. 그러므로 내 영혼이 강건하기 위해 실천하시기를 바랍니다.

　첫째로 기도하고 성령의 능력으로 은혜를 받아야 한다. 히 13장 9절. "마음은 은혜로서 굳게 함이 아름답고 식물로써 할 것이 아니니" 여기에서 마음은 영혼을 가리킵니다. 잘 먹고, 잘 입고, 내가 내 몸을 잘 관리한다고 해서 내 영혼이 건강해 지는 것은 아닙니다. 내 영혼은 은혜를 받아야 합니다. 그러기 위해서 하나님 말씀을 가까이 하십시오. 그 말씀을 가지고 자신의 영혼의 영양분을 보충하십시오. 그리고 날마다 기도하세요.

　에베소서 3장16절 "너희 속사람을 능력으로 강건하게 하옵시며" 우리의 속사람은 성령의 능력을 받아야 합니다. 우리가 기도할 때 성령의 능력을 체험할 수 있습니다. 그러므로 기도하기를 사모하고 부지런히 기도하십시오. 기도하는 중에 하나님의 능력을 체험하시기 바랍니다. 그럴 때 내 영혼이 은혜를 받는 것입니다. 예배는 하나님의 은혜를 기억하면서 그분의 보좌 앞에 나아가 경배와 찬양을 드리는 것입니다. 은혜가 없는 예배는 더 이상 예배가 아닙니다. 은혜를 깨닫지 못하면 감사가 있을 수 없습니다. 감사가 없는 예배는 의식이요 형식일 뿐입니다. 은혜의 삶이 축복의 삶입니다. 바로 거기에 삶의 기쁨이 있고, 감격이 있습니다. 세상을 이기는 힘이 있습니다.

태양이 있는 곳에 빛이 비추는 것처럼…. 바람이 부는 곳에 나뭇가지의 흔들림이 있는 것처럼…. 성령의 능력이 있는 곳에 은혜의 삶이 나타납니다. 강요가 아니라 자발적인 헌신으로 이루어집니다. 자신의 것을 주장하지 않고 나누어주는 아름다움이 있습니다. 생수의 강이 끝없이 계속해서 나오고 메마른 것이 없습니다. 하나님의 사랑은 영원하니 큰 은혜와 큰 사랑을 계속해 주십니다. 물댄 동산이 되게 하시고 그곳으로 많은 샘이 되게 하고 힘을 얻고 더 얻어 계속 은혜를 주십니다.

이 은혜를 얻기까지 마귀가 역사하고 그렇게 방해하는데 이 은혜를 받으면 자기 나라에 위협적인 존재가 되어버리기 때문입니다. 더 큰 은혜는 쉽게 오는 것이 아니고, 고난이 필요하고, 시간이 필요하고, 인내가 필요하고, 겸손하고 성결하고 순복할 때 주십니다. 주님은 이 은혜를 주시기를 기뻐하십니다.

마지막으로 싸워야 합니다. 우리에게는 영적 싸움이 있습니다.

우리의 영혼에 힘을 빼고, 우리로 하여금 실패하도록 만들려고 눈에 보이지 않는 사탄과 악령들이 수시로 우리를 시험하고 공격합니다. 우리는 이 영적 싸움에서 이겨야 합니다.

벧전 5장 8-9절 "근신하라. 깨어라. 너희 대적 마귀가 우는 사자같이 두루 다니며 삼킬 자를 찾나니 너희는 믿음을 굳게 하여 저를 대적하라" 유혹 받을 때마다 유혹과 맞서 싸워 이기는 것이 영혼이 강건한 사람입니다. 기도하고 은혜를 받고 기름부음을 받아 마귀의 위협적인 존재가 되어야 합니다. 교회는 마귀에게 골칫거리 위협적인 존재가 되어야지. 마귀가 비웃는 교회가 되게 해서는 안 될 것입니다. 영력-기도-하나님 사랑하는 것-주의 말씀대로 살고 세상을 사랑하지 않는 성도들을 마귀는 두려워합니다.

범사가 잘 되고, 육체가 강건한 것은 영혼에 달렸다는 말입니다. 한 마디로 말해서 영혼이 잘된다는 것은 하나님과 관계가 건강하게 지속되는 것을 말합니다. 우리는 하나님께서 주신 몸과 영혼이 망가지지 않도록 잘 관리하는 지혜가 필요합니다. 그것이 바로 축복입니다.

이렇게 자신의 두 다리의 힘으로 걸어와서 예배드릴 수 있다는 것에 감사하시기 바랍니다. 건강하기 때문에 일할 수 있는 것에 감사하시기 바랍니다. 자신의 손으로 먹고 싶은 것을 먹을 수 있다는 것에 감사하시기 바랍니다. 스스로 성경을 읽고, 찬송하고, 기도할 수 있다는 것에 감사하시기 바랍니다. 이 모든 것들은 건강이 없다면 절대로 불가능한 것들입니다.

모든 질병은 마음에서부터 온다고 합니다. 마음이 하나님께서 주시는 은혜로 충만하면 자연히 건강한 삶을 살게 되는 것입니다. 그렇기 때문에 우리는 영적인 건강을 최우선으로 두어야 합니다. 우리의 영적인 건강이 회복될 때 육신의 건강도 회복할 수 있습니다. 무엇보다 중요한 영혼의 건강을 위해 기도하며 성령의 능력 안에서 은혜를 받아 범사가 잘 되고, 강건한 삶을 사는 우리가 되어야 하겠습니다.

이제 그리스도 안에서 얻은 영혼의 자유를 짓누르는 근심과 걱정, 분노, 증오와 적개심을 모두 내어 쫓고 진정한 평화와 기쁨을 누리고, 영육이 강건해져서 하나님께 영광을 돌리는 생활이 되시기를 바랍니다.

속사람이 강건하려면 세상을 살아갈 때에 말씀 안에서 사는 것이 습관이 되어야 합니다. 말씀은 우리를 보호하는 울타리이기 때문입니다. 일부 크리스천들이 교회 안에서는 말씀 안에서 살아가려고 노력합니다. 그러나 세상에 나가면 자기 방식대로 사는 분들이 있습니다. 세상에서도 말씀 안에서 살아야 하나님의 보호가 있어서 영혼이 강건하고 속사람이 주인된 삶을 살 수가 있는 것입니다. 말씀 안에서 살아야 영-혼-육이 강건합니다. 말씀을 무시하고 살아갈 때 영-혼-육의 부조화가 발생하여 건강에 적신호가 켜지는 것입니다.

2부 자신 안에 능력을 꽉 차게 하려면

6장 자신 안은 하나님만 향해야 강해진다.

(롬 9:12-14)"리브가에게 이르시되 큰 자가 어린 자를 섬기리라 하셨나니 기록된바 내가 야곱은 사랑하고 에서 는 미워하였다 하심과 같으니라. 그런즉 우리가 무슨 말 을 하리요 하나님께 불의가 있느냐 그럴 수 없느니라."

하나님께서는 택한 사람과 하나님을 찾는 사람과 하나님의 말 씀에 순종하는 사람과 함께하십니다. 에서와 야곱은 전형적으로 비교가 되는 사람들입니다. 에서는 자신의 재능과 힘만을 의지하 는 인간적인 사람이었습니다. 하나님을 찾지 않는 전형적인 아담 이었습니다. 하나님 없이도 살수 있다는 자만심이 풍성한 아담입 니다. 하나님은 야곱과 에서가 출생하기 전부터 각기 어떠한 품 성을 가지고 성장할 것인가를 아셨습니다. 그는 에서가 당신께 순종하고자 하지 않을 것도 아셨습니다. 하나님께서 리브가의 근 심어린 기도에 응답하시고 리브가가 두 아이를 낳을 것과 형이 아우를 섬길 것도 리브가에게 알려 주셨습니다. 또 그녀의 두 아 들의 장래 즉, 그들이 두 민족을 이룰 것이며 한 민족이 다른 민족 보다 강할 것이며, 형이 아우를 섬길 것이라고 말씀하셨습니다. 장자(長子)는 가족 중 어느 누구도 가질 수 없는 지위와 특권을 가지게 되어 있었습니다.

　이삭은 에서가 사냥한 고기로 그를 공양(供養)하기 때문에 야곱보다 에서를 더 사랑하였습니다. 이삭은 에서가 들짐승을 사냥할 때에 나타내는 대담하고 용감한 정신을 좋게 여겼습니다. 야곱은 어머니의 사랑을 받았습니다. 그는 성질이 온순하며 자기 어머니를 더욱 기쁘게 하려고 했습니다. 에서는 외형적인 성향의 사람이요, 야곱은 내형적인 성향의 사람입니다. 야곱은 어머니로부터 하나님께서 그 어머니에게 말씀하신 첫째가 둘째를 섬기리라는 말씀을 전해 듣고, 에서가 장자의 명분을 가지고 있는 한 이 약속은 성취되지 않을 것이라고 결론을 내렸습니다. 야곱은 하나님의 은혜와 축복을 사모했습니다. 어찌 하든지 하나님으로부터 장자의 축복을 자기 것으로 삼아야 하겠다는 의지가 강했습니다. 그는 어찌하면 장자의 축복을 자기 것으로 삼을까 관심을 집중하며 하나님의 지혜를 구했습니다. 때마침 에서가 배고파 피곤하여 들에서 돌아왔을 때, 야곱은 에서의 곤궁함을 이용하여 자기의 이익을 얻으려는 심산에서, 만일 그가 장자의 명분을 포기하면 먹을 것을 주겠노라고 제의하였습니다. 이리하여 에서는 장자의 명분을 야곱에게 팔았습니다.

　에서는 우상 숭배하는 두 아내를 맞이했는데 이것은 이삭과 리브가에게 큰 근심거리가 되었습니다. 그럼에도 불구하고 이삭은 에서를 야곱보다 더 사랑하였습니다. 이삭은 자기의 죽음이 가까웠다고 느껴지자 죽기 전에 에서를 축복하기 위하여 그에게 별미를 만들어 오라고 하였습니다. 에서는 자기가 장자의 명분을 야곱에게 팔고 그것을 맹세로 확약했다는 사실을 아버지에게 말하지 않았습니다. 리브가는 이삭의 말을 듣자 "큰 자는 작은 자를 섬기리라" 하신 태중에서의 여호와의 말씀을 기억하였으며 에서가 장자의 명분을 경히 여겨 야곱에게 판 것도 알았습니다. 리브가는 야곱에게 아버지를 속이고라도 몰래 아버지의 축복을 받으라고 권고하였는데 다른 방법으로는 도저히 얻을 수 없다고 생각했기 때문이었습니다. 야곱은 처음에는 이 기만 행위가 내키지 않았지만 마침내 어머니의 계획에 따르게 되었습니다.

리브가는 이삭이 에서를 편애하는 것을 잘 알고 있었으며, 따라서 말로 따져서는 이삭의 생각을 바꿀 수 없다고 판정했습니다. 리브가는 모든 일을 주관하시는 하나님을 믿는 대신에 야곱을 부추겨 아버지를 속이라고 권함으로써 자기 믿음의 결핍을 드러냈습니다. 야곱의 이와 같은 행동을 하나님께서는 인정하지 않으셨습니다. 리브가와 야곱은 하나님께서 미리 말씀해 주신 것을 기만 수단에 의하여 이루려고 하지 말고, 하나님께서 그분의 뜻을 그분의 방법대로 그분이 정하신 시간에 이루시기를 기다려야 했었습니다.

만일 에서가 장자로서의 축복을 그 아버지에게서 받았다 하더라도 그의 번영은 하나님께로 부터만 오는 것이어서 에서의 추구하는 행동에 따라 형통이나 혹은 불행을 주셨을 것입니다. 만일 그가 의인 아벨처럼 하나님을 사랑하고 공경한다면 하나님의 인정을 받아 축복을 받을 것입니다. 그러나 악한 가인과 같이 하나님과 그의 명령을 존중하지 않고 그 자신의 타락의 길을 따른다면 하나님의 축복을 받지 못하고 가인처럼 버림받을 것입니다. 만일 야곱이 일반적으로 받는 장자의 축복과 특권을 누리지 못할지라도 그가 가는 길이 의롭고, 그가 하나님을 사랑하고 경외한다면 하나님의 축복을 받을 것이며 하나님의 번성케 하시는 손이 그와 함께 있어서 그를 형통하게 할 것입니다.

첫째, 에서와 야곱의 다른 점이 무엇일까요? 그들은 신앙심에 있어서 크나크게 대조되게 다른 점이 있었습니다. 에서는 하나님께 대해서 전혀 관심이 없었다는 것입니다. 이것이 창세기를 읽어보면 에서의 생애 속에서 충격적으로 느껴지는 것입니다. 에서는 사냥꾼이었습니다. 아침에 일찍 일어나서 전통을 걸어 메고 화살을 잔뜩 넣은 다음에 활을 들고 나가면 하루 종일 산과 들로 뛰어다니면서 창을 던지고 활 쏘고 그렇게 해서 짐승을 잡아옵니다. 그걸 요리해서 자기도 맛있게 먹고, 아버지도 드리니 아버지는 에서의 사냥요리 때문에 에서를 좋아했었습니다만, 에서의 생애를 통해서 볼 때 그가 하나님에 대한 말을 한 번도 한 적이 없고, 에서가 기도했다는 말 한 마디도 없습니다. 에서는 도무지 하나님께 관해서 무관심했습니다. 기도나 신앙생활이라는 것은 그에게는 아무런 관계도 없었습니다.

야곱은 교활하고 꾀가 많은 사람이었으나, 그는 하나님께 대하여 깊은 관심을 가졌습니다. 야곱의 생애는 늘 하나님이라는 말이 그 주위에서 떠나지 않았고, 야곱은 기도생활을 했으며, 야곱은 어머니와 함께 집에 있으면서 어머니를 통해서 많은 하나님에 대한 말씀을 들었습니다. 그때는 라디오도 없고 텔레비전도 없고 신문도 없고 잡지도 없고 소설책도 없기 때문에 듣는 이야기라는 것은 어머니가 이야기 들려주는 조부 아브라함에 대한 이야기, 아버지 이삭이 어떻게 신앙적인 체험을 하셨는가, 이런 이야기를 들을 것 밖에 없었습니다.

그러므로 어릴 때부터 야곱은 그 마음속에 어머니를 통해서 깊은 신앙심을 얻었습니다. 이러므로 하나님께서는 하나님께 대해서 전혀 무관심하고 하나님에 대해서 사랑이 없는 에서는 미워하고 무관심하고 버렸습니다만, 비록 교활하고 성격이 꾀가 많은 약삭빠르며 인격적인 결점이 많아도 하나님은 하나님에 대한 관심을 가지고 하나님을 사랑하고 끊임없이 하나님에 대한 생각으로서 그 삶이 전개되어 가는 야곱을 사랑했습니다. 왜냐하면 하나님의 손위에 얹히면 어떠한 사람의 인격도 변화될 수 있는 권능이 하나님께 있기 때문에 사람의 성격은 문제가 아닙니다. 사람에게 행위도 문제가 아닙니다. 하나님의 손에 얹히면 성격과 행위는 하나님께서 토기장이가 진흙을 변화시키듯이 변화시킬 수 있기 때문입니다.

성경 잠언서 8장 11절에 "나를 사랑하는 자들이 나의 사랑을 입으며 나를 간절히 찾는 자가 나를 만날 것이니라"고 말씀하고 있는 것입니다. 예수님은 요한복음 14장 21절에서 "나의 계명을 지키는 자라야 나를 사랑하는 자니 나를 사랑하는 자는 내 아버지께 사랑을 받을 것이요, 나도 그를 사랑하여 그에게 나를 나타내리라" 우리 하나님께서도 하나님을 사랑하는 자를 사랑하고 하나님을 찾는 자에게 하나님이 나타내십니다. 사랑도 안 하고 찾지도 않는데 하나님이 사랑해 주고 하나님이 내가 여기 있다고 당신이 스스로 걸어오실 리는 만무한 것입니다. 그러므로 우리는 오늘 이 시간에 이 자리에서 배워야 할 것은 우리의 현실적인 윤리나 도덕적이나 우리의 행위가 중요한 것이 아니라, 우리의 마음속에 하나님을 믿고 사랑하느냐 안 하느냐가 이것이 중요한 것입니다. 하나님을 믿지 않고 아무리 윤리나 도덕적으로 완전한 삶을 살아도 하나님은 그 사람을 버리는 것입니다. 그러나 윤리나 도덕적으로 부실한 사람일지라도 하나님을 사랑하고 하나님을 찾으면 하나님은 그 사람을 사랑하고 붙잡아 주셔서 끝까지 따라가서 하나님께서는 윤리와 도덕적으로 온전한 사람으로 변화시켜 버리고 마는 것입니다. 하나님 손에는 변화시키시는 위대한 능력이 있습니다. 가나의 혼인 잔치에 가서 물을 변하여 포도주로 만드신 하나님께서는 오늘날 우리 인생을 변화시키지 못할 리가 만무한 것입니다. 우리가 하나님 품에 안기면 하나님은 우리를 새 사람으로 변화시켜 주시는 것입니다. 이렇기 때문에 하나님께서 야곱을 사랑하고 에서를 미워하는 것은 야곱은 신앙심이 있었고 에서는 신앙심이 없었기 때문에 그런 것입니다.

둘째, 꿈이 있는 자와 꿈이 없는 자로 대조할 수 있습니다. 아버지 이삭과 어머니 리브가는 두 아들에게 그들의 조부 아브라함의 소명과 하나님께서 주신 약속이며 그 약속이 대를 이어 아버지 이삭이 물림 받았고, 또 이삭의 장남 에서가 하나님의 약속을 대물림 받아야할 장남임을 늘 말해 주었습니다. 그러므로 그들 식구들은 저녁 먹을 때는 반드시 밥상에 둘러앉아서 아버지 이삭과 어머니 리브가가 하나님에 대한 이야기를 하는 것을 계속 들었습니다. 그래서 하나님께서는 아브라함의 하나님, 이삭의 하나님이 되었고 이제는 장남인 에서의 하나님이 마땅히 될 것이고, 그리고 하나님은 그 광대한 가나안 땅을 이스라엘 백성들에게 선물로 주셨다는 이러한 이야기를 할 때 야곱은 눈이 샛별처럼 빛났습니다. 야곱은 그 마음속에 꿈을 꾸었습니다. 야곱은 이미 내일을 바라보았습니다. 이스라엘 백성들이 와서 가나안 땅을 점령하고 거대한 나라를 세울 것을 꿈꾸고, 그는 마음속에 영광이 꽉 들어찼으나 에서는 아버지, 어머니가 그 말을 할 때 한 말도 듣지 않고 그 마음속에는 뛰어가는 노루를 따라간다고 그것만 생각하고 활을 쏘아 돼지를 관통시켜서 돼지가 꿀꿀거리고 곤두박질치는 그런 것만 생각했습니다.

야곱에게는 하늘나라에 대한 거대한 찬란한 꿈이 있었지만 에서는 전혀 하늘나라에 대한 꿈이 없었습니다. 하나님을 향한 꿈은 물론이요, 내일에 대한 꿈이 없어요. 현재 창 던지고 활 쏘고 짐승잡고 먹고 마시는 그 취미 이외에는 에서에게는 아무 것도 없는 것입니다. 그래서 하나님께서는 이렇게 꿈이 없는 에서를 좋아할 턱이 없습니다.

예를 들어 말하면 한번은 에서가 사냥을 하고 배가 고파서 왔는데 야곱이 열심히 팥죽을 끓이고 있었습니다. 야곱은 마음에 꿈이 있었습니다. "야! 아브라함의 하나님, 이삭의 하나님, 에서의 하나님이 되면 안 되겠다. 반드시 야곱의 하나님이 되어 내가 대물림을 받고 내가 하나님이 세우는 하늘나라의 조상의 반열에 들어가야겠다는 그 꿈이 불타 있었습니다. 언제고 내가 에서에게서 장자의 명분을 취해야 되겠다." 계획을 세우고 있었는데 에서가 와서 "야~ 배고프다. 그 팥죽 좀 내놓아라.", "아 형님, 공짜가 어디 있습니까? 형님, 그 장자의 명분을 내게 팔아요. 그러면 내가 팥죽 한 그릇 줄 테니까." 형이 하늘을 쳐다보고 허허허 너털웃음을 지었습니다. "배가 고픈데 뭐 장자의 명분이 무슨 소용 있나? 옜다. 팔았다." 야곱은 얼른 팥죽을 잔뜩 담아서 형에게 주고 형에게 장자의 명분을 받았습니다. 그때 하나님이 보좌에 앉아서 보고 난 다음 "이 바보 멍청이 같은 놈아! 장자의 명분이 어떤 것인 줄 아느냐. 바로 아브라함에게 주신 약속, 이삭에게 주신 약속, 너에게 주실 약속이다. 이것을 야곱에게 팔아먹다니 네가 장차 어떻게 위대한 축복을 빼앗긴지 아느냐? 이렇게 꿈도 없고 망나니 같은 짓을 하는 놈아. 아이고, 이 자식아." 그러나 야곱을 보고는 "이 나쁜 고약한 놈아. 형에게서 그렇게 사기를 쳐서 장자의 명분을 빼앗는 법이 어디 있느냐. 그러나 기특하다, 기특해. 하나님의 그 거대한 나라에 대해서 너는 꿈을 가지고 기대를 가지고 좌우간 팥죽 한 그릇을 가지고도 형의 장자의 명분을 사겠다고 한 그 마음의 꿈이 있어 장하다." 그래서 비록 에서는 윤리나 도덕적으로 나쁜 짓을 한 적이 없지만 그 마음속에 하나님의 계획에 대한 꿈이 없었습니다. 그는 내일이나 미래를 바라보는 눈이 없어요. 현재 밖에 못 봐요. 그러나 야곱은 내일과 장엄한 미래를 바라보고 있는 눈이 있었습니다. 그래서 하나님께서는 꿈이 없는 에서는 버리고 꿈이 있는 야곱을 비록 그가 사기를 쳤더라도 야곱을 하나님이 사랑하고 선택한 것입니다.

셋째, 거룩한 야심이 다릅니다. 야심이란 말을 나쁘게만 종종 쓰기 때문에 억양이 좋지 않지만 그러나 좋은 야심이 없는 사람은 쓸모없는 사람인 것입니다. 종종 우리는 이런 말을 많이 듣습니다. "야 그 사람 법이 없어도 살 사람이다 그 사람 호인 아닌가." 그러나 법이 없어도 살 사람, 호인을 만나 보십시오. 어떠한 사람이냐 자기 밥벌이도 못하는 무능력자인 것입니다. 오늘날 호인이나 법이 없이도 사는 사람이라면 그 사람 야심이 없는 사람이기 때문에 모든 사람에게 좋게 하고 바람 부는 대로 물결치는 대로 떠내려가는 사람인 것입니다. 거룩한 야심에 있어서 에서와 야곱은 틀립니다. 왜냐하면 에서는 야심이 없어요. 그렇기 때문에 팥죽 한 그릇에 장자의 명분을 팔아먹다니…. 야심이라고는 털끝만치도 없습니다.

장자가 되면 아버지의 축복을 받고 아버지의 재산을 상속으로 받는데 거기에 대한 야심도 없습니다. 그는 전혀 하루하루 쾌락만 위해서 사는 사람인 것입니다. 이렇기 때문에 장자의 명분에 아무런 미련도 두지 않았던 에서는 하나님의 후사가 되는 야심도 없었습니다. 그러나 야곱은 너무 교활하고 사기성조차 있었지만, 그러나 거룩한 야심에 불탔습니다. "나는 어찌하든지 장자가 돼야 되겠다. 아버지에게 장자의 명분을 받아야 되겠다. 하나님 앞에서 장자로서의 복을 받아야 되겠다. 하나님의 은혜로 살아야 되겠다."는 그 야심이 마음속에 이글이글 불탔습니다. 그렇기 때문에 그 야심이 좀 빗나가서 팥죽 한 그릇으로 형에게 장자의 명분을 사고 혹은 형의 옷을 대신 입고 가죽 털을 손에 붙이고 목에 붙여서 털이 부슬부슬 나게 해서 눈이 어두운 아버지에게 자기가 에서라고 해서 기어 들어가서 장자의 명분의 축복도 받고 그것 자체는 잘못된 것이지만 그러나 그 마음속에 거룩한 야심이 불타고 있었다는 것입니다.

오늘날 학생들도 그렇습니다. 마음속에 거룩한 야심이 있는 사람은 불철주야 애를 쓰고 공부를 하고 노력합니다. 부모님이 "야 공부해라. 공부해라. 잠만 자지 말고 놀지만 말아라." 그런 말 할 필요가 없어요. 그 마음속에 야심이 있는데 그 야심이 있기 때문에 그는 앞으로, 앞으로 뛰는데 부모가 말릴 필요가 없습니다. 그러나 야심이 없는 사람은 앞에 태산 같은 문제가 다가오는데 밤늦게 놀고 아침에 해가 중천에 뜨도록 잠을 자고 공부는 안 하고 책에 먼지가 쌓이고 그런 자식을 가진 부모는 죽을 지경입니다. 아무리 타일러도 소용이 없어요. 그 마음속에 야심이 없기 때문인 것입니다.

추운데 사는 민족들이 잘 살고 더운데 사는 민족들이 대개 못 삽니다. 북방 경제가 남방 경제보다 발달한 이유는 추운데 사는 사람은 야심이 있습니다. 왜냐하면 겨울에 처자와 더불어서 따듯한데서 살고 따듯한 옷 입고 잘 먹고 살아야겠다는 그 마음속에 욕망과 야심이 있기 때문에 열심히 일을 합니다. 그러나 더운데 사는 사람은 365일 늘 덥고 뭐 걱정할 것 없으니까 잠자다가 야자나무에 올라가서 야자 턱 따 가지고 깨서 물 쭉 마시고 바나나 턱 쳐서 바나나 먹고 일할 필요 없습니다. 옷이란 것은 셔츠 하나에 팬티 하나면 365일 그대로 지나가는 것입니다 그러니까 자동적으로 게을러지고 일하지 않기 때문에 낙후되고 마는 것입니다.

하나님께서는 하나님을 향한 야심이 없는 사람을 저 버립니다. 그리고 야심이 있는 사람을 택해서 쓰시는 것입니다. 야곱은 거룩한 야심에 불타는 사람이었기 때문에 하나님이 그를 들어 사용했지만 에서는 야심이 없고 그냥 현실적인 생활에 안주해서 바람 부는 대로 물결치는 대로 살았기 때문에 하나님이 저를 버린 것입니다.

넷째로, 회개하고 깨어짐에 큰 차이가 있는 것입니다. 이사야 66장 2절에 "나 여호와가 말하노라 나의 손이 모든 것을 지어서

다 이루었느니라. 무릇 마음이 가난하고 심령에 통회하며 나의 말을 인하여 떠는 자 그 사람은 내가 권고하려니와"라고 말한 것입니다. 그런데 에서의 생활을 보면 에서는 모든 것이 남의 탓이지 자기 탓이 아닙니다. 장자의 명분을 빼앗은 것도 야곱이 교활하게 나의 장자의 명분을 빼앗았으니 야곱 탓이다. 그 다음에 장자의 축복을 받은 것도 야곱이 형을 속이고 형의 옷을 입고 나가서 아버지께 받았으니 야곱 탓이다. 야곱을 죽여 버려야 되겠다. 동생을 죽이려고 하매 할 수 없이 어머니가 외삼촌의 집으로 피난 보낸 것입니다. 동생이 돌아올 때까지 이십 년 동안 에서는 동생 탓으로 내가 이렇게 되었다고 하고서, 그는 동생을 죽이려고 칼을 갈고 동생이 온다는 말을 듣자 사백 명의 군대를 거느리고 동생을 죽이려고 나갔었습니다.

에서는 자기의 처지를 살펴보고 자기의 잘못을 회개하고 깨어지고 하나님 앞에서 떠는 그런 마음이 전혀 없었기 때문에 하나님은 에서 편에 서서 일하지 않으셨습니다. 그러나 야곱은 비록 교활하고 사기성이 있고 잘못된 놈이지만, 그러나 그는 마음이 가난했고 통회하고 자복할 줄 알고 하나님 말씀 앞에 떠는 사람이었습니다. 야곱이 얍복 나루터에서 밤새도록 하나님과 씨름을 하고 난 다음 하나님이 그를 치매 허벅지 관절이 어그러지므로 하나님 앞에 크게 회개하고 하나님을 붙잡고서 "나를 축복해 주지 않으면 당신을 놓지 않겠나이다." "너 이름이 뭐냐?", "야곱, 사기꾼입니다.", "이젠 네 이름을 이스라엘이라 하라. 하나님과 씨름해서 이긴 자라고 하라. 하나님과 대면하여 산자라 하라"
그렇게 이름조차 바꾸어 주어서 하나님이 같이 하므로 형이 아무
리 동생을 죽이려고 사백 인 군대를 가지고 와도 하나님이 야곱
과 같이 행하매 형이 동생을 죽이지 못하고 그 마음이 녹아져 버
려서 오히려 동생을 호위하고 가게 된 것입니다. 이와 같이 무엇
이든지 남의 탓으로 돌리고 자기가 회개하고 깨어지지 않으면 그
사람은 희망이 없습니다.

　무슨 일을 당해도 언제나 이것이 남의 탓이 아니라 내 탓이다.
내가 잘못한 것이 있다. 내가 가슴을 치고 통회하고 자복 하고 내
가 깨어지고 내가 변화되면 그 사람에게는 내일이 약속되는 것입
니다. 잘 되면 자기 탓이요, 잘못 되면 나라 탓이라고 자기의 잘
못을 항상 깨닫고 회개하고 하나님 앞에서 겸손히 깨어지는 자가
하나님의 사랑을 받지, 잘못되는 것마다 이것은 나라 때문에 부
모 때문에 형제 때문에 이웃 때문에 교회 때문에 목사 때문에 장
로 때문에 집사 때문에 전부 남의 탓으로 돌리고 자기는 타당화
합니다. 이러한 사람은 하나님이 져버리는 것입니다.

　하나님께서는 마음이 가난하고 겸손하며 자기가 모든 일에 통
회하고 자복할 줄 알고 하나님 말씀 앞에 떨고 말씀대로 살려고
애를 쓰는 이런 사람은 귀하고 아름답게 생각해서 전능한 하나님
이 뒤에서 손으로 밀어 주시는 것입니다. 이러한 사람은 내일이
약속되는 것입니다. 여러분 사랑을 받고 미움을 받는 것은 다 자
기 탓이라는 것을 깨달아야 합니다. 에서가 버림받은 것도 자기

탓이요, 야곱이 사랑 받는 것도 자기 탓인 것입니다.

그러므로 오늘 이 시간 우리는 새해를 맞이하여 살면서 에서와 같은 생활 태도를 버리고 야곱과 같은 생활 태도를 우리는 취하고 살아야 합니다. 우리는 항상 하나님께 관심을 가지고 24시간 무엇을 하든지 하나님을 인정하고 하나님께 기도하고 하나님과 함께 사는 그런 마음의 태도를 가져야 될 것이요, 우리는 모든 일에 내일을 바라보고 먼 장래를 바라보는 눈을 가지고 성경을 읽고 장차 다가올 새 하늘과 새 땅과 새 예루살렘을 바라보고 장차 강림하실 예수님을 바라보고 거기에 비추어서 오늘 우리 현실을 살아야 되는 것입니다.

그리고 우리의 모든 삶 자체도 생활도 사업도 현재 당장 일확천금할 것을 생각지 말고 내일을 바라보고 멀리 눈을 바라보고 먼 미래 큰 수확을 얻을 수 있도록 지금부터 천천히, 천천히 단계적으로 일해 나가는 그러한 꿈이 있는 삶을 살아야 될 것이요, 우리는 마음속에 거룩한 야심을 가지고 기도하고 힘쓰고 애쓰고 노력하고 땀을 흘려 항상 발전하겠다는 야심을 저버리면 안 되는 것입니다. 야심이 없으면 하나님도 저버리는 것입니다. 그리고 늘 회개하고 깨어지고 하나님 말씀 앞에 떨면서 하나님 앞에 겸비하게 낮아져서 살게 될 때 이 한 해 동안 하나님은 우리들을 사랑하시고 우리와 같이 계시고 야곱을 높이 들어 하나님의 위대한 종으로 삼은 것처럼 아브라함의 하나님, 이삭의 하나님, 야곱의 하나님은 자신의 하나님이 될 것입니다.

7장 내면은 하나님을 향한 꿈이 강하게 한다.

(창37:18-20)"요셉이 그들에게 가까이 오기 전에 그들이 요셉을 멀리서 보고 죽이기를 꾀하여, 서로 이르되 꿈 꾸는 자가 오는 도다. 자, 그를 죽여 한 구덩이에 던지고 우리가 말하기를 악한 짐승이 그를 잡아먹었다 하자 그 꿈이 어떻게 되는 것을 우리가 볼 것이니라 하는지라"

성령으로 내면이 강해지면 하나님을 향한 꿈이 있는 자가 됩니다. 꿈은 행복을 갖다 줄 수도 있고 불행을 갖다 줄 수 있습니다. 기쁨을 갖다 줄 수도 있고 슬픔을 갖다 줄 수도 있고 축복을 갖다 줄 수도 있고 낭패를 갖다 줄 수 있습니다. 열한 째 야곱의 아들은 요셉입니다. 요셉은 성격이 쾌활하고 또 자기 자랑을 많이 하는 사람입니다. 나이 늦게 야곱이 아들을 낳았으니까는 채색 옷을 만들어서 입혔습니다. 그 아버지의 사랑을 많이 받으니까 형제들에게 시기와 질투를 받고 미움을 입었습니다.

그런데 이 요셉이 하나님께서 보내준 꿈을 꾼다는 말입니다. 그가 꿈에 보니까 형님들하고 추수하러 가는데 수숫단 곡식이 자기 추수한 수숫단이 일어서 있는데 다른 단들이 엎드려서 절을 합니다. 아 꿈에서 깨어나서 아침 아마 식사할 때 쭉 둘러앉아서 식사하면서 이야기를 했던 것 같습니다. "형님들 내 말들어보십시오. 우리가 추수하러 꿈에 나갔는데 내 단은 일어서고 형들의 단은 전부 나에게 절을 합디다." 형들이 "뭐 어쩌고 어째? 우리 단이 너에게 절을 한다. 그럼 네가 우리 임금이 되겠다는 말 아니냐? 건방진 놈." 그래서 형들의 미움을 받는데 요셉이 한 번만 꾸었으면 좋을 걸 또 꾸었습니다.

그가 "아버지, 형들 내 말 들어보소. 내가 어제 저녁에 자면서 또 꿈을 꾸었는데 꿈에 하늘을 쳐다보니까 해와 달과 열 한 별이 내게 엎드려 절하더이다." 해는 아버지고 달은 어머니고 그다음 별들은 형제간 아닙니까? 그 아버지조차 자기에게 엎드려 절할 것이라는 그런 내용으로 말을 했습니다. 그러니 형들이 "아 이놈이 두고 보니 큰일 날 놈이다." 그러나 아버지는 그 말을 깊이 새기고 있었습니다. 그런데 하루는 아버지가 요셉에게 "야 요셉아 형들이 들에서 양을 치고 있는데 이 음식도 갖다 주고 편안한지 알아보고 오너라.", "예 그러겠습니다." 그래 요셉이 철렁철렁 형들이 양치는 곳으로 찾아가서 형들이 눈으로 보아서 사람을 알아줄 정도의 거리에 가니까 형들이 "아 저놈 꿈꾸는 놈이 온다. 우리 저놈을 잡아서 죽여 버리자.", "꿈이 어떻게 되는가 보자." 빈 우물 구덩이에 빠뜨렸습니다. 아라비안 대상이 물건을 가나안에 팔고 또 물건을 떼서 애굽으로 가는 장사를 하는 사람들이 지나가는데 "형 유다가 아 그 죽일 것 없다. 그 건져가지고서 우리 팔아먹자. 돈 삼십 냥이면 큰 돈 인데 우리 팔아먹자." 그래서 그들이 달려들어서 우물에 던져 넣은 동생을 건져내어서 옷을 벗기고 종으로 팔아먹고 이제 꿈이 잘 인도할 터이니까 두고 보자. 사람이 꿈을 꾸면 꿈이 사람을 업고 갑니다. 사람들은 꿈을 자기가 이루어야 될 줄로 생각하는데 그렇지 않습니다.

꿈을 우리가 마음에 심으면 꿈이 자신을 위해서 열매를 맺게 되는 것입니다. 그냥 꿈을 꾸고 꿈을 꿨다고 말할 때가 많이 있습니다. 그러지 말고 꿈을 내 가슴에 심는 것입니다. 씨앗을 심은 것처럼 꿈을 심으면 꿈이 꽃피고 열매 맺는 것입니다. 꿈을 어떻게 심느냐? 꿈을 생각하고 꿈을 내 가슴에 안고 꿈이 이루어질 줄 믿고 그 꿈을 자꾸 이야기하고 자랑하면 꿈이 자라기 시작하는 것입니다. 오늘날 세계는 꿈에 대한 이야기가 굉장히 많습니다. 어느 성공한 사람도 꿈을 가지고 있지 않았다고 한 사람은 없습니다. 다 꿈을 생각하고 꿈을 바라보고 꿈을 믿고 꿈을 이야기하면 꿈이 그 사람을 끌고 갑니다.

요셉의 형제들이 저놈을 잡아 죽여 꿈이 어떻게 되는가 보자. 그러나 그들은 늦었습니다. 하나님을 향한 꿈이 벌써 요셉을 점령하고 있기 때문에 그 모든 과정이 꿈이 인도한 과정에 형들이 이용당할 뿐인 것입니다. 꿈이 벌써 요셉을 안고 있습니다. 꿈이 형들의 마음속에 팔라고 하고 꿈이 아라비안 대상에게 종으로 팔고 꿈이 그를 애굽에 가서 왕의 근위대 군대를 거느리는 군대장관에게 종으로 팔렸습니다. 그것 다 꿈이 한 일인 것입니다. 우리 알던지 모르던지 하나님께서 꿈을 보여주시고 그 꿈을 통해서 역사하는 것입니다. 하나님은 꿈이 있는 사람을 사용하시는 것입니다. 하나님은 꿈이 있는 사람을 찾습니다.

꿈이 있는 사람은 믿음도 있습니다. 꿈은 언제나 믿음을 대동해서 오기 때문인 것입니다. 꿈과 믿음을 갖고서 자랑하고 입술로 고백하면 기적이 일어나기 시작하는 것입니다. 꿈을 씨앗으로 심으면 굉장한 힘이 나타납니다. 단단한 껍질을 뚫고 싹이 날 때, 그 싹이 굉장한 힘이 있어야 저렇게 뚫고 나옵니다. 단단한 껍질뿐 아니라 씨앗은 자기 무게의 몇 백배가 되는 흙을 뚫고 나와야 되는 것입니다.

미국의 정치가 윌리엄 제닝스 브라이언은 "수박씨는 자기보다 20만 배나 더 무거운 흙을 뚫고 나오는 힘을 소유하고 있다"는 것입니다. 씨앗은 작지만 그 안에 엄청난 생명력이 있어 모든 어려움을 이기고 싹을 틔우는 것입니다. 그러므로 꿈을 짓밟아 죽일 수 있다고 생각하지만 할 수 없습니다. 엄청난 힘이 꿈속에 있습니다. 꿈은 씨앗과 같으니까 영적인 씨앗이니까… 그러니 심어놓으면 그것이 엄청난 힘을 나타내는 것입니다. 심지 않고 내버려놓으면 아무것도 아니지만 심어놓으면 그렇게 힘이 있는 것입니다. 영적으로 심는 것은 영적으로 꿈을 생각하고 꿈을 꿈꾸고 믿고 말하면 심어지는 것입니다. 심어지면 싹이 나고 잎이 피고 열매를 맺는 역사가 일어나기 시작하는 것입니다.

첫째, 요셉의 꿈과 미래. 요셉은 꿈을 꾸었습니다. 그 꿈이 글쎄 요셉의 운명을 결정지은 것입니다. 꿈을 하나님이 우리에게 심어주실 때 꿈과 더불어 시련도 허락하시는 것은 시련이 사람을 연단해서 강하게 만들어주기 때문인 것입니다. 꿈이라는 씨앗이 요셉의 마음에 심어지고 난 후에 엄청난 시련이 요셉에게 다가온 것은 형들에게 배신당했지요. 미디안 대상에 형들에 의해서 팔렸지요. 종으로써 또 보디발 집에 팔렸지요. 그다음에 보디발의 아내의 참소를 받아 시위대 뜰 감옥에 죄수로 들어갔지요. 엄청난 시험이 다가왔습니다.

그러나 요셉이 잔잔한 마음으로 하나님을 의지하고 있은 것은 꿈이 어떠한 장애물도 헤치고 나오는 힘이 있습니다. 형들이 요셉을 죽이려고 들판에 있는 마른 우물에 던졌지만은 살아 나오는 것 보십시오. 그대로 있으면 죽었는데. 꿈이 있으니까 장사꾼들을 그곳으로 지나가게 해서 요셉을 돈 주고 사게 만든 것입니다. 요셉이 애굽에 가서 다른 여러 사람의 종으로 팔릴 수도 있는데 구태여 보디발의 집에 팔렸느냐? 보디발은 임금님 지키는 사명을 가진 사람인 것입니다. 아 거기에 팔렸어요. 그리고 꿈을 가졌기 때문에 꿈이 요셉을 지킵니다. 종으로 있으면서도 요셉이 하는 일은 너무나 잘되는 것입니다. 그 보디발이 큰 부자가 되었어요. 그래서 요셉을 아주 보배롭게 생각하는 것입니다.

그리고 요셉은 난 직접 만나보지는 못했지만은 그 모습을 성경에 기록한 것 보니까 굉장히 미남이었습니다. 일도 잘하고 미남이고 그러니까 보디발의 아내가 한눈을 팔게 된 것입니다. 아무도 없을 때, 보디발의 아내가 요셉하고 같이 잠자리에도 들어가고 같이 재미있게 인생을 살자고 꾀었으나 요셉이 순종하지 않앉았습니다. 하루는 일 볼일이 있어서 안채에 들어갔다가 보디발의 아내가 요셉의 옷을 붙잡고 자기 방으로 가자고 하는데 그걸 떨치고 나오니까 옷이 요셉의 손에 들려있던 옷이 보디발의 아내의 손에 들려갔습니다. 그러니까 사랑이 미움으로 변하면 무서운 복수를 하지 않습니까? 고함을 쳐서 "이 남편이 데리고 온 히브리 종이 나를 겁간 할라고 하다가 내가 고함을 치니까 옷을 벗어놓고 도망을 쳤다"고 그 웃옷을 가지고 흔드는데…. 누가 아무나 본 사람이 있나요? 그 옷가지 증거가 제시되니까 두말 할 수 없이 많이 얻어맞고 시위대 뜰 감옥에 들어갔습니다.

그런데 시위대 뜰에 있으면서 죄수들을 돌보는데 요셉이 와서 돌보니까 그렇게 감옥이 편안하고 좋습니다. 그런데 그 감옥에 술 장관과 떡 장관이 임금님에게 잘못 보여서 감옥에 들어왔었습니다. 그런데 술 장관과 떡 장관이 하루는 보니까 굉장히 낙심을 하고 의기소침해 있습니다. 또 꿈 문젭니다. 그들이 하는 말이 "우리가 꿈을 꾸었는데 해석을 할 수 없으니까 이렇게 기운이 없다." "아 꿈은 하나님이 해석해 줄 테니까 꿈의 내용을 말하라." 술장관이 하는 말이 내가 꿈에 보니까 포도나무에 포도 열매를 주렁주렁 달고 있는데 세 송이를 저가 잘라서 즙을 짜서 왕에서 드리니까 왕이 마셨다. 그러니까 요셉이 아 그거 간단하다고. 세 송이는 사흘 후에 당신의 지위가 복구가 된다. 다시 술잔을 들고서 왕에게 드릴 수가 있게 된다. 그러니까 떡 장관이 그 말을 듣는데 아 내 꿈도 좀 해석해달라고. 꿈에 내가 임금님이 좋아하는 여러 가지 지짐과 떡을 만들어서 세 광주리가 닮아서 머리에 이고 임금님의 식탁을 준비해주었다. 그런데 그것을 머리에 이고 가는 동안에 새들이 와서 그 지짐을 쪼아 먹기에 내가 새들을 좇으면서 꿈을 꾸었다. 아 그러니까 요셉이 안됐지만은 말을 해드리겠습니다. 세 광주리는 삼일을 말하고 바로가 먹기를 좋아하는 지짐이나 음식 모든 것은 그대로 좋지만 새들이 와서 쪼아 먹었다는 것은 당신이 사흘 만에 죽을 것을 말한다. 지짐을 먹는 것은 당신이 전공하는 그것을 새들이 먹을 것이라고 말하니까 죽어서 머리가 날아갈 것을 말하는데 사흘 만에 임금에게 특명이 떨어졌습니다.

그런데 요셉이 부탁을 했습니다. 술 장관에게. 당신 복권되어서 술 장관으로 들어가거들랑 임금님에게 이야기해서 나를 좀 석방시켜 주십시오. 나는 정말 해를 끼치지 아니하고 폭행도 하지 않았으니 날 좀 돌봐주십시오. 아 술 장관이 걱정하지 마라. 내가 가면 다 말을 해줘 해결해주겠다. 해결해주기는 뭐 해결해주어요. 자기 나가고 난 다음에는 까맣게 잊어버렸습니다.

그런데 또 꿈 이야기가 나옵니다. 바로가 꿈을 꾸었는데 그 꿈에 보니까 나일강에 아주 살찌고 투실투실한 소 일곱 마리가 나와서 풀을 뜯어먹다가 잠시 후에 아주 파리하고 뼈만 남은 일곱 소가 나와 가지고서 살찐 소를 잡아 먹어버렸다. 다 잡아먹어도 뼈가 나온 무시무시한 흉년이 예시적으로 보여준 것입니다. 그 다음에 깨어났다가 다시 꿈을 꾸는데 아주 투실투실한 이삭이 주렁주렁 달린 알곡이 나왔는데 거기 벼인지 수수인지는 모르겠습니다만, 처음에 그렇게 착실한 열매 맺은 곡식이 나왔는데, 뒤에다 바른 일곱 이삭이 나와 가지고서 그 다 잡아먹어 버리고, 그리고 또 마른 이삭이 되었어요. 그 임금이 답답해서 이것을 알기 위해서 전국에 유명한 꿈 해석 하는 사람을 불렀는데 누가 오려고 하나요? 다 겁을 집어먹고 안 나오는데 그때야 술 장관이 바로에게 술을 대접하면서 "왕이여 내가 안 죽고 여기 복권된 것도 요셉이란 청년이 감옥에 있어서 꿈 이야기를 듣고 해석을 잘해주어서 나는 살고 떡 장관은 죽었습니다."

그러니까 이 왕이 빨리 요셉을 불러오너라. 갑자기 사람들이 와서 이발을 하고 목욕을 시키고 좋은 옷을 입히고 수레에 태워서 임금님에게 데려왔습니다. 임금님이 "네가 꿈을 잘 해석한다면서?" "왕이여 서론은 필요 없습니다. 하나님께서 명쾌하게 해석을 하실 것입니다. 왕이 경험한 그 꿈을 이야기해주십시오." 이야기해주니까 "일곱 마리 암소는 칠 년 풍년을 말합니다. 일곱 마리 아주 뼈만 남은 것은 칠 년 흉년을 말합니다. 칠 년 동안 큰 풍년이 와서 곡식을 처치할 도리가 없을 만큼 많이 곡식이 될 것입니다. 그러나 그 다음에 연달아 칠 년 동안 흉년이 오면 풍년이 꿈에 본 듯이 사라지고 온 애굽 사람이 굶어 죽을 것입니다. 그 다음에 일곱 곡식 열매 맺는 곡식이 일곱 송이가 나오고 뒤에 나오는 바른 이삭 일곱 송이에게 잡아먹혀버리고, 그래도 마른 이삭 밖에 없다는 것은 역시 칠 년 동안 흉년이 오고 칠 년 동안 풍년 다음에 흉년이 와서 굶주림이 애굽 천지에 꽉 찰 것을 보여주는 것입니다. 두 개 똑같은 내용을 두 번 강조해서 이렇게 보여주는 것은 하나님께서 정한 것이라는 것입니다. 그러므로 왕이여, 왕이 곡식이 풍년으로 잘될 때 오분지 일을 나라가 거두어서, 그 곡식을 창고에 모아놓았다가 흉년이 들었을 때 국민들에게 나누어주면 이 나라가 삽니다."

그러니까 임금님이 겁이 나서 얼굴이 노랗게 돼 있다가 "그래? 그렇게 해결이 되냐?" "해결이 됩니다." "이렇게 머리 좋고 총명한 사람, 하나님의 영에 감동되어 꿈을 해석한 사람이 또 어디에 우리가 구할 수 있겠느냐? 애굽 사람이든, 히브리 사람이든 상관할 바 없다. 너는 내 제자로 내 백성으로써 우리 애굽에서 사는 이상 나를 도와주어야 되겠다. 오늘 이 시간부터 요셉은 애굽의 국무총리다." 아, 왕의 손 가락지를 뽑아가지고서 손에 꼽아주고 왕이 타는 버금수레를 내어주면서 요셉 앞에 다 엎드리라고. 전부 요셉에게 절하며 엎드립니다. 사람 팔자가 이렇게 시간문제가 될 줄은 꿈에도 몰랐습니다.

그래서 요셉은 자기가 꾼 꿈도 이루어지고 술 장관, 떡 장관의 꿈도 이루어지고, 임금의 꿈도 이루어진 것입니다. 우리가 꿈이라고 다 믿을 수는 없지만은 우리가 주님을 잘 믿고 사는 사람은 하나님께서 우리에게 끊임없이 꿈으로 이야기할 때가 많습니다. 우리는 내용이 있는 꿈을 꾸었을 때는 꿈을 해석해보고 신앙생활에 도움이 되도록 하는 것이 좋습니다.

둘째, 꿈을 씨앗으로 가슴에 심고서 인내하라. 꿈이란 씨앗을 가슴에 받아들여 심고 항상 꿈을 바라보면서 기도하면 꿈이 열매를 맺는 것입니다. 요셉은 꿈으로 인하여 애굽의 국무총리까지 된 사람인 것입니다. 꿈이 없이 기도하는 것은 기도가 응답 잘 안 되는 것입니다. 아브라함이 칠십 오세에 가나안 땅에 와서 아들을 달라고 십 년을 기도했으나 아들을 얻지 못했습니다. 하나님이 아들 주겠다고 하시는데도 아들 안 생겨요. 그래서 크게 불평을 말하고 자기는 이제는 후계자를 자기의 종 중에서 선택해야 되겠다고 말하니까 하나님이 아브라함의 기도를 고쳐주었습니다. "저녁에 천막에서 나오라. 기도하기 전에 하늘을 쳐다보라. 뭐가 보이느냐?" "별들이 보입니다." "얼마나 많으냐?" "헤아릴 수 없이 많습니다." "네 자손이 저 별들처럼 헤아릴 수 없이 많을 것이다." 그래 보니 와아~ 마음에 감동이 되는 것이 그 별들이 자기를 향해서 "아버지 아브라함이여~" 외치는 것 같습니다.

그러니까 그 감동에서 믿음이 생깁니다. 이런 일이 반드시 있을 것이라고 믿음이 생기고 아, 마음에 감격해서 기도가 물줄기처럼 입에서 잘 나왔습니다. 그래서 백세에 아들을 낳았습니다. 그게 이삭인 것입니다. 기도할 때 가슴에 꿈을 품고서 기도해야 되는 것입니다. 꿈을 심어놓고 난 다음에 꿈을 바라보고 기도해야 됩니다. 그게 굉장히 중요한 것입니다. 많은 사람이 가슴에 꿈을 심지 않고 텅 빈 가슴으로 기도를 하고 몸부림을 쳐도 응답이 안 오지 않습니까? 가슴에 꿈을 품고 그걸 바라보고 하나님 앞에 기도하면 하나님 성령께서 함께 기도해주심으로 놀라운 기적이 일어나는 것입니다.

우리의 생활 속에 하나님의 손길이 늘 같이 있어야 되는 것입니다. 우리들은 하나님이 도와주시는 기적적인 손길을 늘 느껴야 되는 것입니다. 우리 예수 믿는 사람은 하나님의 백성입니다. 하나님 성령도 연약함을 도와주시기 위해서 받들어 주는 것입니다. 우리는 하나님이 택해서 세운 자녀들이므로 하나님은 기도를 응답해주기를 원하시고 계시는 것입니다. "사랑하는 자여 네 영혼이 잘됨 같이 네가 범사에 잘 되고 강건하기를 내가 간구하노라" 바로 오늘 이 시간 하나님이 우리들을 보고 말씀하시는 것입니다.

그러므로 그냥 억지 부리지 말고 소원하는 바를 꿈으로 마음속에 심으십시오. 자기 소원하는 바를 뭘 소원하는지 생각하고 그 다음 그것을 꿈꾸어 보고 믿고 입술로 고백하고 구하고 감사하면 하나님이 그런 기도는 기쁘게 들어주시는 것입니다. "아브라함이 바랄 수 없는 중에 바라고 믿었으니 이는 네 후손이 이 같으리라 하신 말씀대로 많은 민족의 조상이 되게 하려 하심이라. 그가 백세나 되어 자기 몸이 죽은 것 같고 사라의 태가 죽은 것 같음을 알고도 믿음이 약하여지지 아니하고 믿음이 없어 하나님의 약속을 의심하지 않고 믿음으로 견고하여져서 하나님께 영광을 돌리며 약속하신 그것을 또한 능히 이루실 줄을 확신하였다(로마서 4:18-21)" 백세가 되어서 바라봄의 법칙을 사용하고 낙심 안 합니다. 이제는 자기에게 아들이 주어진 것을 꿈으로 마음속에 끌어안고 그 꿈을 바라보고서 기도하니까 백세가 아니라, 천세라도 하나님이 하시고자 하면 하는 것입니다(30:19).

하나님이 자기편에 서서 역사해주도록 기도를 그렇게 하십시오. 꿈을 가슴에 품고 꿈을 믿고 하나님께 기도하면 하나님을 자기편에 모시게 되는 것입니다. 왜냐하면 5차원의 영성이 영적인 것이기 때문에 하나님은 자신의 생각을 통해서, 꿈을 통해서, 믿음을 통해서, 입술의 고백을 통해서야 일할 수 있는 것입니다. 육신의 감각적으로는 하나님이 일하지 않으십니다. 크리스천의 속사람과 하나님이 일하지 겉 사람과 일하지 않습니다. 그 속사람이 5차원의 영성을 가진 사람이기 때문입니다. 자신이 생각하는 생각을 본 적이 있습니까? 생각 못 봤지요. 영이 영적인 것이기 때문에 생각을 눈에 못 봅니다.

그리고 꿈을 실제로 눈으로 보나요? 꿈은 꾸는 꿈으로 보지 그건 영적으로 당연히 못 보는 것입니다. 믿음도 본 적이 없고, 입술의 고백도 꿈이지 실제로 보여지지 않습니다. 그것이 전부 영적인 선의 속에 있기 때문에 생각하고 꿈꾸고 믿고 말하면 하나님이 기쁘게 같이 협조하고 그 안에 일해서 승리를 가져오게 되는 것입니다. 우리들은 다 승리할 수 있습니다. 오늘 우리 예수 믿는 사람들은 마음속에 깊이 생각하고 바라보고 믿고 말하고 이루어질 수 있는 세계에 하나님이 우리들을 끌고 와 있습니다.

셋째, 생명의 열매를 맺게 하는 갈보리 십자가. 갈보리 십자가 쳐다보십시오. 십자가는 죄인은 죽고 의인으로 새롭게 태어나는 것입니다. 십자가는 예수님이 거기서 못 박혀서 우리의 죄를 청산한 곳이고, 허물을 청산해서 거룩하고 성령 충만하게 만든 곳이고, 병을 짊어지고 청산한 곳이고, 저주를 청산한 곳이고, 죽음조차 충만한 은혜의 복음이 넘쳐 나오는 것이 갈보리 십자가인 것입니다. 모든 사람 남녀노유 빈부 귀천할 것 없이 십자가는 우리들을 위해서 다섯 가지 축복을 허락해주신 것입니다. 오늘 이 시간에도 우리가 마음으로 십자가를 바라볼 수 있습니다. 찬송하면서 십자가를 바라볼 수 있습니다. 그것이 마음에 꿈으로 볼 수 있지 않습니까. 십자가를 생각하고 복음을 꿈꿀 수 있는 것입니다. 십자가에 못 박혀 피 흘려서 죄를 사하시고, 허물을 사하시고, 그다음 "저가 채찍에 맞음으로 병 고침을 받았느니라." 병이 물러가고, "나무에 달린 자마다 저주 아래에 있는 자라" 그리스도 예수 안에서 우리는 저주에서 해방되고 아브라함의 복을 받게 된 거에요. 그 꿈 꿀 수 있습니다. 그 꿈을 가슴에 품고 "저는 십자가 보배로운 피를 흘리신 것은 내 것이다! 하나님이 내게 주신 은혜다!" 그것을 생각하라는 것입니다. 그것을 생각하고 그것이 이루어진 모습을 마음속에 꿈을 꾸고 그것을 믿고 "나는 복 받은 사람이다. 하나님이 나를 특별히 택해서 축복을 해 주신다!" 입술의 고백을 하면 그것이 이루어집니다. 놀랍게 이루어지는 것입니다. 생명의 열매를 맺게 하는 갈보리 십자가가 되는 것입니다.

우리는 그러므로 예수 믿는 사람들은 예수 십자가를 통해서 하나님 앞에 꿈을 꿀 수 있고 하나님은 이 꿈을 5차원의 영성을 통해서 이루어지게 하는 것입니다. 하나님이 우리들과 같이 역사해서 이루어지는 것은 5차원의 영성을 통해서 나타나는 것입니다. 생각을 올바르게 하고 꿈을 올바르게 가지고 그 다음 믿고 입술로 긍정적이고 적극적이고 창조적인 말을 하면 하나님께서 대단히 기뻐하십니다. 문제를 쉽게 해결하는 것입니다.

창세기 37장 19절로 20절에 요셉의 형들이 "서로 이르되 꿈꾸는 자가 오는 도다 그를 죽여 한 구덩이에 던지고 우리가 말하기를 악한 짐승이 그를 잡아먹었다 하자 그의 꿈이 어떻게 되는지를 우리가 볼 것이다" 꿈이 어떻게 됐습니까? 자기들이 그렇게 했다고 이루어졌느냐 요셉을 못 죽였습니다. 요셉은 자기가 생각한대로, 바라본 대로, 믿은 대로, 말한 대로 애굽의 국무총리가 되고 형들이 와서 다 꿇어 엎드려 절하게 된 것입니다.

예수 믿는 사람들이 신앙생활을 하고 마음에 평안하고 영생을 얻는 것은 말할 수 없이 좋거니와 이 땅에 살아 있으면서 영혼이 잘되고 범사에 잘되고 강건하게 되어서 남을 도와주면서 살고, 위에 있고 아래 내려가지 않고 남에게 꾸어 줄 지라도 꾸지 않는 삶을 살아봐야 되는 것입니다. 가는 곳마다 남의 짐이 되고, 다른 사람 앞에 손 내밀고, 무시당하고 멸시당하고 살아서야 되겠습니까? 하나님 백성은 하나님께서 원하는 대로 돼야 되는 것입니다. "내 영혼아 여호와를 송축하고 그 모든 은택을 잊지 말지어다. 저가 모든 죄악을 사하시며 모든 병을 고치시며 너희 생활에 축복을 해 주어서 독수리같이 새롭게 해주겠다"고 약속하신 말씀을 누릴 수가 있는 것입니다. 그러므로 우리들의 가슴 속에 언제나 갈보리 십자가 예수님의 보혈을 간직한 살리는 복음을 가슴에 꿈으로 안고 있으십시오. 그리고 전인구원이 이를 통해서 영혼이 잘되고 범사에 잘되며 강건하고 생명을 얻되 넘치게 얻는 전인구원이 이루어지는 모습을 가슴 속에 바라보십시오. 그 꿈을 안고서 감사하고 간구하고 기도하고 입술로 선언하면 그대로 좋은 일이 일어나는 것입니다. 고난도 참고 정복하고 일어날 수 있는 것입니다. 그러면 우리가 예수 믿는 사람으로서 자랑할 수가 있고, 우리가 꿈을 잃어버리지 않는 이상은 꿈속에서 우리를 만나주는 하나님을 만나서 복을 얻게 될 것입니다.

충만한 교회에서는 직장인, 학생, 주부들을 위하여 주일날도 동일하게 성령 내적치유 집회 형식으로 예배를 인도합니다. 담임목사는 주일날 밖에 교회에 나올 수 없는 성도들이 하나님의 뜻대로 내면을 치유 받고 성령 충만하여 현재 천국을 누리면서 살아가도록 관심을 가지고 신앙을 지도하고 있습니다. 매주 영적인 말씀을 들으면서 40-50분 이상 기도하면서 안수하여 막힌 영의통로를 뚫고, 마음의 상처를 치유하고, 영적인 문제를 해결하며, 성령님과 동행하도록 예배를 인도하고 있습니다. 예배시간은 11:00- / 13:30-입니다. 평일 시간이 없으신 분들은 오셔서 진리의 말씀을 듣고 치유도 받으시기를 바랍니다.

8장 자신 안은 하나님께 집중해야 강해진다.

(히 11:24-26) "믿음으로 모세는 장성하여 바로의 공주의 아들이라 칭함 받기를 거절하고, 도리어 하나님의 백성과 함께 고난 받기를 잠시 죄악의 낙을 누리는 것보다 더 좋아하고, 그리스도를 위하여 받는 수모를 애굽의 모든 보화보다 더 큰 재물로 여겼으니 이는 상 주심을 바라봄이라"

하나님은 하나님께 소망을 두는 자를 통하여 일하십니다. 오늘 본문에 나오는 모세와 같이 하나님께만 소망을 두면 내면의 능력과 내면의 지혜가 충만한 성도가 됩니다. 좋은 지도자를 만남은, 큰 축복입니다. 훌륭한 지도자는 명령하지 않고, 하나님의 뜻을 따라 앞에서 백성을 이끌어갑니다. 지도자는 따르는 자의 미래를 주장합니다. 모세는 이스라엘의 최대지도자로, 애굽에서 350년 동안 노예생활 하던 이스라엘 백성들을 구원했습니다. 또한 40년 동안 광야에서 방황하던 백성들을, 가나안 땅으로 인도한, 이스라엘 역사에 가장 위대한, 영웅적인 지도자입니다.

모세는 신비한 사람입니다. 출생과정도 신비롭고, 소명도 신비합니다. 바로 앞에서 이스라엘을 구출한 일도, 참 신비로운 드라마입니다. 120세로 죽을 때, 그의 눈은 흐리지 않았습니다. 비스가스 산에서 죽었는데, 그의 시체는 하나님께서 신비하게 감추어서, 찾을 길이 없었습니다.

성경은 모세를 '하나님의 사람'(신33:1), '여호와의 종'(신 34:5), '하나님이 대면하여 아시던 자'(신34:10), 즉 하나님이 알아주는 사람이었습니다. 모세가 위대한 삶을 살았던 비밀은 믿음입니다. "믿음으로 모세는 장성하여…" 그러므로 우리도 하나님만을 믿는 믿음으로 살아갑시다.

모세는 120세를 살았습니다. 모세의 삶은 40년씩 3기로 구분이 됩니다. 애굽에서 살았던 40년, 광야에서 보낸 40년, 그리고 출애굽의 지도자로서의 40년입니다. 본문은 모세가 장성했을 때, 그의 나이 40세가 되었을 때의 일입니다.

첫째, 모세는 하나님을 택했다(히 11:24). "믿음으로 모세는 장성하여, 바로의 공주의 아들이라 칭함을 거절하고" 믿음으로 살기를 원한다면, 마땅히 거절해야 할 것을 거절해야 합니다. 바로의 공주의 아들이라 함은, 애굽의 왕자입니다.

오늘날 청와대의 권력 정도가 아닙니다. 전 세계를 다스릴 수 있는 옥좌를, 모세는 거절했습니다. 그래서 세상의 부귀, 영화, 권세를 다 포기해 버렸습니다. 역사가 요세푸스 따르면, 바로의 공주는 무남독녀였습니다. 더군다나 그녀에게는 아이가 없어서, 바로의 공주는 시녀들을 데리고, 나일 강으로 목욕하러 갔습니다.

그 당시 애굽 사람들은, 나일 강을 신으로 섬기고 있었습니다.

특별히 생산의 신이었습니다. 그래서 아이 없는 사람들은, 나일 강에서 목욕을 하면, 아이가 생길 수 있다고 생각하였습니다. 그때, 바로의 공주는 갈대 상자에 들어 있는 모세를 발견했으니, 얼마나 기뻤겠습니까?

아마 "이 아이는 나일 강 신이, 내게 준 아이니, 아들로 삼아서, 훌륭한 인물로 키워야지…" 이런 생각을 하고, 모세를 아들로 받아들여, 애굽 궁으로 데리고 들어가, 애굽의 왕자로서 최고의 교육을 받게 했습니다. 모세는 모든 면에 있어서, 탁월한 사람이었습니다.

사도행전 7장 22절에서 "모세가 애굽 사람의 학술을 다 배워 그 말과 행사가 능하더라."라고 하였다. 역사기록에 의하면, 애굽과 에티오피아 사이에 전쟁이 났을 때, 모세는 바로를 대신해서, 애굽의 총사령관으로 출전하여, 큰 승리를 거두었습니다. 아무튼 모세는 얼마든지 부귀와 영화와 권세를 다 누릴 수 있었습니다.

바로의 자리에까지 오를 수 있었지만, 모세는 장성하여, 바로의 공주의 아들이라 칭함을 거절했습니다. 그 순간 부귀, 영화, 권세를 모두 다 포기해 버렸습니다. 그 이유는 믿음 때문이었습니다. 모세에게 있었던 이 믿음은, 부모님에게 물려받았습니다. 모세는 그의 어린 시절을, 부모의 품에서 자랐습니다.

바로의 공주가 나일 강에서, 모세를 발견했을 때, 그때 멀찌감치 서서, 그 광경을 지켜보고 있던 모세의 누나 미리암이, 바로의 공주에게 다가가, 자기 어머니 요게벳을 모세를 위한 유모로 소개해 주었습니다. 그 결과 모세는 어려서부터, 그의 어머니 품에서 신앙적인 교육을 받을 수 있었습니다.

모세의 어머니 요게벳은, 믿음의 사람이었습니다. 그들은 부지런히 어린 모세에게, 힘써 하나님을 믿는 신앙을 심어 주었습니다. 하나님께서 그들의 조상 아브라함, 이삭, 야곱에게 허락하셨던 약속들을 어린 모세의 마음속에, 깊이 심어 주었습니다.

모세는 어린 시절, 얼마 안 되는 기간 동안, 어머니에게 받았던 신앙적인 교육으로 인해, 하나님을 믿는 믿음이 마음속 깊이, 뿌리내리게 되었습니다. 모세는 어릴 때, 불과 얼마 안 되는 짧은 기간 동안에 그의 어머니를 통해서, 신앙 교육을 받았습니다.

그 뒤에 모세는 오랫동안 궁에서, 세상 사람이 부러워하는 최고의 교육을 받았습니다. 그런데 모세의 일평생의 삶을 지배하며 주관했던 교육은, 애굽의 궁에서 받았던 세상적인 교육이 아니었습니다. 어린 시절 부모님에게서 받았던, 신앙 교육이었습니다.

따라서 어릴 때 가정에서 받는 교육을, 절대 소홀히 생각할 수 없습니다. 주일학교에서 실시하는 신앙교육을, 결코 소홀히 하면 안 됩니다. 주일학교 교육이, 어린아이의 일평생의 삶을 주관하기에, 구세군 창설자인 윌리암 부스는 이렇게 말했습니다.

"우리는 마귀가 손을 쓰기에 앞서, 우리의 자녀들에게 먼저 하나님을 가르쳐야 합니다. 마귀가 우리 자녀들에게 죄악을 심어 주기에 앞서, 우리가 먼저 사랑하는 자녀들에게, 하나님을 믿는 신앙심을 심어 주어야 합니다." 어린 시절의 신앙 교육이, 그만큼 중요하다는 뜻입니다.

나이 40이 되자, 자신의 인생관이 정립되며, 자신이 누구인지 알았습니다. 애굽의 보좌에 앉으면, 온 세상을 다스릴 수 있지만, 영적으로 죽을 수밖에 없음을 모세는 알았습니다. 죄악 된 그 나라에, 희망이 없음을 알았습니다. 하나님을 반대하는 이 권력이, 망하게 된다는 사실을 알았습니다. 그래서 바로의 공주의 아들 됨을 거절했습니다. 부귀와 명예를 거절함이 쉬운 일은 아니다. 그렇지만 자신을 길러 준 어머니의 사랑을 거절하는 데에는, 더 큰 아픔이 있었을 것입니다. 바로 왕의 공주는, 그를 낳아 준 어머니보다도, 더 큰 애정을 쏟은, 모세를 길러 준 어머니입니다.

그런데 모세는 이 공주의 곁을 떠나야 했습니다. 사람을 사랑하는 일은 귀하다. 모세가 자기를 길러준 어머니를 사랑함이 죄는 아닙니다. 그러나 그 사람을 사랑함이, 하나님을 사랑하는데 방해된다면, 이는 명백히 거절해야 합니다. 그러므로 믿음은 마땅히 거절한 것들을, 거절해야만 합니다.

하나님의 사람은, 거절할 줄 아는 자가 되어야 합니다. 그래서 "그리스도인은 No라고 해야 할 때 'No'라고 말할 수 있는 사람입니다."라고 어떤 신학자는 정의했습니다. 성경을 보면, 하나님께 쓰임 받은 사람들은 "아니오"라고 말할 때, "아니오"라고 말했습니다.

요셉은 노예로 팔려가서, 보디발의 집에 총리가 되었습니다. 제법 성공하게 되었습니다. 이제 출세의 길에 접어들었는데, 보디발의 아내가 청년 요셉을 유혹했습니다. 그 당시 장군들의 아내는 미인이었습니다. 요셉은 젊은 청년의 피를 가지고 있었습니다. 또한 거절하면 자기가 높이 쌓아 올린 성공이, 무너질 줄 알았습니다.

그러나 요셉은 망설이지 않았습니다. 보디발의 아내가 그의 옷을 잡고 늘어질 때, 그는 "안 돼요, 어찌 이 큰 죄악을 내가 하나님 앞에서 행할 수 있나요!" 하나님께서 함께하시면서 감동하시는 대로 순종한 것입니다. 그러나 많은 교인이, 세상 문화 앞에서 "아니요"라고 말해야 때에, 말하지 못하고 타협합니다. 그래서 하나님의 능력이 일어나지 않습니다.

그러나 다니엘의 세 친구, 사드락, 메삭, 아벳느고는, 금 신상 앞에서, 절하라고 강요받았을 때에 "아니요"라고 대답하며, 왕이여! 우리를 풀무 불에 던질지라도, 하나님이 우리를 구해 내실 것입니다. 그리 아니 하실지라도, 우리는 금 신상 앞에 절하지 않겠다(단3:17-18).고 외쳤습니다.

이처럼 성공과 부귀가 보장된 놀라운 제안이라도, 하나님의 뜻이 아니라면 굳게 서서, "No!"라고 외치는 그런 사람들이, 진정한 믿음의 사람입니다. 하나님은 이런 사람을 찾으십니다. 그러므로 거절할 줄 아는 성도들이 되시기를, 주님의 이름으로 축원합니다.

둘째, 모세는 하나님을 향한 고난을 더 좋아했다(히 11:25).
"도리어 하나님의 백성과 함께 고난 받기를, 잠시 죄악의 낙을 누리는 것보다 더 좋아하고." 모세는 두 가지 중에, 한 가지를 선택할 수 있었습니다. 한 가지는 "잠시 죄악의 낙을 누림"입니다. 또 다른 하나는 "하나님의 백성과 함께 고난 받음"입니다. 전자는 낙을 누리는 길입니다. 후자는 고난의 길입니다. 그런데 모세는 두 가지 중에서, 믿음으로 고난의 길을 택했습니다. 왜냐하면 하나님의 백성들과 함께 가는, 영원한 길이었기 때문입니다.

반면에 죄악의 낙을 누리는 길은, 잠시 누리는 길로, 그 끝은 파멸입니다. 독버섯은 눈으로 보기에 아름답습니다. 그러나 그 속에는, 사람을 죽이는 독이 있습니다. 마약도 담배도 그렇습니다. 처음에는 좋지만, 끝이 안 좋습니다. 죄악이 그렇습니다. 육체적인 즐거움이 있습니다. 쾌락이 있습니다. 죄를 지을 때는 즐겁습니다. 죄를 짓고 나면 괴로운 생활을 연속입니다. 어떤 크리스천들은 죄를 지을 때 괴로운 줄 아는데 그렇지 않습니다. 괴로운데 죄지을 사람이 없을 것입니다. 다윗이 밧세바를 범할 때 괴로워겠습니까? 분명하게 순간적인 쾌락을 느꼈을 것입니다. 그러나 죄를 짓고 나서 얼마나 고통의 세월을 보냈습니까?

그러나 죄악의 낙이라는 말 앞에, "잠시"라는 말이 언제나 붙습니다. 잠시 죄악의 낙을 누린 후에는, 오랜 기간 동안, 고통과 파멸이 대가로 따라 옵니다. 그래서 모세는 바로의 공주의 아들이라 칭함을 거절하고, 하나님의 백성으로 살았습니다. 인간의 부귀영화 권세는, 잠시 누리는 죄악의 낙에 불과합니다.

만일 모세가 바로의 공주의 아들이라 칭함을 받으면서, 계속 그 자리에 머물러 있었더라면, 물론 잠시 동안 부귀영화를 누리며, 애굽 왕 바로가 되었을는지 모릅니다. 그렇게 되면 애굽 사람들로부터, 신으로 숭배를 받고, 죽고 난 후에는, 피라미드에 묻혔을 것입니다.

그의 육신은 미라가 되어 보관 되지만, 그의 영혼은 영원히 꺼지지 않는 지옥불에 던져져, 지금도 고통을 당할 수밖에 없었을 것입니다. 그래서 모세는 믿음으로, 바른 선택을 했습니다. 하나님의 백성들과 함께, 고난 받기를 택했습니다. 그 결과 하나님이 약속하신 나라에 들어가서, 영생복락을 누리게 되었습니다.

복에는 2가지가 있습니다. 하나는 성공하는 복, 또 하나는 위대해지는 복입니다. 사람들은 성공이 남보다 잘 되는 것이라고 합니다. 사람들은 이 성공에 따라, 웃기도 하고, 울기도 합니다. 예수님 뒤에는, 많은 사람들이 따라다녔습니다. 그들은 이 세상에서 성공하는 복을 받으려고 따라다녔습니다.

그러나 예수님은 그들을 불쌍히 여기셨습니다. 예수님은 제자들에게, 진정 위대해지는 복을 주셨습니다. 성공은 다른 사람과 비교하고 경쟁해서, 승리함을 말하지만, 위대함은 예수님과 비교해서, 예수님을 닮아 감을 말합니다. 성공이 다른 사람과 싸워 이겼다고 말한다면, 위대함은 자기와 싸워서 이김입니다. 내면이 강한 사람은 자기와 싸워서 이기는 자입니다.

성공은 세상을 얻는 일이라면, 위대해지는 일은 예수님을 얻는 일입니다. 어려움이 다가오면 주님이 위대해 지기를 원하신다고 깨닫기 바랍니다. 우리는 어떤 선택을 하고, 우리가 사랑하는 자녀들에게, 어떻게 가르쳐야 되겠습니까?

"하나님을 열심히 믿어야 된다. 그래야 네가 하나님의 축복을 받아 성공할 수 있단다." 물론 이런 가르침도 틀린 말은 아닙니다. 그러나 더 정확한 가르침은 무엇인가? "살다보면 선택을 해야 될 때가 있다. 믿음으로 기도하면서, 바른 선택을 해야 한다. 잠시 죄악의 낙을 누리는 일보다도, 언제나 의로운 고난의 길을 택해야 한다. 하나님께서 기뻐하시는 길을 택해야 한다. 그것이 영원한 축복의 길이기 때문이다." 이렇게 우리의 자녀들을 가르쳐야 합니다.

'모세'의 뜻이 "물에서 건져내다"라는 뜻입니다. 모세가 아기 때 나일 강에 '던짐'을 받았는데, 바로의 공주에 의해서 '건짐'을 받았습니다. 그런데 '던짐'과 '건짐'을 받은 모세가, 나중에는 '던짐'을 받은 자기 백성을 '건지는' 사람이 되었습니다.

이처럼 누군가를 '건지는' 사람이 되기 위해서는, 내가 먼저 '던짐'과 '건짐'을 받는 경험을 하여야 합니다. 우리의 사랑하는 자녀들을, 악하고 음란한 세대에서 건져내려면, 부모인 우리가 믿음으로 살아, 자녀들을 믿음으로 키워야 합니다.

그래서 우리 자녀들이 모세처럼, 주님의 나라를 위해 귀히 쓰임 받는, 위대하고도 훌륭한 일꾼들이 다 되기 바랍니다. "하나님의 백성과 함께 고난 받기를, 잠시 죄악의 낙을 누리는 것보다 더 좋아했던" 모세의 믿음이 우리의 믿음이 되기 바랍니다. 그리고 이 믿음이, 우리 자녀들에게도 있기를 바랍니다.

셋째, 모세는 상 주심을 바라보았다(히 11:26). "그리스도를 위하여 받는 능욕을, 애굽의 모든 보화보다 더 큰 재물로 여겼으니, 이는 상 주심을 바라봄이라." 버리고 고통을 당할 수 있었던 이유는, 상주시는 분을 바라보았기 때문입니다.

세상에서 얻는 상이 아니라, 영원하신 하나님에게서 얻을 상을 바라보았습니다. 그가 그리스도를 위해 받는 능욕을, 애굽의 모든 보화보다도 더 큰 재물로 여길 수 있었습니다. 상주시는 하나님을 바라보았기 때문입니다. 사람의 상이 아니라, 하나님의 상을 바라보았기 때문입니다.

잠시 누릴 상이 아니라, 영원히 기억될 상급을 바라보았습니다. 모세의 시선은 하나님을 따랐다. 아마 모세가 바로 왕을 보았더라면, 절망했고, 원망하고 짜증내는 무지한 이스라엘 백성들만 보았더라면, 그 마음이 흔들렸습니다. 그러나 모세는 보이지 않는 하나님을 바라보았습니다. 하나님만을 따르기로 작정을 했습니다.

그래서 세상 사람들은, 모세의 선택을 비웃었지만, 하나님께서는 영원한 상급으로 축복해 주셨습니다. 세상의 쾌락도 잠깐이고, 고난도 잠깐이지만, 상급은 영원합니다. 불멸의 상급을 바라보아야만 합니다.

히브리서 12장 2절에 예수님께서도 고난의 십자가를 선택하심은, 그 앞에 있는 즐거움을 바라보셨기 때문입니다. 공산주의가 왜 실패했나요? 상급을 바라보지 못했기에, 망하게 되었습니다. 같은 땅이지만, 상급이 없음과 있음에는, 수확이 몇 배 차이가 났습니다.

바울도 "현재의 고난은 장차 올 영광과 비교할 수 없다(롬 8:18)"고 하면서, 하나님의 보상을 바라보았습니다. 예수님은 소자에게 냉수 한 그릇이라도 주는 자는, 천국에서 상급이 있다고 하셨습니다. 따라서 믿음은 상주시는 하나님을 바라보는 일입니다. 우리에게는 천국이 상급으로 준비되어 있습니다.

이 땅에서 주님을 위한 수고가 헛되지 않습니다. "그러므로 내 사랑하는 형제들아! 견고하며 흔들리지 말며, 항상 주의 일에 더욱 힘쓰는 자들이 되라, 이는 너희 수고가 주안에서 헛되지 않은 줄을 앎이니라(고전15:58)"

그런데 모세가 하나님의 백성과 함께 고난 받음을, 그리스도를 위해 받는 능욕이라 했습니다. 모세는 역사적으로 그리스도를 알지 못했습니다. 그보다 훨씬 뒤에 예수님이 오셨습니다. 그런데 모세가 하나님의 백성을 위하여 살았는데, 성경은 그 삶이 바로 그리스도를 위하여 살았다고 말합니다.

무슨 말씀인가요? 바울이 예수 그리스도의 사도가 되기 전에, 하나님의 백성들을 몹시도 핍박했습니다. 어느 날 바울은, 대제사장의 공문을 손에 쥐고, 다멕섹에 있는 성도들을 붙들어, 예루살렘으로 끌고 오기 위해, 다멕섹에 거의 가까이 이르렀을 때였습니다.

홀연히 하늘로서 해보다 더 밝은 빛이, 그를 둘러 비추면서, 예수님께서 바울의 히브리식 이름을 부르시면서, 이렇게 말씀하셨습니다. "사울아 사울아, 네가 어찌하여 나를 핍박하느냐?" 이처럼 하나님의 백성을 핍박함은, 그리스도 예수를 핍박함입니다.

이처럼 모세가 하나님의 백성과 함께 고난 받음이, 곧 그리스도를 위해 받는 능욕이라는 뜻입니다. 모세는 믿음으로 그리스도를 위하여 받는 능욕을, 애굽의 모든 보화보다, 더 큰 재물로 여겼습니다. 애굽의 박물관에 가면, 피라미드 속에서 발굴된 보화들이 많이 소장되어 있습니다.

피라미드 하나에 들어 있는 금의 무게만 수 천 톤에 이르는, 어마어마한 양입니다. 그런데 모세는 그리스도를 위하여 받는 능욕을, 애굽의 모든 보화보다, 훨씬 더 크고 값진 재물로 여겼습니다. 하나님의 나라는 이 땅의 보화와 비교할 수 없다. 훨씬 더 값지게 됩니다.

우리가 받을 상이 길어질 수 있습니다. 그러나 낙심할 필요가 없습니다. 상 받기까지의 기간이 길어질수록, 우리는 오히려 유리합니다. 왜냐하면 결제되지 않은 대금은, 언제나 이자가 동반되기 때문입니다. "믿음이 없이는 기쁘시게 못하나니, 하나님께 나아가는 자는 반드시 그가 계신 것과, 또한 그가 자기를 찾는 자들에게 상주시는 이심을 믿어야 할지니라(히11:6)"

우리 가운데 실망과 좌절에 빠진 분이 계신가요? 우리와 함께 계신 예수님을 바라보시기 바랍니다. 전능하신 하나님을 바라보면, 실망과 낙담에 빠지지 않습니다. 여호와를 앙망하면, 독수리의 날개 치며 올라감 같이 올라가고, 걸어가도 피곤치 않고, 달려가도 고단치 않습니다.

모세는 하나님을 바라보았습니다. 바로의 군대만 보고 있지 않았습니다. 홍해의 넘실거리는 파도만 보지 않았습니다. 그와 함께 하시는 하나님을 보았습니다. 베드로가 주님을 볼 때는, 파도를 이겼습니다. 그러나 풍랑을 볼 때는 물속에 빠져들었습니다. 믿음은 하나님을 바라보게 합니다. 우리가 얼마나 천국의 상급을 갈망하고 있느냐에 따라서, 신앙생활의 양태가 달라질 수밖에 없습니다.

사도 바울도 이렇게 고백하고 있습니다. "내가 선한 싸움을 싸우고, 나의 달려갈 길을 마치고, 믿음을 지켰으니, 이제 후로는 나를 위하여, 의의 면류관이 예비 되었으므로, 주 곧 의로우신 재판장이, 그 날에 내게 주실 것이니, 내게만 아니라, 주의 나타나심을 사모하는 모든 자에게니라(딤후4:7-8)"

하늘나라는 성도들에게 위대한 보상입니다. 우리는 이러한 보상에 관심을 가져야 합니다. 하늘의 상을 얻기 위해, 우리는 "죽도록 충성하라, 그리하면 내가 생명의 면류관을 네게 주리라"(계

2:10)고 했습니다. 이 상급신앙으로 충만한 신앙생활을 하시기를, 주님의 이름으로 축원합니다.

우리는 모세를 본받아야 합니다. 윤택한 생활을 버리고 창조주를 따르는 믿음을 본받아야 합니다. 뒤에는 애굽 군대요, 앞에는 홍해가 있더라고 환경을 바라보지 않고, 자신과 함께하시는 하나님을 바라봅니다. 백성들이 악을 쓰고 원망해도 대항하지 않고 하나님께 집중한 사람입니다. 오로지 하나님께만 관심을 가진 사람입니다. 모세 그는 하나님과 대면하는 사람이었습니다. "그와는 내가 대면하여 명백히 말하고 은밀한 말로 하지 아니하며 그는 또 여호와의 형상을 보거늘 너희가 어찌하여 내 종 모세 비방하기를 두려워하지 아니하느냐(민 12:8)" 모세의 내면이 하나님으로 채워진 사람입니다.

모세를 통하여 하나님께서 나타나십니다. 하나님은 광야에서 모세와 동행하시면서 모세의 기도를 들으시고 이스라엘 백성들의 현실 문제를 해결할 수 있는 레마를 주셨습니다. 모세는 오로지 하나님께서 말씀하시는 대로 순종한 사람입니다. 모세의 카리스마는 하나님께 집중하는 것이며, 하나님께서 말씀하시는 대로 순종하는 것입니다. 모세의 내면이 하나님으로 채워진 사람입니다. 우리 모두 모세를 닮으시기를 바랍니다.

9장 내면은 온전하게 순종할 때 강해진다.

(민 14:24)"그러나 내 종 갈렙은 그 마음이 그들과 달라서 나를 온전히 따랐은즉 그가 갔던 땅으로 내가 그를 인도하여 들이리니 그의 자손이 그 땅을 차지하리라"

하나님은 하나님께 집중하며 순종하는 갈렙과 함께 하셨습니다. 갈렙은 이방인이었지만 열지파 사람들과 달랐습니다. 하나님의 말씀에 집중하고 순종하였습니다. 광야를 걸어오면서 하나님께 집중함으로 내면이 강해진 사람입니다. 하나님은 요한복음 14장 21절에서 "나의 계명을 지키는 자라야 나를 사랑하는 자니 나를 사랑하는 자는 내 아버지께 사랑을 받을 것이요, 나도 그를 사랑하여 그에게 나를 나타내리라" 말씀하셨습니다. 계명을 지키는 사람에게 나타내신다는 말씀입니다.

하나님께서는 민수기 14장 24절에 이렇게 말씀하셨습니다. "오직 내 종 갈렙은 그 마음이 그들과 달라서 나를 온전히 좇았은즉 그의 갔던 땅으로 내가 그를 인도하여 들이리니 그 자손이 그 땅을 차지하리라"고 말씀하셨습니다. 하나님은 갈렙의 마음이 멸망했던 다른 사람과 완전히 달랐다고 말씀하신 것입니다. 그러므로 우리들도 갈렙과 같은 마음을 받아서 멸망 받는 사람과 다른 마음의 자세를 가지면 갈렙이 하나님의 예비한 젖과 꿀이 흐르는 땅에 들어간 것처럼 우리도 젖과 꿀이 흐르는 곳으로 들어

갈 수 있는 것입니다. 이러므로 오늘 갈렙의 그 색다른 마음, 하나님이 사랑하는 마음을 같이 알아봄으로 말미암아 갈렙과 같이 위대한 삶을 살도록 해 보겠습니다.

첫째, 갈렙은 하나님만 바라보았습니다. 하나님께서 이스라엘 백성가운데 열두 두목을 택해서 가나안땅을 40일 정탐하고 오라는 것입니다. 그래서 똑같이 가데스바네아에서 출발해서 가나안 땅을 40주 40야 정탐하고 돌아왔는데 그 중에 10명의 정탐꾼이 본 관점과 갈렙과 여호수아가 본 관점이 완전히 틀렸다는 것입니다. 여기에 열 정탐꾼이 본 관점은 전적으로 하나님이 없는 부정적인 관점에서 사물을 바라본 것입니다.

민수기 13장 31절로 33절에 보면 이와 같이 기록되어 있습니다. "열 정탐꾼이 와서 모세와 백성들 앞에서 보고하기를 그와 함께 올라갔던 사람들은 라로되 우리는 능히 올라가서 그 백성을 치지 못하리라. 그들은 우리보다 강하니라 하고 이스라엘 자손 앞에서 그 탐지한 땅을 악평하여 가로되 우리가 두루 다니며 탐지한 땅은 그 거민을 삼키는 땅이요 거기서 본 모든 백성은 신장이 장대한 자들이며 거기서 또 네피림 후손 아낙 자손 대장부들을 보았나니 우리는 스스로 보기에도 메뚜기 같으니 그들의 보기에도 그와 같았을 것이니라" 무서운 말로써 그 땅을 악평했습니다.

민수기 14장 1절에서 3절을 보면 이 부정적인 소식은 열병과 같이 귀를 듣는 사람의 마음에 낙심과 절망을 가져왔습니다. "온 회중이 소리를 높여 부르짖으며 밤새도록 백성이 곡하였더라. 이스라엘 자손이 다 모세와 아론을 원망하며 온 회중이 그들에게 이르되 우리가 애굽 땅에서 죽었거나 이 광야에서 죽었다면 좋았을 것을 어찌하여 여호와가 우리를 그 땅으로 인도하여 칼에 망하게 하려 하는고 우리 처자가 사로잡히리니 애굽으로 돌아가는 것이 낫지 않겠는가" 하나님 없이 인간적이고 부정적인 관점으로 사물을 본 사람들은 파괴적인 보고를 하고, 이 부정적이고 파괴적인 보고를 듣는 사람들의 마음을 물같이 낙심시켜서 그래서 완전히 부정적인 마음으로 사로잡혀 버리고 만 것입니다.

그러나 여기에 갈렙이 본 관점을 보십시다. 갈렙은 똑같이 출발하여 똑같이 40주 40야를 지났지만 갈렙은 완전히 하나님께서 함께 하신다, 하나님이 함께 하시니 문제가 되지 않는다는 긍정적인 자세로써 사물을 바라보았습니다. 민수기 13장 30절에 "갈렙이 모세 앞에서 안돈하여 가로되 우리가 곧 올라가서 그 땅을 취하자 능히 이기리라" 민수기 14장 6절로 9절에 보면 "그 땅을 탐지한 자 중 눈의 아들 여호수아와 여분네의 아들 갈렙이 그 옷을 찢고, 이스라엘 자손의 온 회중에 일러 가로되 우리가 두루 다니며 탐지한 땅은 심히 아름다운 땅이라. 여호와께서 우리를 기뻐하시면 우리를 그 땅으로 인도하여 들이시고 그 땅을 우리에게 주시리라. 이는 과연 젖과 꿀이 흐르는 땅이니라. 오직 여호와를 거역하지 말라. 또 그 땅 백성을 두려워하지 말라. 그들은 우리 밥이라. 그들의 보호자는 그들에게서 떠났고 여호와는 우리와 함께 하시느니라 그들을 두려워 말라 하나" 이와 같이 백성들을 안심시킨 것입니다.

갈렙이 이렇게 긍정적인 보고를 할 수 있었건 것은 일은 하나님께서 하신다는 믿음이 있었기 때문입니다. 갈렙은 광야를 걸어오면서 문제가 생길 때마다 모세가 기도하면 하나님께서 해결 방법을 알려주시고, 알려주시는 대로 순종하면 해결되는 것을 보았기 때문입니다. 하나님께서 문제를 해결하도록 도와주신다는 것을 보고 믿은 것입니다. 모세가 문제가 생기면 직접 해결하는 것이 아니라, 하나님께서 알려주신 방법대로 순종하면 해결이 되는 것을 체험한 것입니다. 하나님만 함께하시면 만사가 된다는 믿음이 있었습니다.

그래서 가나안의 문제도 하나님께서 함께 하시니 하나님께 기도하여 해결하면 된다는 믿음이 있었다는 것입니다. 갈렙은 하나님을 향한 믿음이 있었다는 것입니다. 항상 하나님을 플러스해서 생각을 하고 판단을 했다는 것입니다. 갈렙은 평소에 하나님께 기도하고 있었다는 것입니다.

갈렙은 하나님께서는 빛이시라 그 가운데 어두움이 없다는 것을 믿었습니다. 빛을 가지고서 긍정적이고 적극적이며 창조적이고 소망을 가지고 사물을 바라보는 사람에게는 주께서 흑암 가운데 빛이 일어나도록 해 주신다는 믿음이 있었다는 것입니다. 그러나 어떠한 처지에 있던지 비관적으로 바라보고 언제나 부정적인 관점을 가지고서 사물을 바라보고 나는 못한다. 나는 안 된다. 나는 못산다. 나는 할 수 없다. 그러므로 모든 것이 끝장이 났다고 말하는 사람은 주님께서 버리시는 것입니다. 주께서 그러한 사람하고는 절대로 서로 손을 잡고 일하여 주시지 않는 것입니다. 아무리 어려워도 하나님께 기도하면 지혜를 주시고, 주신 지혜대로 순종하면 해결이 된다는 사람하고 함께 하십니다.

둘째, 갈렙은 하나님께서 함께하심을 믿었습니다. 하나님께서 함께하신다는 믿음으로 두려움을 이긴 것입니다. 두려움은 우리의 삶의 거대한 올무인 것입니다. 수없이 많은 사람들이 위대한 일을 성취하지 못한 것은 현재의 안위를 떠나서 새로운 세계를 향해서 모험을 하고 뛰어 들어가지 못하기 때문에 위대한 일을 성취하지 못합니다. 인간의 자를 가지고 인생을 사는 사람은 위대한 모험적인 일을 할 수가 없는 것입니다. 우리 예수 믿는 사람들은 우리의 생애 속에 인간의 자만 가지고 사는 것이 아닙니다. 우리에게는 하늘과 땅과 세계와 그 가운데 모든 것을 지으신 하나님의 아들 예수님께서 같이 계시므로 하나님의 자를 가지고서 인생을 재어야 하는 것입니다.

여기 여호수아와 갈렙과 같이 간 열 정탐꾼들은 그들의 생애 속에 하나님의 척도를 갖지 않았습니다. 믿음의 자를 가져가지 아니하고 인생의 경험과 이성을 가지고서 나간 것입니다. 성경 히브리서 10장 38절에 말하기를 "나의 의인은 믿음으로 말미암아 살리라" "사람이 떡으로만 살 것이 아니요 하나님의 입으로 나오는 모든 말씀으로 살 것이니라" 했는데 믿음도 저버리고 말씀도 저버린 사람에게는 인간의 연약한 척도밖에 쥔 것이 없는 것입니다. 이러므로 민수기 13장 30절에 보면 "그들이 말하기를 그와 함께 올라갔던 사람들이 가로되 우리는 능히 올라가서 그 백성을 치지 못하리라 그들은 우리보다 강하니라"

우리 스스로를 가지고서 우리의 주위와 환경을 재면 우리는 보잘 것 없는 존재이기 때문에 언제나 억압되고 낙심하고 뒤로 물러날 수밖에 없습니다. 그러나 성경은 뭐라고 말합니까. 뒤로 물러가면 내 마음이 저를 기뻐하지 아니하니라. 나의 의인은 믿음으로 말미암아 살리라.

우리는 이성이나 인간 경험으로 살라고 하지 않으셨습니다. 저 하늘이 무너지고 이 땅이 꺼져도 일점일획도 변할 수 없는 하나님의 약속을 받아들인 사람인즉 말씀으로 우리는 살아야 되며, 하나님께서 함께 하신다는 믿음으로 살아야 되며, 우리는 성령으로 살아야만 되는 것입니다.

그래서 우리가 기도하고 하나님의 약속의 말씀을 마음속에 받았으면 그러면 우리는 하나님의 척도를 가지고 눈에는 아무 증거 안보이고 귀에는 아무 소리 안 들리고 손에는 아무 것도 잡히는 것 없어도 배짱을 내어 밀고 담대하게 일어날 것을 기대하고 일어나야 할 것입니다. 그래서 환경의 두려움으로 눌리지 말고 환경을 눌려버려야 하는 것입니다. 여호수아와 갈렙이 위대한 것은

거기에 있습니다. 그와 같이 간 동료들의 비참함은 바로 두려워
한 것에 있습니다.

민수기 13장 33절에 보면 "거기서 또 네피림 후손 아낙 자손
대장부들을 보았나니 우리는 스스로 보기에도 메뚜기 같으니 그
들의 보기에도 그와 같았을 것이니라" 이럴 수가 어디 있습니까?
얼마나 두려움에 떨었던지 자기를 사람으로도 생각하지 아니하
고 메뚜기로 생각했습니다. 그러고 난 다음 그들이 본 관점까지
설명한 다음, 저들이 우리를 보았을 때도 메뚜기처럼 보았을 것
이다. 메뚜기는 끝장났지요. 사람으로도 안보고 자기를 메뚜기로
보는 그 만큼 두려움으로 벌벌 떠는 사람들, 이러한 사람들은 하
나님께서 절대로 사용할 수 없습니다. 하나님께서 여호수아에게
말씀한 것은 강하고 담대하라. 내가 다시 말하노니 강하고 담대
하라. 두려워 말라고 말씀하신 것입니다. 온전한 사랑이 두려움
을 내어쫓나니 두려움에는 형벌이 있습니다.

우리가 예수님을 온전히 사랑하고 하나님 성령 가운데 있었으
면 하나님의 말씀과 사물을 측량해서 절대로 두려워하지 않을 것
입니다. 그러나 내가 두려워하면 두려워하는 그것이 내게 미치는
것입니다. 욥의 일생을 보십시오. 욥이 얼마나 열심히, 또 충성스
럽게 종교적인 사람이었지만, 그러나 그 마음속에 두려움이 들어
오자 말자 하나님은 그를 떠났고 마귀는 그와 같이 있었습니다.
그래서 그가 두려워 한데로 자식들 열 명 다 잃어버리고, 재산 다
파산해 버리고, 온몸 전신이 다 병들고, 부인은 하나님을 저주하

고 죽으라. 그런 가정 파탄이 일어 두려움의 결과가 얼마나 큰 비극을 가져온다는 것을 우리 성경에 분명히 보여주고 있습니다.

욥이 두려워하고 낙심하고 탄식하고 부정적인 노래를 부르고 있을 시간에 하나님께서는 그를 도와주지 않으셨습니다. 그러나 욥이 나중에 철저히 회개하고 그 믿음을 다시 하나님께로 돌이켜 오고, 신념 속에 섰을 때 하나님께서는 나타나셔서 그에게 일체의 저주를 다 거두시고 그를 다시 받아들여 치료하고 축복해 주어서 과거보다 더 갑절로 축복해 주신 사실이 성경에 기록되어 있는 것입니다.

오늘날 한 민족을 보더라도 그 민족이 용감하고 진취적이며 모험적인 민족은 언제나 흥했습니다. 그러나 두려워하고 언제나 뒤로 물러나고 나는 할 수 없다 못한다 하는 인생의 소극적인 태도를 취한 민족은 이 역사를 통해서 식민지 정책으로 늘 짓밟히고 남의 민족에게 늘 착취와 압박을 당하고 마는 것입니다. 오늘날 우리 기독교의 복음이 위대한 것은 복음은 우리 사람들로 하여금 믿음을 넣어주어서 두려움으로부터 해방시켜 주셨습니다.

사람들이 산을 두려워해서 절을 하고, 바닷물이 두려워서 절을 하고, 조그마한 호수만 있어도 용왕이 두려워서 절을 하고, 해와 달과 일월성신을 보고 절을 하고 있을 때, 이미 복음이 들어간 서양민족들은 복음의 말씀을 따라서 해와 별과 달과 산천초목이 모두다 사람들을 위해서 지어놓았으니 사람이 그중에 제일이다. 그러므로 너는 땅을 다스리고 정복하라. 공중의 새와 땅의 짐승과 바다의 물고기를 모두다 지배하라, 위대한 인간 자아의 지식을 깨달았던 것입니다. 그래서 복음이 들어간 곳마다 사람이 하나님 다음으로 이 우주의 중심입니다.

그러므로 이 우주의 주인은 바로 하나님의 관리를 임명받은 우리 사람이다. 그래서 사람들은 믿음을 얻어서 바다를 정복하고 바다 밑을 정복하고 산을 정복하고 우주를 정복하고, 그리고 태양계를 향해서 까지 나갈 수 있는 믿음을 받을 수가 있는 것입니다. 이러므로 사람의 인간승패 가장 위대한 것은 하나님을 믿는 믿음입니다. 주님께서 젖과 꿀이 흐르는 땅을 예비해 놓으셨습니다.

두려워하는 마음을 가지고서 이스라엘 삼백만 백성에게는 주님께서 이끌어 갈 수가 없었습니다. 스스로 믿음으로 나가지 않는 사람은 주님께서 어떻게 도와줄 수 있는 것입니까. 그러나 갈렙은 그의 생의 속에 믿음으로 하나님을 플러스했기 때문에 그는 하나님의 척도로써 사물을 바라보고 두려워하지 않았습니다.

여기 성경 말씀을 보면 민수기 13장 30절에 보면 "갈렙이 모세 앞에서 백성을 안심시켜 가로되 우리가 곧 올라가서 그 땅을 취하자 능히 이기리라" 민수기 14장 8절에 "여호와께서 우리를 기뻐하시면 우리를 그 땅으로 인도하여 들이시고 그 땅을 우리에게 주시리라. 이는 과연 젖과 꿀이 흐르는 땅이니라." 갈렙은 하나님의 약속과 그에 따른 기적을 믿었습니다. 하나님의 기적을 믿지 않는 것은 하나님을 멸시하는 행동인 것입니다. 오늘날에도 우리가 모여서 아무리 입술로 주여! 주여! 말하고 감사하고 찬양한다고 하면서도 하나님을 믿지도 아니하고 하나님의 기적이 일어날 것을 믿지도 아니하면 하나님을 멸시하는 것이 되고 마는 것입니다. 하나님께서 멸시를 당하고 난 다음에 주께서 우리 가운데 성령으로 역사하실 리 없습니다. 하나님은 담대하고 하나님이 함께 하신다는 믿음과 행함이 있는 성도와 함께 하십니다.

민수기 14장 11절에 기적을 믿지 아니하고 인간의 척도로만 사물을 바라보는 사람을 향해서 주께서 말씀하기를 "여호와께서 모세에게 이르시되 이 백성이 어느 때가지 나를 멸시하겠느냐 내가 그들 중에 모든 이적을 행한 것도 생각하지 아니하고 어느 때까지 나를 믿지 않겠느냐" 우리가 믿으면 반드시 이적이 일어날 것을 기대해야만 되는 것입니다. 기적이 일어날 것을 기대하지 않을 바에야 무엇 때문에 믿어요? 내 인간의 수단과 방법으로 다할 수 있는데 무엇 때문에 내가 믿고 나올 필요가 있어요. 우리 하나님께서 멸망시킨 10 정탐꾼과 삼백만 이스라엘 백성에 대한 하나님의 증거를 저들이 믿지 않을 뿐 아니라 저들이 하나님의 이적을 믿지 아니하고 하나님을 멸시했습니다.

오늘날 하나님께서 팔이 짧아 우리를 도와주지 못함이 아니요, 하나님의 귀가 둔하여서 우리의 기도를 들어주지 못함이 아닙니다. 우리가 믿지 아니하고 우리가 하나님의 기적을 기대하지 아니하고 인간의 수단과 인간의 방법과 인간의 인본주의로만 살기 때문에 하나님께서 멸시감을 느끼는 것입니다. 오늘날 하나님을 멸시하고 난 다음에 자신의 생활 속에 위대한 하나님의 은총이 임할 것을 기대할 수는 없습니다. 오늘 하나님을 믿으시면 아멘 하십시다. 하나님의 기적이 자신의 생애 속에 일어날 것을 믿으시면 아멘 하십니다.

오늘도 우리들은 기적적으로 죄사함을 받으며, 기적적으로 병 고침을 받으며, 기적적으로 귀신은 쫓겨 나가며, 기적적으로 절망은 소망으로 변화되며, 기적적으로 죄는 떠나가는 것입니다. 우리의 기도와 믿음은 하나님의 위대한 창조적인 손길을 움직이게 되는 것입니다. 그래서 이 시간에 이 말씀을 읽는 분의 생애 속에 믿음과 기적이 여호수아와 갈렙의 생애 속에 일어난 것처럼 일어날 줄 믿습니다.

셋째, 갈렙은 하나님께서 함께하시니 두려워할 것이 없다는 믿음이 있었습니다. 역경에 대한 태도가 달랐습니다. 하나님을 반역하고 주를 버린 사람들의 역경에 대한 태도는 바로 민수기 14장 3절에 기록되어 있습니다. "어찌하여 여호와가 우리를 그 땅으로 인도하여 칼에 망하게 하려 하는고 우리 처자가 사로잡히리니 애굽으로 돌아가는 것이 낫지 아니하랴." 그들은 원수들에게 잡혀 먹힐 것을 생각하였습니다. 역경과 어려움이 다가오자 이것을 하나님께서 도적질하고 죽이고 절망시키려고 우리를 잡혀 먹게 하려고 이렇게 한 것이다. 그러므로 우리는 스스로 애굽으로 피난 가자고 한 것입니다. 우리는 역경을 피할 수는 없습니다. 우리가 일생을 살면서 언제나 장미꽃 미래만 다가오지 않습니다. 우리에게 시험과 환난의 폭풍우가 다가오는 것입니다.

그러나 이 역경 속에서 갈렙의 태도를 보고서 왜 하나님이 갈렙을 사랑하고 좋아했는지 우리는 알아보아야 할 것입니다. 민수기 14장 9절에 "오직 여호와를 거역하지 말라, 또 그 땅 백성을 두려워하지 말라, 그들은 우리 밥이라" 갈렙이 역경과 그 환난에 대한 태도는 우리가 탁월하게 보고 배워야 할 것입니다. 갈렙은 "원수도 우리의 밥이고 역경과 어려움도 우리에게 하나님이 밥으로 주신 것이다. 역경이 우리를 도적질하고 죽이고 멸망시키라고 하여서 역경 앞에서 원망과 불평과 탄식을 하고서 뒤로 물러가자고 하는 사람하고 역경이 다가올 때 야 이거 감사할 일이다. 주께서 내 앞에 밥상을 차려 놓았다. 이것을 먹고 믿음, 소망, 사랑이 자라나라고 밥상을 차려놓았다." 담대하고 실천적인 믿음이 있었던 것입니다.

자신의 믿음이 힘을 얻고 진실로 무엇을 얻기 위해서는 그 믿음이 역경과 시련을 통해서 강해지지 아니하면 절대로 실천적인 믿음이 안 되는 것입니다. 믿음이란 시험과 환난을 통해야 하는 것입니다. 작은 믿음은 작은 시험을 통해서 큰 믿음은 큰 시험을 통해서 이것이 실제로 훈련이 되어야 참된 믿음이 되는 것입니다. 이러므로 하나님께서 말씀을 읽고 기도해서 마음속에 믿음이 생기면 이것이 실제로 자신의 생활 속에 실력이 되기 위해서 시험과 환난을 통하게 하는 것입니다. 물을 통하고 불을 통해야 실제적이 그것이 믿음이 되는 것입니다. 그렇기 때문에 시험과 환난이 다가올 때 이것을 통해서 원망하고 불평하고 탄식하고 뒤로 물러가면 이 사람은 절대 믿음에 설 수 없습니다.

그러나 여기 여호수아와 갈렙처럼 시험과 환난은 우리의 밥이다. 자녀를 길러봐서 잘 아시죠. 밥을 두고서 자꾸 투정하는 아기는 아주 몸이 빼빼합니다. 밥이 질다. 밥이 되다. 반찬이 없다. 싱겁다. 이런 아이는 언제나 몸이 약합니다. 그러나 무슨 밥이든 가져다 놓으면 눈이 번쩍하도록 다 먹어 먹어버립니다. 이런 아이들은 아주 건강하고 튼튼한 것입니다. 그러므로 우리에게 밥이 들어올 때 이 밥을 자꾸 감싸고 먹어야 합니다. 또 밥을 먹고 난 다음에도 배속에만 넣으면 먹고 난 다음 소화불량이 걸려서 소화를 못 시키고 말면 그것이 우리에게 힘이 되지 않습니다.

이러므로 우리가 우리의 생활 속에 여러 가지 역경과 시험과 환난이 다가오면 우리는 갈렙과 같이 이것을 우리의 밥으로 감사함으로 받아들여야 하는 것입니다. 절대로 이것이 우리를 망하게 하지 않습니다. 하나님을 사랑하는 자 그 뜻대로 부르심을 입은 자들에게는 모든 것이 협력하여 선을 이루고 만다. 그러므로 나의 이성과 나의 생각으로 할 수는 없지만, 하나님께서 플러스 마이너스를 하셔서 결과에 가서 유익되게 만들어 주실 것인즉, 그러므로 우리의 밥이니 시험과 환난을 감사함으로 받아들여서 그러고 난 다음 그 가운데서 끝가지 인내하고 주님께 감사하여야 합니다. 성도는 사람의 눈으로 보아서는 안 됩니다. 우리가 무엇을 보든지 하나님의 눈으로 보아야 합니다. 그렇기 때문에 우리에게 좋은 것은 좋아서 좋고 좋지 않는 것은 하나님께서 합력하여 유익을 이루어 더욱 좋게 만들어 줄 것이니 좋은 것입니다.

이러므로 우리의 삶에서 영원한 긍정적인 삶의 자세와 태도를 취하는 것이 얼마나 좋은지 모릅니다. 갈렙은 바로 그러한 사람이었습니다. 이래서 갈렙은 모든 사물을 바라볼 때 긍정적인 자세로써 바라보았습니다. 갈렙은 사물을 두려워하지 아니하고 믿음으로 하나님의 기적이 일어날 것을 믿고 바라보았기 때문에 두려움을 극복할 수 있었습니다. 갈렙은 그에게 다가오는 시험과 환난과 고통은 밥이라고 해서 그것을 즐겁게 받아들여서 믿음으로서 그것을 받아먹고 소화시켜 버렸기 때문에 갈렙은 힘을 얻고 또 얻고 위대한 힘을 얻은 것입니다.

이래서 성경 말씀에 보면 하나님께서는 갈렙은 다른 사람과 마음이 달랐다. 온전히 나를 쫓았다. 그러므로 내가 예비한 젖과 꿀이 흐르는 땅으로 그와 그 자손을 인도해 주시겠다고 한 것입니다. 아버지가 잘나면 자손이 함께 축복을 받습니다. 아버지가 못나면 자손도 함께 고통을 다하게 되는 것입니다. 갈렙 한 사람이 잘나니까 갈렙의 후손들조차 모두다 하나님의 축복을 받겠다고 약속한 것입니다. 오늘 이 시간에 하나님은 사람의 외모로 취하지 않습니다. 그 인물이 잘났다. 그가 교육을 많이 받았다. 옷을 잘 입었다. 그 혈통이 좋다. 그 가문이 좋다. 그러므로 하나님이 도와주자 그렇지 않습니다. 우리가 세상에 태어날 때 어떤 사람은 입에 은수저를 물고 태어날 수도 있고 또 어떤 사람은 빈민가에서 태어날 수 있습니다.

그것은 어찌할 도리가 없습니다. 이러한 차별은 인생에 있기 마련입니다. 그러나 하나님께서 우리에게 다 공평하게 주신 것은 우리의 마음속에 하나님을 믿을 수 있는 능력을 공평하게 주신 것입니다. 예수님이 십자가에 죽으셨다가 부활한 것은 남녀노소 빈부귀천 종족에 상관없이 주님께서 주신 은혜인 것입니다. 그러므로 우리가 팔자소관이나 부모를 원망하지 말고, 그리스도 안에서 우리에게 예비해 놓은 영혼이 잘 됨과 같이 범사에 잘 되며 강건하고 생명을 얻되 넘치게 얻는 젖과 꿀이 흐르는 세계로 들어갈 준비를 해야 할 것입니다.

10장 반석 같은 믿음이 내면을 강하게 한다.

(요21:15)"저희가 조반 먹은 후에 예수께서 시몬 베드
로에게 이르시되 요한의 아들 시몬아 네가 이 사람들보다
나를 더 사랑하느냐 하시니 가로되 주여 그러하외다 내가
주를 사랑하는줄 주께서 아시나이다. 가라사대 내 어린
양을 먹이라 하시고"

하나님은 반석 같은 믿음이 있는 시몬과 같은 사람과 함께하십
니다. 반석 같은 믿음이 있으므로 내면의 능력과 지혜가 특출한
것입니다. 예수님은 정말 뜬금없이 베드로에게 질문하십니다. 이
질문에는 많은 내용이 담겨져 있습니다. 특별히 '요한의 아들 시
몬아', 그 동안 예수님은 베드로를 '베드로야'하고 부르셨는데 여
기서는 '요한의 아들 시몬아'라고 하셨습니다. 이렇게 부른 것에
는 많은 추억과 의미들이 담겨져 있는 그런 표현입니다.

이 '요한의 아들 시몬아' 할 때 이는 처음 베드로를 만날 때를
연상하는 것입니다. 이 베드로를 그 동생 안드레를 통해 처음 만
나게 됩니다. 원래는 안드레가 예수님을 만나고 이가 '메시야'라
는 것을 발견하고 베드로에게 가서 예수님을 소개한 것입니다.
그때 예수님께서 베드로를 만나고 '요한의 아들 시몬아, 내가 장
차 너를 게바라 하리라'하셨습니다. '게바'라는 말이 베드로라는
말입니다. 이때 처음 '요한의 아들 시몬아'라고 부른 것입니다. 예
수님이 처음 베드로를 만날 때 부른 호칭입니다. 그리고 베드로

는 그 후에 붙여준 별명이었습니다. 예수님은 베드로를 처음 만날 때부터 베드로에 대한 신뢰감이 있었습니다. 그리고 그에게 앞으로 반석이 될 것이라고 합니다. 그리고 예수님의 특별한 사랑을 받게 됩니다. 그 후에 베드로의 행적을 보면 정말 반석다운 맏형과 같은 용감함과 씩씩함과 정말 충성스러움이 돋보이는 그런 제자였습니다.

　오늘은 반석 같다가 내일은 갈대고, 또 모레는 갈대 같다가 그 다음날 보면 또 반석 같고, 종잡을 수 없는 삶을 가진 것이 시몬 베드로였었습니다. 그는 한번 가이사의 빌립보에서 위대한 신앙 고백을 했습니다. 예수님이 제자들보고 "사람들이 나를 누구라고 하느냐?"고 하니까 "눈물의 선지자 예레미야라고 합니다. 또한 위대한 기적을 행한 엘리야라고 합니다. 혹은 엘리사라고 합니다. 구약의 선지중의 한 사람이라고 합니다." 그럴 때 주님이 "너희는 나를 누구라고 하느냐?"고 질문할 때 베드로가 아예 숨도 돌이키지 않고 그는 일어나서 예수님을 바라보고 말했습니다. "주는 그리스도시오 살아계신 하나님의 아들이니다." 놀라운 신앙고백이었습니다. 그때 모든 사람들은 예수님을 무시하고 멸시하고 천대했습니다. 그는 갈릴리에서 태어나 일했고 나사렛에서 목수의 아들로써 사람들이 인정하고 하나님의 아들로 인정하지 않았습니다. 그러나 베드로는 담대하게 말했습니다. "시몬 베드로가 대답하여 가로되 주는 그리스도시오, 살아계신 하나님의 아들이시니이다. 예수께서 대답하여 가라사대 바요나 시몬아 네가 복이 있도다. 이를 네게 알게 한 이는 혈육이 아니요 하늘에 계신 내 아버지시니라(마16:16~18)"

아버지 하나님이 계시해 주지 않았으면 육신의 눈으로 볼 때는 도저히 하나님의 아들로 인정할 수 없다는 것입니다. 왜냐하면, 예수는 나사렛에 가난한 목수의 아들로써 그 생애를 보냈기 때문에 모든 사람들이 목수의 아들로 인정했고, 교육 없는 사람으로 인정했고, 비천한 사람으로 인정했기 때문에 예수 그리스도를 하나님의 아들로 인정할 수 있다는 것은 하나님의 성령의 계시를 받지 않고는 이룰 수 없는 것입니다. 그래서 예수님이 "바요나 시몬아 네가 복이 있도다. 이를 네게 알게 한 이는 혈육이 아니요, 하늘에 계신 내 아버지시니라" 놀라운 신앙고백을 했습니다. 오늘날도 누구든지 예수님을 바라보고 "주는 그리스도시요 살아계신 하나님의 아들이시니이다"라는 신앙고백을 하는 사람은 다 구원을 얻게 되는 것입니다. 신앙고백의 옥조인 것입니다. 그 신앙고백을 듣고 예수님을 감동을 해서 베드로에게 뭐라고 말했습니까?

마태복음 16:18에 "또 내가 네게 이르노니 너는 베드로라 내가 이 반석 위에 내 교회를 세우리니 음부의 권세가 이기지 못하리라" 바로 그 신앙고백이 반석입니다. 흔들리지 않는 반석, 변하지 않는 반석이 "주는 그리스도시오, 살아계신 하나님의 아들이시니이다"는 신앙고백인 것입니다. 이 반석위에 내 교회를 세우리니 음부의 권세가 이기지 못하는 것입니다. 예수님 이외 우리의 반석은 없습니다. 예수를 하나님의 아들로 고백하는 그 신앙이외에 다른 반석은 절대로 없습니다. 다른 것은 다 허물어지는 모래사장이요, 다른 모든 신앙고백은 갈대인 것입니다. 시몬 베드로는 이 위대한 신앙고백을 해서 반석이라는 이름을 얻었고 이 반석위에 교회를 세울 것이라고 주님께서 칭찬하셨습니다. 반석위에 교회를 세우신다는 것은 베드로가 바로 교회가 된다는 말씀입니다. 그리고 난 다음 예수님께서는 장차 예루살렘에 올라가서 대제사장, 장로들, 서기관들에게 고난을 받고 죽임을 당한 후에 삼일 후에 다시 살아날 것이라고 말하자, 또 시몬 베드로가 화닥닥 일어나서 이렇게 말했습니다.

마태복음 16:22~23에 "베드로가 예수를 붙들고 간하여 가로되 주여 그리 마옵소서, 이 일이 결코 주에게 미치지 아니하리이다. 예수께서 돌이키시며 베드로에게 이르시되 사단아 내 뒤로 물러가라. 너는 나를 넘어지게 하는 자로다. 네가 하나님의 일을 생각지 아니하고 도리어 사람의 일을 생각하는 도다 하시고"

금세 반석 되었다가 금세 사탄이 되어 버리고 마는 것입니다. 아예 기가 막힙니다. 조금 전에 하나님의 계시를 받고 "주는 그리스도시오, 살아계신 하나님의 아들이시니이다"라고 고백하고 난 다음, 예수님이 내가 장차 예루살렘에 가서 대제사장 바리새교인 서기관들에게 팔려서 십자가에 못 박혀 죽었으나 사흘 만에 부활하시리라는 하나님의 계획을 설명할 때 정면으로 나서서 거부했습니다. "주여! 그런 일이 결코 있을 수가 없습니다. 주는 만왕의 왕, 만주의 주로 등극해야 되고 우리는 열두지파를 다스리는 장관자리 하나 해야 되겠는데 감히 어떻게 그런 말씀을 하십니까?" 당장 육신으로 말하고 성령으로 말하지 않았습니다. 육신으로 말할 때 사탄이 그 육신을 사용한 것입니다. 예수님께서 그 베드로를 통해서 말하는 사탄의 정체를 보고 "사탄아 물러가라! 네가 어찌 하나님의 일을 거역하고 사람의 생각을 말하느냐?" 조금 전에 주님께 칭찬받고 기가 등등했다가 이제는 완전히 기가 죽어 가지고서 형편없이 되었습니다. 사람들이 약간 다 시몬 베드로를 부러워하다가 이제는 전부 시몬 베드로를 보고 손가락질하고 비웃게 되었습니다. 그렇게 변화무쌍합니다. 조금 전에 반석이었더니 이제는 또 변화무쌍한 갈대가 되고 만 것입니다.

베드로는 예수님이 가는 곳마다 언제나 앞장서서 동행하는 제자 중-갈릴리 3인방: 베드로,야고보, 요한- 에 한 사람이었습니다. 이 3인방은 예수님이 가는 곳 어디든지 따라갑니다. 예수님께서 제자들을 놔두고 어디엔가 가실 때에도 이 3인방을 꼭 데리고 다녔습니다. 그 중에서 베드로는 수석 사도였습니다. 유난히 지도력을 가지고 있는 굉장히 예수님의 사랑을 받는 그런 사도입니다. 질문도 잘 하고 한밤중에 물위를 걸어오시는 예수님을 향해 유령이라고 외쳤습니다. 그리고 주님임을 알고 물위를 걸어보았던 사람이 바로 베드로였습니다.

주여! 주시거든 나로 물 위로 걸어오게 하소서. 굉장히 담대합니다. 우리들 가운데 그렇게 말할 사람이 있겠어요? 저는 여러 번 저에게 물어옵니다. 내가 그 배에 탔으면 베드로처럼 말하겠느냐? 못해요. 만일 예수님이 아니고 환영을 봤다면 물에 빠지면 그 파도치는 밤중에 캄캄한 밤에 시체도 못 찾을 지경인 것입니다. 그러나 베드로는 예수님의 말씀만 있으면, 레마를 받으면 기적이 일어나는 것을 알았기 때문에 주님이시여, 주시거든 나로 물 위로 걸어오게 하소서. 주님이 오너라! 그러니까 제자들이 베드로 옷자락을 잡고 야~ 그런 모험을 하지 말라. 두려워 못할 것이니까 하지 말라. 그런데도 불구하고 베드로는 뱃전에서 뛰어서 물 안으로 들어갔던 것입니다. "할 수 있거 든이 무슨 말이냐? 믿는 자에게는 능치 못하심이 없다"는 말과 같은 것입니다.

그가 물 위로 들어가서 물 위에 쩌벅쩌벅 걸어갔습니다. 예수님의 말씀을 듣고 예수님을 바라보고 물 위에 걸어갔는데 얼마 있지 않다가 바람이 불어서 물결이 그 얼굴을 치매 예수님을 바라보지 않고 환경을 바라보니까 예수님이 주신 레마를 놓쳐 버리고 만 것입니다. 아이고, 내가 죽지 않겠느냐. 이렇게 바람이 불고 파도가 치는데 어떻게 물 위로 걸어가느냐. 그 말을 마음속에 하자마자 물에 **빠졌습니다**. 주님, 나를 살려 주시옵소서. 주님 와서 건져 내시면서 믿음이 적은 자여 왜 의심하였느냐. 우리가 레마를 받았어도 그 말씀을 꽉 잡고 말씀을 바라보고 나가야지, 그 말씀 대신 환경에 지배되면 그만 물에 **빠지는** 것입니다.

이렇게 베드로는 매력적인 뭔가가 담겨져 있는 사람이었습니다. 그러면서도 인간적인 면이 참 많은 그래서 우리와 공감이 되어지는 그런 사람입니다. 그런데 이 베드로의 최고의 하이라이트는 예수님께서 십자가에 못 박히시기 전, 로마군병에게 잡혀가기 직전의 일입니다. 예수님께서 "나는 십자가를 지어야 겠다. 그리고 너희들은 모두 나를 배반하고 떠날 것이다"라고 이야기 할 때 베드로가 나서서 "주여! 그럴 수 없나이다. 혹시 여기 있는 다른 제자들은 예수님을 다 배반하고 도망갈지라도 저는 절대 배반하지 않습니다. 예수님이 가는 곳 어디든지 따라 갈 것입니다"라고 큰 소리 칩니다. 그런데 그날 밤 베드로는 3번을 예수님을 부인합니다. 그것도 여종의 말에 부정을 합니다. 그 심정을 아십니까? 자기 마음은 아닙니다. 그 마음속에는 고난 받는 예수님 옆에 서서 "당신이 가는 곳 어떤 곳이라도 따라 가겠습니다"하는 마음이 있습니다. 그런데 정작 그 사람들이 와서 이야기할 때 두려워지고 무서워지면서 말로 부인하는데 그 부인하는 그 모습을 스스로 생각할 때 너무 너무 가슴이 아픈 것입니다. 3번부인 하기가 끝나자마다 닭이 웁니다. 예수님의 말씀이 생각납니다. 그래서 통곡을 하면서 눈물을 흘립니다. 매우 인간적인 사람입니다. "주를 위해서 살겠습니다"하면서도 금방 자신이 잘못한 것을 발견하면 눈물을 흘리면서 자기 잘못을 인정할 줄 아는 인간미가 넘치는 그런 사람입니다.

우리 주위에서 흔히 볼 수 있는 사람이 바로 베드로와 같은 사람입니다. 예수님이 홀로 십자가에 박혀 죽으실 때 얼마나 가슴이 아팠겠습니까. 찾아가지도 못하고 벌벌 떨었습니다. 부끄럽고 창피했을 것입니다. 그런데도 멋있는 면이 베드로에게 있습니다. 부활 당일 날 '예수님이 부활하였다'는 사실을 듣자마자 제일 먼저 예수님의 무덤가로 달려간 사람이 베드로입니다. 비록 예수님을 3번이나 부인했지만 그래서 자기 마음에 멍이 들었지만 예수님의 부활을 듣자마자 제일 먼저 달려간 사람도 베드로입니다. 베드로는 실수도 많이 했지만 훌륭한 수석사도가 될 수 있었던 것이 바로 이런 면 때문인 것 같습니다. 내면이 생명의 말씀과 성령으로 꽉 채워졌기 때문입니다.

내면이 부실한 사람은 잘못한 것, 실수한 것, 넘어진 것을 오래 붙들고 있으면서 고심을 합니다. 이렇게 내면이 약한 사람은 성공할 수 없습니다. 잘못한 것은 잘못한 것으로 가슴아파해야 합니다. 슬퍼해야 합니다. 그러나 그것으로 인해서 새로운 기회가 왔을 때 새로이 주님과 관계를 갖아야 할 때 주저 없이 달려가야 합니다. 이것은 뻔뻔함이 아니요, 순수함입니다. 사람이 죄를 범해놓고도 뻔뻔히 언제 그랬냐는 듯이 나타나는 그런 마음이 아닙니다. 정말 자신이 잘못한 것이 너무 부끄럽고 수치스럽지만 주님을 만났을 때 주님이 좋은 겁니다. 주님 앞에 나갈 때 넘어진 것으로 인해 나가지 못하는 그런 성격은 아닙니다.

그래서 성격 중에 우울질 성향이 있는 분이 조심해야 할 부분이 바로 이것입니다. 자신이 잘못하고 실수한 것을 붙들고 있습니다. 너무 오래 가슴아파하고 힘들어 합니다. 그래서 그것 때문에 발전적이고 창의적으로 진행시키지 못하는 것, 이것은 조심해야합니다. 좋은 것이 아닙니다. 섭섭한 마음을 오래가지고 가는 사람들이 있습니다. 이제 한해도 두주만 지나면 끝이 납니다. 지난 한 해 동안 가슴속에 실패한 것들, 넘어진 것들, 년 초에 세운 목표를 다 훌륭하게 이루지 못함으로 섭섭함이 있을 것입니다. 한해를 마감하면 대부분 후회만 남습니다. 지난 일 년을 돌아보면 많은 부분들에 있어서 하나님께서 함께 하심으로 받은 은혜도 있지만, 후회스럽고 실망되어지는 일들이 많이 있습니다.

베드로는 예수님을 3번씩이나 부인한 결정적인 실수를 한 사람이 어디 있겠습니까? 얼마나 민망하고 부끄럽겠습니까? 그러나 베드로는 후회스러워도 예수님을 만나기 위해서 제일 먼저 달려갑니다. 아마도 맨발로 달려갔을 것입니다. 역시 베드로는 내면이 강한 사람입니다.

지난날에 실패가 있고 아픔이 있고 후회스러움이 있을지라도 주님을 만날 일이 있으면 제일 먼저 달려 갈 수 있는 그런 믿음의 사람이 되시기를 바랍니다. 그런 사람에게 소망이 있습니다. 베드로와 가룟 유다의 차이가 어디에 있습니까? 가룟 유다는 은 삼십 냥에 예수님을 팔았고 베드로는 예수님을 3번이나 부인했습니다. 누구의 죄가 더 큽니까? 경중을 사실 다루기가 어렵습니다. 가룟 유다의 죄나 베드로의 죄나 또, 예수님 옆에 가지도 못한 다른 제자들의 죄나 모두 같습니다. 특별히 가룟 유다만 은 삼십 냥으로 예수님을 팔아넘겼기 때문에 그렇게 죽을죄를 지었느냐? 그래서 그렇게 못된 제자였는가? 그렇지 않습니다. 모두 같은 죄를 지은 것입니다. 그러면 왜 가룟 유다는 인생을 비극으로 끝냈고 베드로와 다른 제자들은 훌륭하게 마감을 했는가? 그 이유는 바로 큰 실수를 범하고 난 후의 수습입니다. 잘못과 실수를 범하고 난 이후에 그 잘못과 실수에 대해 어떠한 태도를 가졌느냐에 따라서 한 사람은 영영 실패자로 끝났고 다른 사람들은 훌륭한 승리자로 마감할 수 있게 되었다는 말입니다. 이것이 바로 내면의 능력입니다. 베드로는 내면의 능력이 강하기 때문에 실수를 밝고 일어선 것입니다.

가룟유다는 자신의 잘못을 어떻게 수습을 했냐면 은 삼십 냥에 예수님을 팔고 정말 양심에 가책을 느꼈습니다. 그래서 차마 그 은을 자기가 가지지 못합니다. 그리고 예수님을 판 것이 너무나 고통스러워서 스스로 목을 매어 자살을 합니다. 사실 닭울음소리를 듣고 통곡한 베드로와 자기의 잘못에 가책을 느껴 목 메달아 죽은 가룟 유다하고 누가 더 큰 죄에 대한 아픔을 느꼈습니까? 가룟 유다가 훨씬 더 죄에 대한 가책과 아픔을 느꼈습니다. 그러나 가룟 유다는 내면이 부실한 내성적인 기질이 있는 사람이라 자신의 잘못을 판단하면서 생각에 꼬리를 물어서 자기 자신에 대해서 구석으로 몰아 쳐 버리는 잘못된 사고를 가지고 있습니다. 이 사고는 자신을 폐인으로 만들어 버립니다. 결정적으로 실수하고 결정적인 넘어짐이 있으면 그 넘어짐으로 인해 자기의 인생을 실패로 끌로 가는 잘못된 사고가 있단 말입니다. 이것이 바로 그 사고 구조가 가룟 유다를 망친 것입니다.

가룟 유다도 은 삼십 냥으로 예수님을 팔았지만 그것을 가지고 예수님 앞에 내려놓고 제자들 앞에 내려놓고 자신의 잘못을 인정했더라면 예수님께서 제일먼저 가룟 유다를 찾아가셨을 것입니다. 그리고 가룟 유다의 두 손을 붙잡으면서 그 마음을 위로해주셨을 것이고 가룟 유다는 사도들 가운데 가장 위대한 사도가 될 수도 있었을 것입니다. 그런데 그는 자기의 잘못으로 인해 인생을 포기해 버렸습니다. 넘어짐과 실패로 인해 인생을 포기해 버리고 스스로 너무 큰 자책을 가지고 죄에 대한 대가를 자기가 짊어지려고 했기 때문에 인생을 실패한 것입니다. 그러나 베드로는 순수합니다. 자기 잘못은 잘못이지만 주님 앞에 갈 일이 있을 때 그 잘못으로 주저하지 않습니다. 주님 앞에 갈일 있으면 가는 것입니다. 이런 사람들이 훨씬 큰 인물이 될 수 있습니다. 지난 일 년 동안 실수하고 넘어진 것들 모두 잊어버리시기 바랍니다. 이것 때문에 아파하고 침울해 하지 말고 새롭게 시작하시길 바랍니다. 그래서 베드로는 수석사도로 위대한 인생으로 마감했고 가룟 유다는 비참하게 끝을 낸 것입니다.

그런 베드로이기 때문에 예수님께서 찾아오신 것입니다. 그리고 마음을 위로해 주십니다. '요한의 아들 시몬아' 이 이름 속에 많은 것이 담겨져 있습니다. 사람이 서로가 결정적인 잘못을 했을 때 그 관계를 회복하기 위한 방법은 둘 사이가 가장 좋았을 때의 추억을 떠올리는 것입니다. 부부관계가 악화되었을 때도 처음 두 사람이 만났을 때를 추억하는 것입니다. 그리고 그 추억의 장소를 다니면서 추억 속을 거니는 것입니다.

그러면 그 속에 숨겨진 애정들이 다시 샘솟듯 살아나면서 지금의 모습을 보게 됩니다. 우리 예수님은 우리를 처음 만났을 때를 결코 잊지 않고 있습니다. 오늘의 우리의 허물을 예수님께서 찾아오셔서 책망하고 그 문제로 인해 시비를 걸기 보다는 오히려 우리로 하여금 가볍게 웃으면서 민망해 하면서도 "예, 제가 주님을 사랑하는 것을 주께서 아시나이다"라고 대답을 하도록 유도하시는 예수님의 재치, 예수님의 참 유머러스함이 우리의 생애에 있기를 축원합니다.

주님을 사랑하십니까? 지난 행적을 통해서 주님을 사랑한다고 감히 말하기 힘듭니다. 주님은 "전에 나를 배반했을지라도 지금 나를 사랑하느냐?"고 물어보시는 것입니다. 지금. 그럼 오늘 우리 늘 대답하면 됩니다. "주님! 제가 나름대로 열심히 주님을 섬겼지만 결정적인 순간에 문제를 일으키고 주님을 기쁘시게 하지 못한 것은 사실이지만, 그러나 주님 그래도 주님을 사랑하는 것은 사실입니다" 실제로 그렇습니다. 주님께서 "네가 나를 얼마나 섬겼느냐?"라고 물으신다면 대답하기 참 곤란 할 사람 많습니다. "나를 위해 얼마나 많이 행하고 많은 것을 드렸느냐? 희생했느냐?"라고 질문하지 아니하시고 "네가 나를 사랑하느냐?"라고 물으시며 찾아오셨습니다. 우리가 부족하긴 부족해도 주님을 사랑하지 않습니까!. 주님이 그 사랑을 물으시는 것입니다.

그래서 원문에는 "네가 나를 아가페하느냐? -전적으로 무조건적으로, 신의 경지로 사랑하느냐?"고 물으시는 것입니다. 그러나 베드로는 "아시잖아요. 제가 필레오 합니다. -친구로 사랑합니다. 주님을 좋아합니다. 무조건적으로 희생하면서 사랑하지는 못했지만 그렇다고 해서 주님을 좋아하고 우정하는 것에 문제가 있는 것은 아닙니다." 그때 예수님께서는 "네 양을 먹이라"라고 말씀하십니다. 비록 엄청난 실수를 했다고 할지라고 처음 불러서 장차 반석이 되게 하고 양을 먹이게 하려고 했던 그 계획에는 변함이 없다는 것입니다. 하나님께서 우리에게 맡긴 사명을 거두어가지 않는다는 사실을 아시기 바랍니다. 우리 하나님은 참 좋으신 분입니다.

이런 문답을 세 번을 반복 합니다. 두 번째는 "이 사람들보다 나를 더 사랑하느냐?"라고 묻지 않고 직접적으로 "네가 나를 사랑하느냐?"라고 묻습니다. 세 번째는 예수님이 "네가 나를 사랑하느냐?"라고 물을 때 앞에서 질문에는 "아가페하느냐?"고 물으신 것인데 이에 베드로는 필레오 함을 대답했습니다. 세 번째는 "정녕 나를 필레오하느냐?"라고 물으신 것입니다. 베드로의 심정을 받아서 말씀하시는 것입니다. 그랬더니 베드로가 "정녕 주님을 필레오합니다"라고 자신 있게 말합니다. 이렇게 예수님이 베드로의 마음을 온전히 받아주신 것입니다. 계속해서 아가페와 필레오를 말했다면 민망했을 것입니다. 그런데 예수님께서 그 마음을 받으시고 필레오함을 물어보시고 그 마음을 위로하시는 것입니다. 이 위로가 우리들에게 크게 임하길 축원합니다.

오늘 이 예수님의 사랑이 우리들의 가슴속에서 살아서 숨쉬길 바랍니다. 서로 위로하고 서로 격려하고 서로 세우는 그런 교회가 되어지길 바랍니다. 네가 큰 실수를 했을지라도 "여전히 너에게 양을 맡긴다. 엄청나게 씻을 수 없는 치욕적인 아픔을 가지고 있을지라도 여전히 너를 신뢰하고 여전히 너에게 양떼들을 맡기겠다."고 주께서 분명하게 베드로에게 말씀하십니다. 지난 일 년 동안 실수하고 부족하고 연약한 면이 있었을지라도 여전히 교회를 맡기고자 합니다. 교회를 맡기고 사명을 맡기고 우리들이 가지고 있는 놀라운 일들을 훌륭히 감당해 주기를 주님의 이름으로 축원합니다. 우리가 멋있게 해봅시다.

베드로가 위로를 받고 소망을 받고 난 후에 18절 "내가 진실로 진실로 네게 이르노니 젊어서는 네가 스스로 띠 띠고 원하는 곳으로 다녔거니와 늙어서는 네 팔을 벌리리니 남이 네게 띠 띠우고 원치 아니하는 곳으로 데려가리라" 결국 베드로의 인생은 주님의 사랑을 받고 난 후에 완전히 새로운 인생이 되어버립니다. 지금까지의 인생보다 더 새로운 인생으로 달라지는 것을 볼 수 있습니다. 실수, 주님의 사랑 안에서 다시 반복하지 않습니다. 우리가 용서받는 것은 귀한 것이나 용서 때문에 같은 죄를 반복하는 일은 어리석은 일입니다. 오늘 베드로가 훌륭한 것은 엄청난 실수를 했지만, 그럼에도 불구하고 주님 앞에 용기 있게 달려 나갔고, 그리고, 그 주님의 사랑을 받고 신앙을 회복한 다음에 그와 같은 실수를 다시 범하지 않았다는 것입니다. 오히려 그는 예수님의 이름을 부인해야하는 그 심정 속에서 예수님을 부인하지 않고 십자가에 못 박혀 죽을 때에 거꾸로 십자가에 못 박혀 죽게 되는 인생이 되어졌음을 교훈을 삼길 바랍니다. 우리를 용서해주시되 우리 안에 처음 보았던 그 베드로, 반석의 비전을 이루어 나가기 위한 주님의 격려였고 세움이었다는 사실을 우리가 기억해야 합니다. 우리에게 기대를 가지고 계십니다. 남은 인생동안은 베드로가 거꾸로 십자가에 못 박혀 죽으시기까지 주님의 영광을 위해 살았던 것처럼 이제 우리가 그런 인생을 사십시다.

베드로는 이 와중에도 자기 외에 다른 사람의 인생에 관심이 많습니다. 내가 용서받았기에 이제 하나님 앞에 "어떠한 인생을 살아야 할 것인가?"에 대한 소망을 가지시는 것이 좋습니다. 그러나 다른 사람에 대한 생각은 하지 마시기 바랍니다. 저 사람도 그래야 한다고 생각하는 것은 옳지 않습니다. 용서는 다 같이 받았어도 주님에 대한 충성고백은 나 홀로 해도 충분하단 말입니다.

3부 내면이 부실할 때 일어나는 현상

11장 만족을 누리지 못하고 방황한다.

(히 5:12-14)"때가 오래 되었으므로 너희가 마땅히 선생이 되었을 터인데 너희가 다시 하나님의 말씀의 초보에 대하여 누구에게서 가르침을 받아야 할 처지이니 단단한 음식은 못 먹고 젖이나 먹어야 할 자가 되었도다. 이는 젖을 먹는 자마다 어린 아이니 의의 말씀을 경험하지 못한 자요, 단단한 음식은 장성한 자의 것이니 그들은 지각을 사용함으로 연단을 받아 선악을 분별하는 자들이니라."

내면이 부실하여 영혼이 만족을 누리지 못하면 방황을 합니다. 지금 세상에는 예수를 믿노라 하면서도 영적인 만족을 누리지 못하고 방황하는 영혼이 많습니다. 어느 목사님이 하시는 말씀을 빌리자면 서울에만 약 2-3만 명이 방황하고 있다고 합니다. 그래서 어느 교회가 부흥한다고 하더라, 하면 그곳에 가서 몇 개월간 믿음생활을 하다가 다시 만족을 누리지 못하고 또 방황합니다. 또 다시 다른 교회에 가서 몇 개월간 신앙생활을 합니다. 그런데도 자신의 영적인 갈급함이 해결되지 않습니다. 그래서 그 갈급함을 해결하려고 다른 교회를 가는데 거기서도 해결되지 못합니다.

그래서 어떤 성도는 3년에 7개 교회를 옮겨 다니면서 신앙생활을 한 성도도 제가 만나 보았습니다. 그리고 자신의 교회에서 영적인 만족을 찾지 못하니 기도원이다, 치유센터다, 이곳저곳을 기웃거리면서 신앙상담을 하다가 사기를 당하기도 합니다.

한국 교계에서 언제부터인가 '가나안 성도' '방황하는 성도'라는 말이 쓰이기 시작하였습니다. 어떤 이는 십 수 년 전부터 이 말을 쓰기 시작하였다고 말하고, 어떤 이는 이십년 전에 신학교 다닐 때에도 이 말을 들은 적이 있다고 말합니다. 이 '가나안 성도'라는 말은 기독교인으로서의 정체성은 가지고 있지만, 현재 교회에 출석하지 않으면서 이스라엘 백성들이 가나안 땅을 찾아 다녔듯이 '새로운' 교회를 찾아다니는 사람들을 일컫는 말입니다. 그리고 '가나안'이라는 말을 거꾸로 읽으면 '안나가'인 것과 같이 교회를 나가지 않는 또는 의도적으로 '기성' 교회를 거부하는 사람들을 가리키기도 합니다.

한국교회에 방황하는 성도가 늘어나고 있습니다. 많은 성도들이 강요받는 신앙과 교회의 이원론적 모습 때문에 교회 떠난다고 합니다. 이원론적의 가장 큰 문제는 겉으로는 천사인척 하면서 속내는 마귀와 흡사한 행동을 한다는 것입니다. 또 다른 이원론은 교회 안에서는 예수같이 살면서 세상만 나가면 불신자보다 못한 생활을 한다는 것입니다. 바르게 깨닫고 보면 모두가 생명의 말씀과 성령으로 내면이 꽉 채워지지 않은 연고로 나타나는 현상입니다. 한마디로 본성이 변화되지 못한 것입니다.

교회는 예수 그리스도를 주로 고백한 이들이 하나님께 예배드리고 하나님의 일을 하기 위해 모인 무리입니다. 하지만 오늘날 예수를 믿으면서 이러한 교회에 소속되지 못한 채 거리를 방황하는 성도들이 늘어나고 있습니다. '방황하는 성도' '가나안 성도'의 증가는 제도화되는 교회 향한 갱신운동으로도 볼 수 있어, 힘겨운 순례의 길 마칠 수 있도록 신앙 차이를 포용할 수 있는 실제적인 대책이 필요합니다.

한국에 교회는 참으로 많습니다. 하지만 정작 맘에 드는 교회는 없습니다. 한국에 목사님들은 참으로 많습니다. 하지만 정작 목사님다운 목사님이 없다고 합니다. 그래서 이 교회 저 교회 돌아다니며 자신의 맘에 드는 교회, 자신의 욕구를 충족시켜줄 목사님을 찾는 이들이 늘어나고 있습니다. 특히 목회자의 수준 낮은 설교, 살 겹지 않은 낯선 분위기, 지나친 헌신의 강요, 현실문제의 해결을 목적으로 하다가 낙심, 목회자와 성도들의 비 신앙적이고, 부도덕한 행실 때문에 교회를 떠난 상처받은 성도들이 오늘도 새롭게 정착할 교회를 찾기 위해 방황하고 있습니다.

필자는 모두 내면이 부실하기 때문에 나타나는 현상이라고 생각합니다. 내면이 생명의 말씀과 성령으로 꽉 채워지면 어디를 가나 하나님의 나라이기 때문에 방황할 이유가 없는 것입니다. 모두 하나님의 교회가 문제가 아니라, 목회자의 영적인 수준의 문제요, 성도들의 내면이 부실한 이유로 발생하는 것이라고 생각합니다. 절대로 교회가 잘못되었다고 생각하면 해결이 되지 않습니다. 복음을 받아들이고 이해하고 체험하고 전달하는 사람들의 문제입니다.

그래서 하나님은 모세와 같은 영적지도자를 만드시려고 훈련하고 계시는 것입니다. "믿음으로 모세는 장성하여 바로의 공주의 아들이라 칭함 받기를 거절하고, 도리어 하나님의 백성과 함께 고난 받기를 잠시 죄악의 낙을 누리는 것보다 더 좋아하고, 그리스도를 위하여 받는 수모를 애굽의 모든 보화보다 더 큰 재물로 여겼으니 이는 상 주심을 바라봄이라(히 11:24-26)" 이렇게 모세와 같이 하나님만 바라보고 하나님께 소망을 두고 하나님의 말씀에 순종하는 목회자를 찾고 계십니다.

보통 예수를 믿었어도 한 교회에 정착하지 못하는 성도를 가리켜 '방황하는 성도', '가나안 성도'라고 일컫기도 합니다. '방황하는 성도'는 기독교인으로서의 정체성은 가지고 있지만, 현재 교회에 출석하지 않으면서 이스라엘 백성들이 가나안 땅을 찾아 다녔듯이 '새로운 교회'를 찾아다니는 사람들을 말합니다. 그리고 '가나안'이라는 말을 거꾸로 읽으면 '안 나가'라는 말이 되는 것과 같이 교회를 나가지 않는 또는 의도적으로 기성 교회를 거부하는 사람들을 가리키기도 합니다.

현재 방황하는 성도의 숫자가 얼마나 되는지 정확하게 추정하기는 매우 어려운 실정입니다. 돌아다니는 소문에 의하면 서울에만 2-3만 여명이 이번 주는 이 교회 다음 주는 저 교회로 방황하고 있다고 합니다. 다만 우리 주변에서 기독교인이지만 교회에 출석하지 않는 사람들을 쉽게 접할 수 있으며, 꽤 많다는 말을 자주 듣고 있는 것뿐입니다. 필자가 3년 정도 병원에 능력전도 다닐 때 만난 사람들의 대다수가 교회를 다녔는데 지금은 다니지 않는다고 말하는 사람들이 얼마나 많은 당시 필자가 교회에 다니다가 그만둔 사람들만 교회에 들어와도 교회가 차고 넘칠 것이라고 생각했습니다. 그렇기 때문에 이들을 향한 신앙적, 복음적 차원의 관심이 절실히 요청되고 있습니다.

필자는 '방황하는 성도', '가나안 성도'에게는 분명하게 이유가 있다고 생각을 합니다. 자기 나름대로의 욕구가 해소되지 않기 때문에 이 교회, 저 교회로 방황을 하거나 교회를 나가지 않는 다고 생각을 합니다. 교회에 나가서 자신이 추구하고 원하는 바가 이루어지면 교회에 나가지 않으려고 해도 나갈 수밖에 없다는 것입니다. 문제는 이들의 욕구와 추구하는 바를 충족시킬 수 있는 목회자와 성도들의 영적인 수준입니다.

하나님께서 함께하시는 교회가 되어야 한다고 생각합니다. 교회가 교회다워지려면 하나님의 뜻을 이루는 교회가 되어야 합니다. 하나님의 뜻은 유형 교회들을 통하여 예수를 믿고 하나님의 자녀로 태어난 성도들을 하나님께서 함께 하실 수 있는 성령의 사람으로 바꾸는 것입니다. 육적인 아담을 성령으로 거듭난 영의 사람(하나님의 자녀)으로 변화시키기를 원하십니다. 하나님은 절대로 교회 건축하고 숫자적으로 부흥시키는 것에 목적을 두고 교회를 세우시지 않습니다. 크리스천 한 사람 한사람이 하나님의 성전이 되어 걸어 다니는 성전으로 살도록 유형교회를 세우시고 건축하는 것입니다. 교회는 하나님께서 원하시는 일을 해야 합니다. 하나님은 건물인 유형교회를 통하여 일하시지 않고, 하나님의 심부름꾼으로 세운 담임목사를 통하여 성도들을 변화시킵니다. 담임목사는 출애굽기에 나오는 모세처럼 하나님의 심부름꾼입니다. 모세는 자기의 의지나 뜻이나 영광을 이루려고 이스라엘 사람들은 인도하지 않았습니다. 오로지 하나님께서 원하시는 일들을 이루려고 하나님의 뜻을 따라 이스라엘 사람들을 인도하였습니다. 그러나 므리바에서 하나님의 말씀대로 순종하지 않아서 가나안에 들어가지 못하고 심부름꾼의 역할에서 해임당한 것입니다.

유형교회의 담임목사는 모세와 같이 하나님께서 원하시는 목회를 해야 합니다. 하나님께서 원하시는 일은 성도 한 사람 한사람을 성령의 인도를 받는 성전 된 크리스천으로 바꾸는 것입니다. 성도들을 성전으로 바꾸라고 성령으로 인도하시는 것입니다. 성령으로 말씀을 깨달아 자신의 부족을 보고 영적으로 바꾸는 것에 목적을 두고 목회를 해야 합니다. 절대로 담임목사가 성도들을 모아서 자신을 드러내고 교회를 건축하는 것이 목적을 두고 목회하는 것이 아닙니다.

첫째, 성도들이 방황하는 주된 원인. 예수를 믿고 하나님의 자녀가 된 성도들이 추구하는 욕구와 필요와 생각을 충족하지 못하기 때문에 방황하는 것입니다. 예수를 믿었다고 금방하나님께 영광을 돌리고, 하나님의 말씀에 순종하는 성도가 되지 못합니다. 다름대로 원하는 바가 있기 때문에 예수를 믿은 것입니다. 처음 예수를 믿을 때 원했던 것이 이루어지기 시작을 했다면 교회를 나가지 않거나 이교회 저 교회로 돌아다니지 않았을 것입니다.

그렇다면 왜 교회를 잘 다니던 성도들이 무엇 때문에 방황하는 성도의 삶을 택하게 되는 것일까요? 전문적으로 연구 분석하는 분들의 말을 빌리자면 '강요받는 신앙'에 대한 부담 때문이라고 분석했습니다. 이들은 지난 2015년 6월부터 최근까지 방황하는 성도들을 대상으로 심층 면접을 진행하며 방황하는 성도의 실체를 조사했습니다.

진단한 결과에 의하면 "신앙은 개인의 믿음과 관련되는 것이지만 우리 사회에서는 이러한 신앙에도 집단주의적인 요소가 작용해 자신의 신앙을 다른 사람에게 강요한다든지, 자신과 같은 신앙을 갖지 않는 사람들을 인정하지 않는 듯한 태도를 갖는 경우가 많다"고 진단했습니다. "신앙이 강요받는다는 것은 두 가지 부분이다. 첫째는 기독교 교리에 대한, 특히 구원의 확신에 대한 확인과 고백부분이고, 둘째는 감정적 동화에 대한 부분이다"라고 설명했습니다. 필자는 이렇게 생각을 합니다. 몸으로 머리로 행위로 열심히 해야 되는 신앙에 적응을 하지 못했다는 것입니다. 많은 교회가 행위로 열심히 하는 신앙을 강조합니다. 머리로 공부하는 관념적인 신앙을 강조하기도 합니다. 한마디로 생각은 원이로되 몸이 따라주지 않는 것입니다. 그래서 예수 믿기가 참으로 힘이 든다는 말이 나오기도 하는 것입니다. 모두 행위를 강조하기 때문입니다.

분명하게 하나님은 "사람이 의롭게 되는 것은 율법의 행위로 말미암음이 아니요 오직 예수 그리스도를 믿음으로 말미암는 줄 알므로 우리도 그리스도 예수를 믿나니 이는 우리가 율법의 행위로써가 아니고 그리스도를 믿음으로써 의롭다 함을 얻으려 함이라 율법의 행위로써는 의롭다 함을 얻을 육체가 없느니라(갈 2:16)" 우리 교회에 문제는 샤머니즘의 신앙의 잔재가 남아있다는 것입니다. 순수 복음이 아니라, 샤머니즘의 신앙이 섞여서 복음을 바르게 깨닫지 못한 일부 목회자나 직분자들이 행위의 신앙을 강조함으로 교회에 다니는 것이 부담으로 작용하게 되기도 합니다. 분명하게 걸어 다니는 성전으로 살아가도록 신앙지도를 해야 한다는 것입니다. 자신 안에 성전이 있고 성전 안에 하나님께서 주인으로 계신다는 신앙으로 바뀌어야 합니다. 교회를 나오는 것은 자신 안에 성전을 견고하게 성전에서 나오는 권능으로 세상이나 환경을 장악하여 아브라함으로 복을 누리기 위함이라고 믿고 행하게 해야 한다는 것입니다. 하나님의 뜻은 분명하게 모든 성도들이 "늙도록 부하며 존귀하고 건강하게 살다가 주님이 오라고 부르시면 영원한 천국에 입성"하는 것입니다.

사실 어렸을 때부터 교회에서 자라난 사람들은 '장자 콤플렉스' '주류 교인, 비 주류교인'이 다지는 경향이 있습니다. 세상 정치 정당과 같은 경우가 교회에 있습니다. 그러니 극적인 변화나 회심이 없이 부모와 습관적으로 함께 다니는 신앙생활을 하며 자라난 이들에게는 '구원의 확신'이라는 질문은 큰 부담이 됩니다. 성령의 인도에 미숙합니다. 이들이 신앙의 여정에서 의문을 갖게 되고, 틀에 밖이고 전통적인 신앙 외에 다른 관점을 제기하게 될 때 교회가 이들의 욕구를 충족해주지 않는 다는 것입니다. 아니 받아들일 수가 없다는 것입니다.

감정적 동화의 부분도 문제입니다. 한국 교회는 최근 종교성에 있어서 상당히 감성적인 모습을 보이고 있습니다. 지난 20년간 경배와 찬양이 유행하면서 앞에서 인도하는 자들과 청중석에 있는 사람들 사이에 괴리가 발생했습니다. 그리고 그 감성표현은 상당히 극적으로 변해서 분위기를 따라가지 못하는 사람들의 입장에서는 이러한 것을 강요나 강압으로 느껴지게 되는 것입니다. 찬양시간이 지루하고 괴로운 시간이 될 수가 있다는 것입니다.

둘째, 체험적인 신앙이 아닌 관념적인 신앙의 문제. 성령의 인도로 믿음생활을 하는 것이 아니고, 몸으로 육체로 머리로 열심을 가지고 신앙생활을 하는 관념적인 신안이 문제입니다. 이유는 변화가 나타나지 않기 때문입니다. 열심히 하고 많이 알아야 하는 행위의 신앙으로서는 변화를 기대하기가 어렵습니다. 성령으로 세례를 받고 성령이 지배와 인도를 받는 체험적인 신앙이 되어야 자신에게서나 다른 사람에게서 변화의 모습을 볼 수가 있는 것입니다. 행위로 열심히 하는 관념적인 신앙으로서 변화를 기대하기가 어려운 것입니다. 사람이 사람을 변화시키지 못하기 때문입니다.

더 큰 문제는 기도나 봉사나 선교나 빠짐없는 예배(새벽기도)의 참석 등이 신앙의 강요는 신앙공동체의 소통을 가로막는다는 것입니다. 우리는 신앙에 대한 생각을 바르게 인식해야 합니다. 신앙에 대한 생각이나 관점은 사람마다 다를 수 있고, 공동체에 따라 다를 수 있다는 것입니다. 그것이 같은 개신교 안에서도 다양한 교단과 교파가 존재하는 이유이기도 합니다. 추구하는 현태가 다른 다종의 교회가 많은 이유이기도 합니다. 그러나 한국 교회는 신앙에 대해 질문을 하거나 의문을 품는 사람들을 용납하지 못하고 있는 것이 사실입니다. 자기들이 추구하지 않는 신앙은 이단이나 사이비라고 몰아붙이기 일쑤입니다.

이렇게 긍정으로 받아들이지 못하기 때문에 내면에 계시는 하나님께서 숨이 막혀서 주무시기 때문에 내면이 부실하여 다른 성령의 역사를 받아들이지를 않는 것입니다. 그래서 젊은 사람들이나 영적으로 깨어있는 성도들이 자신의 영혼의 만족을 위하여 다른 교회를 찾아 돌아다니는 것입니다. 알고 보면 '방황하는 성도', '가나안 성도'가 문제가 아니고, 교회를 이끌어가는 사람(목사, 장로, 권사, 안수집사)이 문제인 것입니다. 기존에 교회에서 추구하는 신앙의 틀을 깨뜨리지 않기 때문에 젊은 사람들이나 영적으로 깨어있는 성도들이 정착하기가 어렵다는 것입니다.

결국 교회의 전통의 틀에 의하여 강요와 소통의 부재는 신앙과 삶의 불일치로까지 이어집니다. 교회를 떠나는 사람들의 생각이 틀리고, 남아 있는 사람들의 생각이 반드시 옳은 것은 아닙니다. 하지만 기존 관념에 문제를 제기하는 사람들은 교회 구성원들의 주류에 속하지 못함으로써 결국 교회를 떠나게 되는 것입니다.

이유는 인간적인 충돌이 일어나니 자연스럽게 영혼의 만족을 누리지 못하는 것입니다. 영혼이 만족하여 내면이 강해져야 이해하고 받아들일 수 있는 마음도 생기는 것입니다. 영혼의 만족을 누리지 못하니 내면이 부실하여 갈급함을 해소하려고 좀 더 나은 교회를 찾는 것입니다. 자기들이 추구하는 신앙을 활성화할 수 없음으로 마음이 담담하여 영혼이 만족을 찾을 수 없어서 자신이 살기 위하여 다른 교회를 찾아 나서는 것입니다. 사람은 영적인 존재이기 때문에 영혼에 만족하면 모든 것이 만족스럽게 됩니다, 그러나 영혼이 만족하지 못하면 모든 것이 불화가 생김으로 영-혼-육의 부조화가 발생하여 여러 가지 문제가 발생하는 것입니다.

　방황하는 성도들이 다른 교인들 속에 섞이기 힘들어하는 것 중의 하나는 교인들 대부분이 가지고 있는 이원론식의 사고와 관련됩니다. 교회에서 믿음을 강요하지만 믿음에 대한 책임 있는 행위는 강조하지 않아 발생하는 '실천 없는 신앙'이 바로 그것입니다. 교회 안에서의 생활에는 일치의 중요성을 부여하고, 일상생활의 영역에 대해서는 중요성을 인정하지 않는 이원론적 사고는 기독교인으로서의 사회생활에 올바른 의미를 부여하지 못하게 됩니다. 교회 문만 나가면 세상 사람보다 더 못한 생활을 하는 성도가 있습니다. 하나님은 교회만 변하지 말고 세상을 변화시키기를 원하십니다.

　또 다른 이원론식의 사고란 무엇인가요? 많은 크리스천들이 자신은 그러하지 못하면서 교회에는 모두 예수님 같은 사람들만 모여 있는 것으로 인식을 하는 것입니다. 그러다가 조금 예수님 같은 행위에 어긋나는 행위를 보면 "교회에 몇 십 년 다녀, 권사, 장로, 목사직분을 가졌다는 사람이 저모양이야! 내가 이교회에 다니면 저사람 같아지겠다." 하면서 천사들만 모인 교회를 찾아서 떠난다는 것입니다. 교회는 대중목욕탕이라는 것을 체험하지 못한 연고입니다.

　'교회는 목욕탕과 똑같습니다.' '교회는 세상 죄를 씻어내기 위하여 가는 곳이라고 생각해야 합니다.' 우리가 대중목욕탕에 들어가면⋯. 이제 막 옷을 벗는 사람, 탕에 들어가기 전에 샤워하는 사람, 탕에 들어가 때를 불리는 사람, 사우나에 들어가는 사람, 때를 밀기 시작하는 사람, 때를 어느 정도 밀고, 속 때를 더 밀고 있는 사람, 머리 감는 사람, 이빨 닦는 사람, 마무리 샤워하는 사람, 나와서 로션도 바르고, 드라이도 하고, 옷 입는 사람, 깨끗하고 정결한 사람, 이발하고 목욕한 후 행복한 미소를 지닌 사람 등…. 정말 다양하잖아요. 이러한 목욕탕처럼 교회도 이와 같은 곳이랍니다.

교회에는 온갖 종류의 죄인들이 들어와서 목욕함으로 정결하게 되는 곳이기 때문입니다. 교회에는 영혼의 질병을 치유 받으려고 온 사람, 아버지와 남편에게 상처를 받아 분노가 쌓여있어서 하나님께 분노를 발하며 기도하는 사람, 우울증을 치유 받으려고 나온 사람, 성격이 못되어서 성령님의 은혜로 치유 받으려고 나온 사람, 고질병으로 고생하다가 치유 받으려고 나온 사람, 귀신에게 고통을 당하다가 치유를 받고자 나온 사람, 불면증으로 고생하다가 치유 받고자 나와 멍하게 앉아있는 사람, 마음의 상처로 고생하다가 예수 믿고 치유 받으려고 나온 사람, 말씀을 많이 알고 열심히 믿음생활 한다고 자찬하는 사람, 생명의 말씀과 성령으로 잠재의식이 치유되어 거룩한 성도로 변화된 사람, 담임목회자와 성도들에게 귀인과 같이 섬김을 받으려고 나온 사람, 신앙이 어린 성도들을 섬기려고 나온 사람, 신앙이 성숙되어 스스로 자립하면서 성령의 인도를 받는 사람 등등이 모여 있는 곳이 교회입니다.

교회가 이와 같다는 것을 이해하지 못하고 모두 자기위주로 생각하는 사고 때문에 생기는 문제입니다. 더 나아가 내면이 생명의 말씀과 성령으로 꽉 채워지지 못하여 부실하기 때문에 사람에게 무엇을 얻으려고 하는 사고 때문입니다. 결국 성도들을 분리주의자 또는 배타주의자로 만들어 버릴 위험성을 내포하고 있으며, 방황하는 성도도 어떻게 보면 이러한 이원론이 만들어 낸 산물이라고 볼 수 있는 것입니다.

셋째, 복음의 본질을 바로알지 못하여. 기성 교회를 떠난 방황하는 성도들의 주장이나 신앙이 모두 옳은 것은 아닙니다. 방황하는 성도들은 자기 식으로 표현되는 신앙을 갖고 있습니다. 현대 사회에서 종교는 취미 생활의 하나로 여겨지고 있습니다. 특히 현대인들은 기존의 전통적인 종교 교리를 그대로 받아들이기보다는 자신의 입장에서 취사선택을 함으로써 자기 자신의 종교를 만든다는 것입니다.

방황하는 성도들에게서도 이러한 경향이 포착됩니다. 스스로 생각하는 기독교에 대한 관념이 기존 권위와 충돌할 때 자신의 것을 포기하고, 권위에 복종하기보다는 자기 자신의 기독교를 스스로 구성하고 있습니다. 결국 이들은 기성 교회가 자신에게 맞지 않는다고 판단되면 교회를 옮기게 됩니다.

방황하는 성도들은 교회 안에서 만의 신앙이 아니라, 세상 안에서도 발견될 수 있는 신앙을 강조한다는 특징도 있습니다. 즉, 꼭 주일에 교회를 가지 않더라도 신학이나 신앙적인 내용의 책을 읽으면서 영성적인 부족을 채우고, 종교적 실천을 통해 만족을 얻고 있다는 것입니다. "방황하는 성도들에게서 발견되는 것은 신앙의 실천이 아니라 신앙의 보편화, 편의주의적인 의식입니다." 믿으면 구원을 받을 수가 있는데 무엇 때문에 매인 생활을 하느냐 입니다.

또한 방황하는 성도들은 이성적 신앙을 추구하고 있습니다. 무조건 믿는 신앙이 아니라 이성적으로 따져보고 이해하면서 믿겠다는 특징을 갖고 있는 것입니다. 때문에 목회자들의 지적 수준을 논하고, 비합리적인 목회의 형태에 대해 지적을 하게 되고, 결국 교회라는 조직에 마음이 상하게 되고 떠나게 되는 것입니다.

바르게 알아야 할 것은 교회는 대중목욕탕과 같은 곳입니다. 목욕탕에 들어가면 바로 때를 밀수가 없습니다. 때를 불려야 벗길 수가 있습니다. 마찬가지로 교회도 바로 들어오자마자 회개를 하고 상처를 치유하고 스트레스를 정화할 수가 없습니다. 많은 크리스천들이 자신의 문제나 상처나 질병을 바로 해결을 받으려고 하는데 그렇게 되지 않습니다. 교회에 들어오면 세상에서 찌들은 때를 불리기 위하여 묵상기도를 하면서 한주를 돌아보아야 합니다. 찬양을 합니다. 마음을 열고 드립니다. 담임목사님 설교 말씀을 듣습니다. 성령으로 기도를 합니다. 이렇게 하면서 자신을 성령께서 지배 장악을 하셔야 비로소 세상 때를 빗길수가 있습니다. 세상 때를 벗기면서 상처와 스트레스와 질병과 영적인 문제가 치유되기 시작하는 것입니다. 질병과 문제를 해결 받으려면 먼저 자신 안에 하나님의 성전이 견고하게 지어져야 합니다. 자신의 마음 안의 성전에서 나오는 카리스마로 자신의 문제가 해결이 되는 것입니다.

12장 스트레스를 잘 받고 낙심을 잘한다.

(마15:16~20)"예수께서 이르시되 너희도 아직까지 깨
달음이 없느냐 입으로 들어가는 모든 것은 배로 들어가서
뒤로 내버려지는 줄 알지 못하느냐 입에서 나오는 것들은
마음에서 나오나니 이것이야말로 사람을 더럽게 하느니
라. 마음에서 나오는 것은 악한 생각과 살인과 간음과 음
란과 도둑질과 거짓 증언과 비방이니 이런 것들이 사람을
더럽게 하는 것이요 씻지 않은 손으로 먹는 것은 사람을
더럽게 하지 못하느니라"

내면이 부실하여 영혼이 불만족스러우면 정신 신경계통의 부
조화를 가지고 옵니다. 그래서 정신 신경계통에 질병이 발생하는
것입니다. 정신적인 질병은 어떠한 형태의 죄이든지 적은 것이
씨앗에 되어 누룩과 같이 우리들의 정신과 마음과 육체를 파괴해
나가는 것입니다. 표면적인 생각이 잠재의식에까지 진행되어 신
경 세포가 파괴되고 자율 신경이 파괴되어 자신의 생각이나 의지
대로 조절이 되지 아니합니다. 말초신경의 자극은 내장기관의 파
괴를 가져올 뿐만 아니라, 인체의 호르몬 기능이 조화를 잃게 됩
니다. 이로 인하여 체액과 혈액이 산성화되거나 혼탁해져서 인체
의 여러 가지 질병에 대한 면역력이 상실됩니다. 그래서 특별한
부위의 세포가 비정상적인 세포로 파괴되면서 육체의 병으로까

지 진행되어 갑니다. 영의 병과 원인이나 결과가 유사합니다.

그러나 외적인 악한 영의 영향이나 침투로 인하여 질병이 발생하는 것이 아니라, 내적인 자신의 성품이나 인격(혼)이 조화를 이루지 못한 마음인 "병든 영혼"의 죄로 말미암아 일어나는 질병입니다. 주로 특별한 신체적 장애가 없음에도 불구하고 신체적 통증을 동반하는 질병으로 대개 자율신경의 부조화를 통하여 병으로 진행됩니다.

자율 신경은 교감신경과 부교감신경으로 나누는데 좌절, 낙심, 분노, 미워하는 마음, 질투하는 마음, 원망하거나 불평하는 마음, 불안이나 염려나 낙심 등은 교감신경과에 속합니다. 반대로 기쁜 마음, 평안한 마음, 사랑의 마음이나 용서의 마음, 온유한 마음 등은 주로 부교감 신경에 속합니다. 이 자율신경의 균형이 조화가 깨어질 때 각종 장기의 혈관 근육 등에 퍼져 있는 세포에 영향을 주므로 신체에 이상을 일으키게 됩니다. 자율 신경을 자극하는 것이 바로 인간의 감정이나 화나 정신적 혹은 심적 스트레스를 받게 되어 평안함이 깨트려지고 하나님과의 불화가 시작됩니다. 이 스트레스는 하나님의 뜻대로 살지 못하거나 믿음으로 살지 못한 죄의 결과입니다. 그래서 하나님은 우리에게 주 안에서 항상 기뻐하라고 하시는 것입니다(빌 4:4-7).

영혼이 약하여 감정적인 충격을 받으면 사고기능은 저하되고 합리적인 판단이 흐려져서 앞뒤를 생각할 겨를도 없이 공격적이 됩니다. 이로 인하여 심령이 상하게 되어 본성인 육성이 드러나게 됩니다. 이러한 화가 분노로 격한 심령으로 확산됩니다. 이러한 화병이 통제되지 못하면 빈발하게 되어 병적이 되고 질병으로 진행됩니다. 충격이나 신경성 원인에 의한 모든 질병은 모두 이 혼에 속한 병인데 영적인 질병과 정신적인 질병과 육체적인 질병의 3가지 형태로 진행됩니다.

화나 분노가 내적으로 스며들거나 발산되지 않은 상태로 속으로 심령이 상하게 됩니다. 정신적인 손상이 계속되어 뇌신경 세포의 파괴가 진행되면 노이로제나 우울증 및 정신병으로 발전하게 됩니다. 그렇지 않고 내장기관의 신경세포가 손상이나 자극이 계속되면 육체적인 질병으로 발전하게 되어 심신 상관병으로 발전하게 됩니다. 심신 상관병이란 육체의 이상 현상으로 발전된 혼(마음)의 병을 의학적으로 심신 상관병이라 말합니다.

신경성 원인에 의한 질병은 육체의 질병으로 외부적인 형태로 심하게 발전되어지지 않은 상태의 질병을 말합니다. 특별히 내분비 계통과 신경 계통과 자율신경 계통에 발병되어진 경우를 말합니다. 그러나 이 혼(마음)의 병 가운데 육체의 이상 현상으로 발전된 혼(마음)의 병은 의학적으로 심신 상관병이라 말합니다. 흔히 병의 원인을 의사들이 신경성 질병이라고 말하는 질병들로서 육체의 질병과 같은 증세와 형태를 갖추고 있습니다. 이에 대한 치유 사역은 혼(마음)의 내적치유사역의 방법과 함께 육체의 질병에 준하는 치유 사역을 겸하면 효과적입니다. 우울증이나 또한 정신병과 같은 경우라도 육체적 손상으로 인한 정신병이나 약물

중독에 의한 육체의 병에 준하여 치유해야 합니다.

영혼의 부조화로 나타나는 우울정신질병의 영향에 의한 성격이상은 혼적인 병이 상당히 진행된 상태입니다. 병든 마음이 여러 가지 영의 질병으로 나타나거나 영적으로 파멸되어 가는 영적 현상이요, 이상 인격이며 병든 영혼입니다. 건전한 마음과 건전한 인격은 단순한 마음에서 나오며 어린아이와 같은 순전한 마음에서 나오게 됩니다.

그러나 교만한 마음이나 복잡하고 혼란한 마음이나 정신 상태는 비정상인 인격 현상을 일으킵니다. 성격이상이나 괴팍한 성격 등이나 지나친 의심, 지나친 이기주의, 지나친 고집, 지나친 질투, 지나치게 자주 발하는 혈기, 지나친 결벽성, 지나치게 말이 많거나, 지나치게 말이 적거나, 지나치게 불결함, 지나치게 게으르거나, 지나치게 인색하거나 등은 병적이랄 수 있는 상태이며, 이는 혼(마음)의 병이 상당히 진행된 상태입니다.

이러한 혼의 질병들은 하나님의 축복의 선물이요, 성령의 열매인 평안을 잃어버린 너무나 복잡한 인간의 육신적인 마음에서 나오게 됩니다. 믿음으로 살지 않고 영으로 살지 않는 육신적인 생활 태도는 신경력의 지나친 소모를 가져오거나 혼적인 병의 열매로 나타납니다.

영적으로는 육체의 일로 나타나며, 육신적으로는 사망의 삯인 육신의 질병으로 나타나며, 혼적으로는 영혼의 질병으로 나타나는 성격(인격)이상으로 발전하거나 좀 더 심해지면 정신이상으로

까지 발전되기도 합니다.

선천적인 유전적 요인도 있지만 후천적인 환경과 교육이나 신앙과의 영향을 받는 것이 바로 영혼의 질병이요, 인격(성격)이상입니다. 과학자나 의사나 불신자는 혼의 병을 윤리 도덕이나 심리적이나 의학적 혹은 과학적으로만 고치려고 합니다. 이 성격이상은 고착되어 굳어 있고 자신의 존재 자체로 되어 있기 때문에 인간의 어떠한 가르침이나 수양(修養)으로는 근본적인 치료는 불가능합니다. 영혼의 질병은 단순한 혼의 기능 이상만이 아니라, 영의 기능 이상과 문제이기 때문입니다.

영혼의 변화는 오직 예수의 생명 즉 하나님의 성령만이 변화시킬 수 있습니다. 영의 변화는 영의 깨달음이 있어야 하는데 이 영의 깨달음은 하나님의 은혜요 성령의 선물입니다. 말씀과 더불어 성령이 역사하는 기름부음이 있어야 하며 성령의 나타남이 있어야 합니다.

이러한 성령의 기름부음과 나타남은 영적 지각 기능이 살아나서 지각되는 영적 감각이 있는 사람이라야 합니다. 성령의 역사에 민감하게 반응할 수 있는 사람이라야 하는데, 하나님의 성령은 예수의 피로 씻어진 심령(거듭난 심령)이 아니고는 역사하지 않기 때문에 현재의 의학으로는 거의 불가능합니다. 우울정신신경 질병은 심리학적이나 교육적으로는 어느 정도 호전될 수 있지만 근본적으로는 고쳐지지 않는 것입니다. 믿음의 사람들도 성령의 도우심을 받지 않고서는 불가능하다는 사실을 인지하고 성령의 역사에 민감하게 반응하는 영성이 필요한 것입니다. 예수를 십년을 믿어도 변화되지 않는 것은 이러한 이유에서입니다. 또한 성령의 은사자라고 자랑하는 사람이나 기도를 하루에 몇 시간씩 하는 영적이라는 사람들도 인격이 변화되지 않는 것은 이러한 영적 원리를 적용하지 않고 살기 때문입니다.

이러한 영적 원리를 적용하고 사는 삶의 태도가 하나님의 영으로 인도함을 받는 삶입니다. 성령은 ① 말씀 속에 있으며, ② 심령 속에 있으며, ③ 우리들 가운데 역사하고 있습니다. 그래서 마음을 열고 영으로 기도를 해야 성령이 충만한 것입니다. 그래야 영의 사람으로 성령으로 인도를 받을 수 있는 것입니다.

이러한 영적 원리를 잘 활용하여 영혼을 인도하는 사역자가 눈을 뜬 인도자입니다. 이러한 영적 원리를 적용하고 사는 것이 신앙생활입니다. 소경이 소경을 인도하면 다 같이 멸망할 뿐입니다. 그러므로 성령 사역을 잘 이해하고 성령의 나타나는 영적 현상과 그 원인을 이해함이 영적 눈을 뜨는 지름길입니다.

첫째, 정신문제가 발생합니다. 영혼의 불만족으로 인하여 정신적인 질병이 발생하기도 합니다. 영혼이 만족하면 정신적인 질병은 예방이 가능합니다. 영혼의 불만족으로 모두 정신적인 질병이 발생하는 것은 아닙니다. 모태에서나 유아시절의 상처는 정신문제에 치명적입니다. 이 상처를 가지고 있는 크리스천이 영혼이 만족하지 못하면 정신적인 문제가 발생할 확률이 많다는 것입니다. 이 상처로 인하여 늘 마음 한 구석이 늘 아픕니다. 그 아픈 마음이 자신을 가해하지만, 영혼이 만족하지 못하니 자신의 힘으로 벗어나지를 못합니다. 마음의 병으로 고통을 받게 됩니다. 필자는 치유사역을 하면서 나아가 들어서도 정신적인 문제로 고통을 당하는 청년들을 많이 봅니다. 모두 모태에서나 유아시절의 상처로 인하여 발생하더라는 것입니다.

그리고 조상의 우상숭배로 인하여 발생하는 경우도 있습니다. 과거의 상처가 쉽게 지워지지 않습니다. 그래서 마치 시한폭탄과 같은 모습으로 살아가는 자녀들도 많습니다. 그래서 필자는 세상에는 시한폭탄이 많이 돌아다니니 조심해야 한다고 경고를 자주 합니다. 과거의 아픈 경험 때문에 응어리진 가슴을 안고 살아가는 자녀들도 많습니다. 그러다 보니 정상적인 생활을 못합니다. 정신적으로도 병들었습니다(마11:28-29). 마음의 안식이 없습니다. 다른 말로 하면 평안이 없습니다. 늘 염려하고 불안에 떱니다. 조그만 일에도 적응하지 못하고 불안해합니다. 그래서 가슴이 답답해서 미치겠다고 말하는 청소년들이 많습니다. 마음에 평안이 없으니 모든 것을 믿지를 못합니다. 보통 큰 병이 아닙니다. 그러다가 영혼이 만족하지 못하고 스트레스를 받으면 조울증으로 우울증으로 정신병으로 진전이 되어 고통을 당합니다. 생활적으로도 병든 자녀들도 많습니다. 일어나야 할 시간과 누워 자야 할 시간을 모릅니다. 한 마디로 늘 누워있는 것입니다. 다른 사람들은 다 일어났는데 혼자 누워있습니다. 다른 사람들은 다 학교가고 출근하는데 혼자 출근도 못하고 누워있습니다. 다른 사람들은 하루 종일 움직이는데 혼자 이불을 깔고 있습니다. 그러다가 밤이 되면 활동을 합니다. 다른 사람이 잠을 자지 못하게 합니다. 그런가하면 생활이 너무 무질서하여 일을 제대로 못하는 자녀들도 있습니다. 무엇이 중요한지를 모릅니다. 이것도 했다가 저것도 했다가 하는데 되는 일이 하나도 없습니다. 무엇이든지 지속하지 못하고 변덕을 부리기도 합니다. 그래서 그 자녀 뒤를 따라가는 것도 피곤하고 힘이 드는 경우도 많습니다.

둘째, 영적인 문제로 발전되기도 합니다. 영혼이 불만족스러우면 불안과 두려움으로 세월을 보냅니다. 자연스럽게 악한 영의 밥이 되는 것입니다. 영혼의 만족이란 참으로 복중의 복입니다. 영혼이 만족하다는 것은 하나님과 관계가 열렸다는 뜻입니다. 성령께서 지배하고 계신다는 것입니다. 그래서 영육의 문제를 사전에 예방할 수가 있다는 것입니다. 반대로 영혼이 만족하지 못하면 어떤 사람들은 밤에 악몽을 꿉니다. 똑같은 꿈을 반복하여 꾸기도 하고, 무섭고 공포스러운 꿈으로 시달리는 사람들이 있습니다. 초저녁부터 계속 악몽에 시달리다가 새벽이 되어야 겨우 잠을 제대로 잘 수 있다고 하는 사람들도 있습니다.

그러니 오전에는 일어나지를 못하는 것입니다. 그런가하면 환영(악 영이 보여주는)이나 환청에 시달리는 사람들도 있습니다. 귀에서 소리가 들리는가하면 무엇인가가 보이기도 합니다. 심지어 책이나 어떤 사상에 영향을 받은 사람들 중에서는 그 책의 실제인물이 나타나기도 합니다. 그런가하면 사단의 영향으로 정상적인 생활을 하지 못하는 사람들도 있습니다. 정신이 혼미해지고 두려움이 오고, 나는 안 된다. 이렇게 되니 생활에 문제가 옵니다. 낮에는 자고 밤에는 돌아다니면서 방황을 합니다. 밤에 자다가 가위눌림을 당하기도 합니다. 이게 전부다 귀신의 역사입니다. 귀신은 인간에게 구원을 줄 수 없습니다. 귀신은 인간에게 축복을 주지도 못합니다. 그리고 귀신은 인간의 생명을 다스릴 수도 없습니다.

우리는 귀신을 대적하고 쫓아내야 되는 것입니다. 유혹도 대적해야 되고, 원수 마귀도 대적해야 되는 것입니다. 믿음을 굳게 하여 단호하게 대적하면 원수가 한 길로 왔다가 일곱 길로 도망을 치고 마는 것입니다. 대적하지 아니하고 그대로 가만히 있으면 끌려 가버리고 마는 것입니다. 우리는 천국에 이르기까지 자기와 싸우고 마귀와 싸우며 나가야 되는 것입니다. 싸우면 늘 이기기만 하지 않습니다. 상처를 입고, 부상을 당하고 때론 패할 수도 있습니다. 우리들 가운데 내적인 정욕과 외적인 원수와 싸워서 백발백중으로 이긴 사람은 없을 것입니다. 많은 사람이 상처를 입기도 하고, 부상을 당하기도 하고, 혹은 완전히 패배되어 KO가 될 때도 있는 것입니다. 그렇다고 해서 우리가 서로 비난하고 손가락질하고 헐뜯어서는 안 됩니다. 너나 나 할 것 없이 누구나 상처받을 수 있는 위치에 있고, 누구든지 부러지고 넘어질 위험이 있는 것입니다. 서로 도와가며 귀신을 쫓아내야 합니다.

셋째, 말씀과 성령으로 심령을 정화하라. 마음과 정신이 정상적인 기능을 발휘하게 하기 위하여 예방신앙을 해야 합니다. 영혼이 만족하는 믿음생활을 해야 한다는 것입니다. 자신의 영혼을 자신이 지키라는 것입니다. 자신은 자신이 제일 잘 압니다. 영혼의 불만족으로 정신적이고 영적인 질병이 발생하기 전에 말씀과 성령으로 충만한 생활을 하여 항상 영혼의 만족을 누리라는 것입니다. 우리는 말씀의 묵상과 성령으로 기도하여 마음의 안방에 쓰레기를 청소하고 좋은 것으로 진열해 놓아야 되는 것입니다. 어느 집에 들어가려고 하는데 방이 쓰레기더미로 쌓여있으면 들어가고 싶지 않잖아요. 방이 잘 정리, 정돈되고 깨끗하고, 아름답게 되어 있으면 그 방에 들어가서 앉아 쉬고 싶은 마음이 생기지 않습니까? 우리는 우리의 마음을 쓰레기더미로 만들지 말고 성령의 전으로 만들어야 되는 것입니다.

고전3:16~17에 "너희는 너희가 하나님의 성전인 것과 하나님의 성령이 너희 안에 계시는 것을 알지 못하느냐"그렇게 말씀하신 것입니다. 성령께서 우리 속에 계십니다. 그렇기 때문에 성령은 거룩한 영이므로 거룩한 성령이 우리에게 거하기 위해서는 쓰레기를 다 청소해야 되는 것입니다. 믿음, 소망, 사랑, 의, 평강, 희락이 마음속에 있어야 되고 사랑과 희락과 화평과 오래 참음과 자비와 양선과 충성과 온유와 절제 같은 좋은 성령의 열매로써 우리 마음을 채워 놓아야 되는 것입니다. 그 무엇보다도 예수님의 십자가 보혈의 능력을 통한 대속의 은혜로 마음속을 채워 놓아야 되는 것입니다. 우리가 항상 예수님을 바라보고 십자가에서 넘쳐 나오는 용서와 의와 영광으로 마음에 채워 놓고 십자가를 통해서 주는 거룩함과 성령 충만으로 채워 넣고 십자가를 통하여 오는 치료와 건강으로 채워 놓고 십자가를 통해서 오는 아브라함의 축복과 형통으로 채워 놓고 십자가를 통해서 오는 부활, 영생, 천국의 소망으로 채워 놓아야 되는 것입니다. 이런 귀한 하나님의 은혜의 진리를 마음속에 차곡차곡 쌓아 놓아야 되는 것입니다. 우리 마음속에 사랑하는 자여 네 영혼이 잘됨같이 네가 범사에 잘되며 강건하기를 간구한다는 적극적인 전인구원의 사상으로 채워 놓아야 되는 것입니다. 시편103에 있는 말씀처럼 "그가 네 모든 죄악을 사하시며 네 모든 병을 고치시며 네 생명을 파멸에서 속량하시고 인자와 긍휼로 관을 씌우시며 좋은 것으로 네 소원을 만족하게 하사 네 청춘을 독수리 같이 새롭게 하시는 도다."는 진리의 말씀을 기억하고 마음속에 쌓아 놓아야 되는 것입니다. 이 귀하고 아름다운 말씀을 우리 마음속에 차곡차곡 채워 놓으면 그 말씀들이 마음속에서 하나님의 능력을 나타내는 것입니다. 하나님의 말씀을 마음속에 채워 놓고 항상 말씀을 생각하고 항상 말씀을 묵상하고 그 말씀을 소리 내어 암기해야 되는 것입니다. 말씀이 얼마나 좋습니까? "두려워 말라 내가 너와 함께 함이라. 놀라지 말라 나는 네 하나님이 됨이라. 내가 너를 굳세게 하리라. 참으로 너를 도와주리라. 참으로 나의 의로운 오른손으로 너를 붙들리라." 이런 말씀을 생각하고 이 말씀을 묵상하고 이 말씀을 입으로 시인해 보십시오. 마음속에 얼마나 담대한 은혜가 생겨납니까?

또한 마음속에 시편23편 말씀을 채워 놓아 보십시오. "여호와는 나의 목자시니 내게 부족함이 없으리로다. 그가 나를 푸른 풀밭에 누이시며 쉴 만한 물 가로 인도 하시는 도다. 내 영혼을 소생시키시고 자기 이름을 위하여 의의 길로 인도 하시는 도다. 내가 사망의 음침한 골짜기로 다닐지라도 해를 두려워하지 않을 것은 주께서 나와 함께 하심이라. 주의 지팡이와 막대기가 나를 안위하시나이다. 주께서 내 원수의 목전에서 내게 상을 차려 주시고 기름을 내 머리에 부으셨으니 내 잔이 넘치나이다. 내 평생에 선하심과 인자하심이 반드시 나를 따르리니 내가 여호와의 집에 영원히 살리로다." 이 말씀을 생각하고 묵상하고 입으로 외워 보십시오. 마음속에 하늘나라의 영광이 충만하게 되지 않습니까? 마음속에 말씀을 차곡차곡 쌓아 놓는 것은 참으로 좋습니다. "내가 사망으로 우겨 쌈을 당하여도 싸이지 아니하며 답답한 일을 당해도 낙심하지 아니하며 핍박을 받아도 버린바 되지 아니하며 거꾸러뜨림을 당하여도 망하지 아니한다." 아~ 이 말씀이 보배와 같이 마음에 빛나지 않습니까? "여호와는 나의 피난처요 나의 요새요 나의 의뢰하는 하나님이 되리니 이는 저가 너를 새 사냥꾼의 올무에서와 극한 염병에서 건지실 것임이라. 저가 너를 그 깃으로 덮으시리니 내가 그 날개아래 거하리로다. 그의 진실함은 방패와 손방패가 되나니 너는 밤에 놀램과 낮의 흐르는 살과 흑암 중에 행하는 염병과 백주에 황폐케 하는 파멸을 두려워하지 아니하리로다. 천인이 네 곁에서 만인이 네 우편에서 엎드려지나 이 재앙이 네게 가까이 오지 못하리로다." 이 말씀을 생각하고 묵상하고 말로 말해 보십시오. 엄청난 하나님의 권능이 임하는 것입니다.

마음을 정결케 하고 말씀을 차곡차곡 쌓아 놓으면 하늘나라가 임하고 하나님의 권세와 능력이 임하는 것입니다. 그 대신 쓰레기가 쌓여있는 사람이 "나는 못산다. 나는 안 된다. 나는 할 수 없다. 나는 죽는다. 나는 패배자다. 나는 죄인이다. 나는 마귀의 자식"이라고 생각하고 묵상하고 그렇게 말하면 엄청난 파괴가 다가오지 않습니까? 쓰레기는 생각 속에서 쫓아내고 묵상 속에서 쫓아내고 우리 입술에서 쫓아내 버리고 하나님의 말씀으로 차곡차곡 채워야 되는 것입니다.

대속의 은혜로 채워 놓고 전인구원의 축복으로 채워 놓고 새로운 지위로써 "택하신 족속이요, 왕 같은 제사장이요, 거룩한 나라요, 그의 소유된 백성이 되었다"는 생각으로 채워 놓고 말씀으로 채워 놓으면 마음속에 보배 창고가 되는 것입니다. 히4:12에 "하나님의 말씀은 살아 있고 활력이 있어 좌우에 날선 어떤 검보다도 예리하여 혼과 영과 및 관절과 골수를 찔러 쪼개기까지 하며 또 마음의 생각과 뜻을 판단한다고" 말씀한 것입니다. 이 말씀은 살아서 마음속에 운행하는 것입니다. 신30:14에 "오직 그 말씀이 네게 매우 가까워서 네 입에 있으며 네 마음에 있은즉 네가 이를 행할 수 있느니라"고 말씀하고 있는 것입니다. 그러므로 하나님의 말씀을 마음속에 간직하면 자신의 생애 속에 말씀이 역사하는 것입니다. 선악 간에 마음에 가득한 것이 입 밖으로 나와서 환경과 운명을 만들어 내는 것입니다. 쓰레기가 가득해서 입으로 나오면 온 환경이 쓰레기 더미가 되어서 파멸을 당합니다. 그러나 진주 같은 귀한 말씀이 가득해서 말씀이 밖으로 나오면 여러분의 생활 속에 영혼이 잘됨같이 범사에 잘되며 강건하고 생명을 얻되 넘치게 얻게 만들어 주는 것입니다.

13장 인내력이 약하여 쉽게 포기한다.

(히 10:35~39) "그러므로 너희 담대함을 버리지 말라 이것이 큰 상을 얻게 하느니라 너희에게 인내가 필요함은 너희가 하나님의 뜻을 행한 후에 약속하신 것을 받기 위함이라 잠시 잠깐 후면 오실 이가 오시리니 지체하지 아니하시리라 나의 의인은 믿음으로 말미암아 살리라 또한 뒤로 물러가면 내 마음이 그를 기뻐하지 아니하리라 하셨느니라 우리는 뒤로 물러가 멸망할 자가 아니요 오직 영혼을 구원함에 이르는 믿음을 가진 자니라"

하나님은 인내하는 성도들을 통하여 일하십니다. 문제는 내면이 부실하면 인내하지 못한다는 것입니다. 그래서 하나님은 인내를 강조하시는 것입니다. 하나님께서 인내력이 부족한 사람을 사용하지 못하는 이유가 있습니다. 인내력이 부족하면 자발적인 노력이 부족합니다. 인내력이 부족하면 주어진 상황에 순응하거나 몰입하거나 집중하지 못하고 다른 사람을 의지하거나 수동적인 모습으로 자신의 과제에 임하는 경향이 있습니다. 내면이 부실하기 때문에 집중하고 인내하지 못한다는 것입니다. 그러므로 보다 적극적인 동기의 모습이나 끈질기게 원하는 결과가 내올 때까지 지속적으로 노력하는 모습은 찾아보기 힘이 듭니다. 인내력이 부족하면 하는 일이 어렵거나 원하는 결과가 나오지 않을 때 좌절하거나 낙심하거나 실망을 잘합니다.

인내력이 부족한 사람은 단순하게 즉각적인 반응 등 만을 예상하고 반응이 없으면 바로 실망하거나 좌절하는 양상을 보입니다. 금방 생각하는 결과가 나오지 않으면 실망하고 다른 방법을 찾는 것이 특징입니다. 이랬다가 저랬다가 하다가 일을 그르치기 일수입니다. 그 사람을 따라가는 것도 힘이 듭니다. 이런 사람들은 실패의 경험에서 바로 회복하기도 어렵습니다. 내면이 부실하여 인내력이 부족한 사람은 외부적인 피드백에 많이 휘둘립니다. 자기 내부의 능력과 지혜와 동기가 부족하기 때문에 스스로 자신을 격려하고 지원하는 능력이 부족합니다. 그러다 보니 외부적인 강화물이 있거나, 잔소리를 하거나, 자극이 있을 때만 움직이기 쉽습니다. 다른 사람의 말에 잘 넘어간다는 것입니다. 스스로 결정하지 못한다는 것입니다. 항상 다른 사람을 의지하기 때문에 하나님과 직접적인 관계를 맺을 수가 없는 것입니다.

내면이 부실하여 인내력이 부족한 사람은 원하지 않은 결과가 나올 때 지나치게 방어적이 되거나, 남 탓을 합니다. 누구 때문에 이렇게 되었다고 핑계를 댑니다. 이런 사람들은 결과에 민감하고 그 결과를 충분히 자기 내부의 동기와 연결시키지 못하기 때문에 자기 책임이라고 할까봐 두려워 그 결과에 대해 지나치게 방어적이 되기 쉽습니다. 일을 하더라도 책임자가 되지 못하고 뒤로 빠져서 일을 하는 특징이 있습니다. 자립하지 못한다는 것입니다.

내면이 부실하여 인내력이 부족한 사람은 한 번 실수하면 자발적으로 다시 시도하기 어렵습니다. 한 번 실수하고 나면 이 사람들은 회복이 어렵고, 실패에 대한 두려움을 갖는 것이 특징입니다. 그리고 과제 수행 자체가 온전히 자기 것으로 만들어가며 성취감이나 책임감을 가진 것이 아니기 때문에 다시 재도전할 수 있는 기회를 가지기 어렵습니다. 특히, 이 사람들은 자기 실수에 대해 부정적인 말이나 생각을 많이 할 가능성이 크므로 새로운 동기를 갖기는 상당히 어려울 수 있습니다.

내면이 부실하여 인내력이 부족한 사람은 뜻과 의지는 있으나, 실행력이 부족합니다. 책임감과 인내력이 부족한 사람들 중, 욕구는 크나 그를 실행할 계획을 구체적으로 가지는 것은 어렵습니다. 이는 현실적인 노력의 과정에 대한 경험이 부족하거나 그 가치를 알지 못합니다. 이 때 인내력이나 과정을 충분히 즐기는 몰입의 과정을 경험하기 어렵습니다. 이런 사람들은 기준은 높으나 그를 실현할 충분한 방법을 알지 못합니다. 내면이 약하여 하나님을 체험하지 못했기 때문입니다. 자신 안에 하나님께서 주인으로 계시는 것을 모르기 때문입니다. 하나님이 무한한 지혜라는 것을 모르기 때문입니다. 하나님은 내면이 생명의 말씀과 성령으로 꽉 찬 성도들을 통하여 이 땅에 하나님의 나라를 건설하십니다.

사람이나 동물이나 식물이나 사업이나 학문이나 그 무엇이든지 성장하고 발전하는 데는 시간이 걸립니다. 인내하며 기다리는 시간을 갖아야 합니다. 자신의 신앙의 성숙도 시간이 걸립니다. 여러 가지 장애를 딛고 일어나야 하므로 인내가 반드시 필요한 것입니다. 더구나 인격적 성장이나 신앙의 발전에는 낙심할 일이 하도 많기 때문에 그것을 이기고 포기하지 아니하고 난관을 극복하고 나가는 데는 인내가 반드시 필요합니다.

첫째, 하나님과 관계에서의 인내. 하나님 앞에서 우리는 인내하는 것을 우리 하나님께서 절대 일을 서두르지 않으십니다. 하나님은 아무리 바빠서 서두르지 않습니다. 아브라함 보십시오. 나이 75세에 아들 주겠다고 약속하시고 난 다음에 그 약속이 이루어지는데 얼마 걸렸습니까? 25년 걸렸습니다. 약속을 25년 동안 기다린다는 것은 굉장히 힘든 일입니다. 모세는 40세에 미디안 광야로 도망쳐서 40년 동안 연단을 받았습니다. 80세에 하나님이 부르셔서 이스라엘의 지도자로 삼으신 것입니다. 요셉은 애굽의 보디발 집에서 종살이 10년, 감옥생활 3년, 13년을 기다려 애굽의 국무총리가 된 것입니다.

히브리서 6장 13절로 15절에 "하나님이 아브라함에게 약속하실 때에 가리켜 맹세할 자가 자기보다 더 큰 이가 없으므로 자기를 가리켜 맹세하여 이르시되 내가 반드시 너에게 복 주고 복 주며 너를 번성하게 하고 번성하게 하리라 하셨더니 그가 이같이 오래 참아 약속을 받았느니라" 야고보서 5장 11절에 "보라 인내하는 자를 우리가 복되다 하나니 너희가 욥의 인내를 들었고 주께서 주신 결말을 보았거니와 주는 가장 자비하시고 긍휼히 여기시는 이시니라"

유명한 설교가인 필립 브룩스에게는 무엇이든지 참지 못하는 큰 약점이 있었습니다. 자신의 참지 못하는 약점 때문에 그는 무슨 문제든지 늘 고민하며 하나님께 매일 기도를 드렸습니다. "하나님, 좀 빨리빨리요. 빨리빨리." 우리 한국 사람과 비슷한가. 봅니다. 하루는 어떤 일을 참지 못하여 더욱 심각하게 고민을 하고 있었습니다. 곁에서 그를 보고 있던 한 사람이 그에게 물었습니다. "브룩스 박사님, 오늘 따라 무엇을 그렇게 고민하십니까?" 그는 이렇게 대답했습니다. "오늘 내게 있는 문제도 고민이지만, 더 큰 고민은 나는 이렇게 급한데 하나님은 왜 이렇게 안 급한지 모르겠다. 하나님을 모시고 살려니까 너무 고민이 된다. 하나님은 너무 슬로우다." 저도 그런 생각에 동의가 조금 갑니다. 우리에게 참지 못할 상황이 많이 일어납니다. 우리는 급한데 하나님은 잠잠히 계시는 것같이 느껴지기도 합니다.

그러나 성경은 우리에게 욥의 인내를 배우라고 말씀하신 것입니다. "보라 인내하는 자를 우리가 복되다 하나니 너희가 욥의 인내를 들었고 주께서 주신 결말을 보았거니와 주는 가장 자비하시고 긍휼히 여기시는 이시니라(약 5:11)" 인내하는 자의 결말은 복이 온다는 것입니다. 참는 결과에 복이 옵니다. 하나님께서는 자비와 긍휼의 눈으로 참고 인내하는 우리를 보고 계시기 때문이라고 말씀하고 계십니다. 인내와 연단을 신앙 성장의 기초로 삼으시는 것이 하나님인 것입니다. 하나님은 우리 모든 신앙의 성장을 인내로써 기초로 삼으신 것입니다. 박사님 인내하십시오. 조언을 들은 브룩스 박사님이 다음부터는 참고 인내하며 기다리는 사람이 되었다는 것입니다.

야고보서 1장 2절로 4절에 "내 형제들아 너희가 여러 가지 시험을 당하거든 온전히 기쁘게 여기라 이는 너희 믿음의 시련이 인내를 만들어 내는 줄 너희가 앎이라 인내를 온전히 이루라 이는 너희로 온전하고 구비하여 조금도 부족함이 없게 하려 함이라" 인내가 우리를 온전하게 만드는 하나님의 수단이라고 말씀하고 있는 것입니다. 인내와 연단을 통해서 하나님은 신앙의 기초를 닦으시기 때문에 예수를 믿고 신앙이 자라기 위해서는 반드시 어려움을 극복할 수 있는 인내를 가지도록 훈련을 시킨다는 것입니다.

둘째, 대인 관계에서 인내. 우리는 이 세상에 살면서 이웃과의 관계에서도 인내가 있어야 올바른 관계를 맺을 수 있는 것입니다. 왜냐하면 사람은 각각 다른 성격과 개성을 가지고 있습니다. 성품이 나와 똑같은 사람이 없지 않습니까? 타인을 일방적으로 굴복시키려할 때 마찰이 생깁니다. 너 나처럼 되어라. 나처럼 빨리빨리. 그러나 나처럼 느릿느릿. 나처럼 관심을 좀 가져라. 너무 무관심하게 지내지 말라. 그렇게 하지만 서로 성품이 다른데 어떻게 한 것입니까? 이해하고 동정하고 사랑하고 조화를 해나갈 도리밖에는 없는 것입니다. 인내로써 이해하고 동정하고 사랑해 나가는 것이 우리가 살아가는데 필수적인 것입니다.

부모, 자식 간의 관계도 많이 틀립니다. 세대가 다르기 때문에 우리 세대는 그렇지 않았다고 말하면 자식들은 말하기를 아버지 세대는 이미 옛날 케케묵은 세대고 우리 세대는 선진세대인데 아버지가 우리를 따라야지 우리가 아버지를 따릅니까? 그런 말을 종종 듣습니다. 세대가 달라지니까 서로 대화하는데 인내와 이해와 동정이 필요한 것입니다. 더구나 부부간의 관계에서 참으로 힘든 것이 부부관계인 것입니다. 정말로 부부관계는 신비하고 어려운 것입니다. 인내해야 합니다.

심리학자 융(C. G. Jung)은 그의 책 "사랑에 대하여"에서 결혼에 대해 이렇게 말하고 있습니다. "결혼은 사실 냉혹한 현실입니다. 그것은 삶에 대한 십자가를 지는 체험입니다. 나는 당신이 자신을 압박하는 필연적인 운명에 대항해서 싸우기보다는 인내를 배우기 바랍니다. 그래야만 당신은 중심에 설 수 있습니다." 결혼은 필연적인 운명에 대항해서 싸우는 것이 결혼이라는 것입니다. 싸우면 둘이가 다 상처투성이가 되기 때문에 참는 것이 좋다. 결혼은 사랑과 행복의 시작이지만 무겁고 고통스런 십자가를 지는 훈련이기도 한 것입니다. 결혼을 로맨틱한 이상적인 꿈 같이 생각하면 큰 계산을 잘못한 것입니다. 결혼 물론 좋지요. 남보다도 서로 친밀하고 가깝고 대화의 상대가 되고 좋지만 그러나 십자가를 걸머지는 고통과 인내가 있어야 올바르게 유지되는 것입니다. 서로 내려놓고 받아들이고 사랑해야 가능한 것입니다. 내 주장을 하고 내 뜻대로 이끌어 나가려고 하면 부딪히고 마는 것입니다. 그 모든 것의 핵심은 인내 곧 참는 것입니다. 참아내야 진정 하나가 될 수 있지 참지 않고 하나가 될 수는 없는 것입니다.

형제와의 관계도 그렇습니다. 한 부모의 피를 나눈 형제도 그렇게 다를 수가 없습니다. 더구나 이해관계가 부딪혀 오면 완전히 남보다 더 못하게 물고 찢고 싸우게 되는 비극이 있을 수가 있는 것입니다. 이웃과의 관계도 내게 어떤 이익과 손해가 있느냐 이해관계가 절실히 작용하고 있으며 원수와의 관계는 말할 필요 없이 서로 죽이고 죽이는 관계 속에 있게 되는 것입니다.

골로새서 3장 12절로 14절에 "그러므로 너희는 하나님이 택하사 거룩하고 사랑 받는 자처럼 긍휼과 자비와 겸손과 온유와 오래 참음을 옷 입고 누가 누구에게 불만이 있거든 서로 용납하여 피차 용서하되 주께서 너희를 용서하신 것 같이 너희도 그리하고 이 모든 것 위에 사랑을 더하라 이는 온전하게 매는 띠니라" 다 허물이 많기 때문에 우리는 이해하고 동정하고 용서하고 사랑하는 도리밖에는 다른 도리가 없습니다. 이해하고 동정하지 못하고 비평하고 평론하면 반드시 그 화살이 자기에게로 돌아오는 것입니다. 내 칼에 피를 묻히면 또 다른 사람 칼이 내 피를 묻히게 되는 것입니다. 우리가 오래 참고 이해하고 동정하고 사랑으로 끌어안는 것이 제일 좋은 길입니다.

셋째, 자기 자신의 성숙을 위한 인내. 우리는 이 세상에 살면서 자기에게 대해서도 오래 참아야 되는 것입니다. 자기 변화를 가져오기 위한 노력과 투쟁이 필요한데 스스로가 아무리 결심해도 하루아침에 자기가 변화되지 않습니다. 밥을 빨리 먹는 사람보고 천천히 먹으라고 해도 자기가 천천히 먹어야지 천천히 먹어야지 하면서도 더 빨리 먹게 되는 것입니다. 잠을 자는 것도 마찬가지입니다. 금방 누웠다고 잠이 듭니까? 조금 인내하고 기다려야 하지요, 금방 잠이 들지 않는다고 불면증이 아닌가 하면 안 됩니다. 잠이 드는 시간이 필요합니다.

고린도전서 15장 58절에 "내 사랑하는 형제들아 견실하며 흔들리지 말고 항상 주의 일에 더욱 힘쓰는 자들이 되라 이는 너희

수고가 주 안에서 헛되지 않은 줄 앎이라" 우리가 흔들리지 말고 주의 일에 더욱 힘쓰고 힘써서 우리 스스로를 연단시켜야 되는 것입니다. 자기에게 부당하게 다가오는 고난에 대처하는데 인내가 필요합니다. 우리가 살아가면서 온전한 대접을 받지 못할 때가 많습니다.

제일 가까운 부모 형제끼리도 부모가 형제에게 공평하게 대접 못해준다고 늘 불평을 말합니다. 왜 아버지, 어머니는 장남만 장녀만 사랑하고 우리는 덜 사랑하느냐. 부모는 그것을 생각 안하는데 자식들은 그 생각을 하고 편견을 가지고 있는 것입니다. 그러나 조금만 참고 인내하면 공평하신 부모님의 마음을 이해할 수가 있는 것입니다. 자기에게 부당하게 다가오는 고난에 대하여 불평과 원망을 말하는 것입니다. 베드로전서 2장 19절로 20절에 "부당하게 고난을 받아도 하나님을 생각함으로 슬픔을 참으면 이는 아름다우나 죄가 있어 매를 맞고 참으면 무슨 칭찬이 있으리요, 그러나 선을 행함으로 고난을 받고 참으면 이는 하나님 앞에 아름다우니라" 부당하게 죄짓고 얻어맞는 것 당연합니다. 그러나 죄도 안 지었는데 오해를 받아서 욕을 얻어먹거나 매를 맞으면 참으로 고통스럽습니다. 그러나 성경은 말하기를 그럼에도 불구하고 참으라는 것입니다. 참으면 하나님께서 상급을 주시겠다는 것입니다.

루소는 "인내는 쓰다. 그러나 그 열매는 달다."라고 말했듯이 인내의 과정은 고통이 따르고, 그 고통을 참고 견디는 것이 인내고 인내하면 결국에 좋은 열매를 맺는다는 것입니다. 온갖 수모를 참고 수많은 시련을 견디어 내는 것은 마치 진주조개가 진주를 품는 것과 같은 것입니다. 인생에서 상처받은 고통을 견디어 내는 동안 우리는 진주와 같은 아름다움을 만들어 내는 것입니다. 우리가 변화 받는 것은 고통이 다가와서 참다가 보니까 변화가 되는 것입니다. 모든 것이 다 좋고 다 칭찬만하고 아름다운 환경에 있으면 내 스스로를 돌이켜 볼 필요도 없고 내가 스스로를 방어할 필요도 없고 회개할 필요도 없지 않습니까? 그러나 내가 상처를 입고 고통을 당하고 괴로우면 울기도 하고 탄식도 하고 회개도 하고 돌아보기도 하고 변명도 하기도 하면서 서서히 자기가 변화가 되기 시작하는 것입니다.

성공과 꿈을 이루는데 수많은 실패와 낙심을 견디어내는 인내가 필요합니다. 이스라엘 백성이 가나안 땅에 들어갈 때 광야에서 얼마나 방황하고 고난을 겪었습니까? 조그만 일 하나 성공하는데 수없이 실패를 하고 실패를 하고 그것을 견뎌낸 사람이 성공하는 것입니다. 하나님께서는 우리들의 인내를 통해서 천국의 열매를 맺으시는 것입니다.

하나님은 히브리서 10장 35절로 36절로 39절에서 "그러므로 너희 담대함을 버리지 말라 이것이 큰 상을 얻게 하느니라. 너희에게 인내가 필요함은 너희가 하나님의 뜻을 행한 후에 약속하신 것을 받기 위함이라 잠시 잠깐 후면 오실 이가 오시리니 지체하지 아니하시리라 나의 의인은 믿음으로 말미암아 살리라 또한 뒤로 물러가면 내 마음이 그를 기뻐하지 아니하리라 하셨느니라 우리는 뒤로 물러가 멸망할 자가 아니요 오직 영혼을 구원함에 이르는 믿음을 가진 자니라" 믿음이란 것은 바로 인내인 것입니다. 오래 참는 것이 믿음인 것입니다. 참지 못하면 믿음은 믿음이 되지 않습니다.

넷째, 내면을 꽉 채우기 위한 인내. 우리가 신앙이 성장하기 위해서는 인내가 있어야 신앙이 성장하는데 농사꾼의 인내와 같은 것입니다. 필자는 항상 이렇게 말합니다. 아브라함은 25년을 훈련받았고, 야곱은 20년간 훈련을 받았어도 되지 않아 허벅지 관절이 어긋나니 순종했고, 요셉도 13년, 모세는 40면, 다윗도 13년을 참고 인내하여 하나님의 일꾼이 되었다는 신앙의 교훈을 말합니다. 성령의 인도를 받으면서 인내해야 하나님께서 원하시는 성도가 될 수가 있다는 것입니다.

야고보서 5장 7절로 8절에 "그러므로 형제들아 주께서 강림하시기까지 길이 참으라. 보라 농부가 땅에서 나는 귀한 열매를 바라고 길이 참아 이른 비와 늦은 비를 기다리나니 너희도 길이 참고 마음을 굳건하게 하라 주의 강림이 가까우니라" 농부가 빨리 열매를 맺으려고 자꾸 밭을 파헤치면 아무것도 안 되는 것입니다. 오래 꾹 참고 심어놓고 있으면 흙이 습기와 양분을 공급해서 열매를 맺게 되는 것처럼 농사꾼의 인내가 우리 신앙의 인내와 같은 것입니다. 말씀을 깨닫고 성령님과 동행하는 데는 인내가 필요한 것입니다.

말씀이 당장 깨달아지나요? 말씀을 읽고 묵상하고 기도하고 감사하면 말씀은 마음속에 물이 베어 들어오듯이 깨달아짐이 다가오는 것입니다. 찰칵하고 깨달아지는 것이 아닙니다. 서서히 서서히 마음에 베어 들어와서 깨달아지는 것입니다. 그리고 성령님과 함께 동행하기 위해서 성령님을 인정하고 환영하고 모셔드리고 의지하고 기도하고 기다리는 것입니다. 성령님 오늘은 이 일을 하고자 하는데 해야 될까요? 안해야 될까요? 당장해라! 아니라는 말 안합니다. 오래 기다리고 있으면 한참 만에 마음에 우연히 마음이 변화되기 시작하는 것입니다. 하기 싫다. 하고 싶다. 해야 된다. 안해야 된다. 그렇게 깨닫게 되는 것입니다. 모든 것을 인내를 하고 참으면 흑백이 가려지고 선악이 가려지는 것입니다. 급하게 서둘면 아무것도 안 되는 것입니다.

요한복음 14장 26절에 "보혜사 곧 아버지께서 내 이름으로 보내실 성령 그가 너희에게 모든 것을 가르치고 내가 너희에게 말한 모든 것을 생각나게 하리라" 성령은 우리에게 가르치고 생각나게 하기 위해서 지금도 와 계시는데 성령은 우리가 오래 하나님 앞에서 기다리고 견디면 가르치고 이끌어 주는데 성급하게 빨리빨리 가르쳐 주십시오. 하면은 성령께서 역사하지 아니하시는 것입니다. 요한계시록 14장 12절에 "성도들의 인내가 여기 있나니 그들은 하나님의 계명과 예수에 대한 믿음을 지키는 자니라" 하나님의 계명과 믿음을 지키고 오래 참을 때 하나님이 구원을 주시고 은혜를 베풀어 주시는 것입니다.

우리가 마귀와 싸울 때 더구나 인내가 필요합니다. 육신의 정욕과 안목의 정욕과 이생의 자랑과 싸울 때는 인내로써 대적해야지 순식간에 물러갔다고 나는 해방이다 그렇지 않습니다. 마귀와의 싸움에는 인내로써 대적해야 되는 것입니다. 육신의 정욕과 안목의 정욕과 이생의 자랑은 세상으로부터 오는 것인데 이것을 우리가 끊임없이 대적해야 되는 것입니다. 술 먹는 사람이 술잔 한번 탁 깼다고 술 안 먹나요! 술 먹게 하는 귀신을 쫓아냈다고 술 안 먹나요! 또 술이 생각나고 대적하고 또 술이 생각나면 대적하고 계속해서 대적해서 물리쳐야지 단 한번 고함치고 대적다고 물리친다고 썩 물러가지 않습니다.

그러므로 우리는 육신의 정욕과의 싸움도 끊임없는 인내가 필요한 것입니다. 회개하고 또 하나님께 부르짖고 회개하고 부르짖고 그래서 마음이 정결하게 되고 이기게 되는 것입니다. 디모데전서 6장 11절로 12절에 "오직 너 하나님의 사람아 이것들을 피하고 의와 경건과 믿음과 사랑과 인내와 온유를 따르며 믿음의 선한 싸움을 싸우라 영생을 취하라 이를 위하여 네가 부르심을 받았고 많은 증인 앞에서 선한 증언을 하였도다" 믿음의 선한 싸움을 싸우는데 큰 인내가 필요하다는 것입니다. 참고 싸워야지 급하면 안 되는 것입니다.

베드로전서 5장 8절로 10절에 "근신하라 깨어라 너희 대적 마귀가 우는 사자 같이 두루 다니며 삼킬 자를 찾나니 너희는 믿음을 굳건하게 하여 그를 대적하라" 끊임없이 대적해야 됩니다. 주무시기 전에 마귀를 대적합니까? 주무시기 전에 내 몸에 붙어 있는 원수 귀신아 물러가라! 내 마음을 억압하는 원수 귀신아 물러가라! 반드시 주무시기 전에 마귀를 물리쳐야 되는 것입니다. 그러면 마귀가 물러나갑니다. 그리고 아침에 깨어 일어나서도 오늘 내가 살아가는데 나를 훼방하는 원수귀신아 물러가라! 우리가 대적하고 물리치면 마귀가 물러가고 하나님의 은혜가 같이하시는 것입니다. 물리치지 아니하면 마귀가 붙어 다니는 것입니다. 억압하고 고통을 주고 혼돈을 주고 우울하게 만들고 낙심하게 만드는 일을 하는 것입니다. 그래서 우리는 끊임없이 마귀를 대적해야 되는 것입니다. "너희 형제들도 동일한 고난을 당하는 줄을 앎이라 모든 은혜의 하나님 곧 그리스도 안에서 너희를 부르사 자기의 영원한 영광에 들어가게 하신 이가 잠깐 고난을 당한 너희를 친히 온전하게 하시며 군건하게 하시며 강하게 하시며 터를 견고하게 하시리라"고 말한 것입니다.

무엇이든지 일을 성사시키는 데는 인내가 필요한 것입니다. 인내할 수 있는 능력은 자신의 마음 안에서 나오는 것입니다. 내면이 생명의 말씀과 성령으로 꽉 채워져야 하나님으로부터 인내력이 나와서 인생을 성공하게 하는 것입니다. 예레미야가 나라를 위하여 열심이 특심하여 너무 성급하게 날뛰니깐 하나님이 예레미야를 감옥에 가뒀습니다. 네가 너무 날뛰니까 할 수가 없다. 감옥 속에서 좀 인내하며 기도를 하고 부르짖으라고…. 그곳에서 하나님 앞서 뛰지 말고 기도하고 참고 기다리면 하나님이 가르쳐 주겠다고 했습니다. "너는 내게 부르짖으라. 내가 네게 응답하겠고 네가 알지 못하는 크고 은밀한 일을 네게 보이리라"(렘 33:3). 우리에게 어떤 일이 다가오면 하나님 앞에 오래 인내하고 부르짖고 기도하고 참으면 하나님이 일을 해주시는 것입니다.

14장 영육 침체나 탈진에 잘 빠진다.

(마11:2-11)"요한이 옥에서 그리스도께서 하신 일을 듣고 제자들을 보내어 예수께 여짜오되 오실 그이가 당신이오니이까? 우리가 다른 이를 기다리오리이까? 예수께서 대답하여 이르시되 너희가 가서 듣고 보는 것을 요한에게 알리되 맹인이 보며 못 걷는 사람이 걸으며 나병환자가 깨끗함을 받으며 못 듣는 자가 들으며 죽은 자가 살아나며 가난한 자에게 복음이 전파된다 하라. 기록된 바, 보라 내가 내 사자를 네 앞에 보내노니 그가 네 길을 네 앞에 준비하리라 하신 것이 이 사람에 대한 말씀이니라. 내가 진실로 너희에게 말하노니 여자가 낳은 자 중에 세례 요한보다 큰 이가 일어남이 없도다. 그러나 천국에서는 극히 작은 자라도 그보다 크니라."

내면이 부실하면 영육의 스트레스가 심하여 영적인 침체나 탈진에 빠질 수가 있습니다. 내면이 부실하여 보이는 면에만 치중하고 자신의 내면에 관심을 두지 않아서 성령께서 자신을 장악하지 못하여 발생합니다. 성령의 역사가 전인격을 장악하지 못하여 심령이 메말라서 보이던 것이 보이지 않고 들리지 않을 때 침체에 잘 빠집니다. 크리스천은 항상 말씀과 성령으로 기도하면서 자신을 들여다보는 생활을 해야 합니다.

영적인 침체가 왔을 때 나타나는 현상 가운데 많이 보이는 것이 마음이 강퍅해지고 교만해지는 것입니다. 스스로 자만하여 믿음의 조언을 귀찮아하거나 들으려 하지 않고 자신이 스스로 알아서 모든 부분을 다 할 수 있는 양 나름의 생각합니다. 또한, 별일 아니고 시간이 조금 흐르면 해소가 된다는 안일한 생각으로 지나쳐 버리거나 방관하기도 합니다. 시간이 지나면 영육의 질병으로 진전이 됩니다.

영적 침체 중에는 들려줘도 들으려 하지 않을 뿐만 아니라, 오히려 믿음의 조언을 하는 것을 못마땅하게 여기기도 합니다. 하나님과의 관계뿐만 아니라, 다른 많은 부분이 막혀 버리기 때문에 마음이 참으로 답답합니다. 믿음의 조언을 들으면 그 믿음의 조언이 다 맞는 것은 인정할 수 있지만, 막상 자신이 그렇지 못하기 때문에 답답해합니다. 이런 분들은 자신이 자신을 볼 수 있도록 해야 합니다. 다른 사람들의 조언을 듣지 않을뿐더러, 역 효과를 초래할 우려가 있기 때문입니다. 시간이 흘러 영적인 눌림이 나타나고 영적인 무기력에 빠지기 시작하면 스스로 치유하려고 노력하게 됩니다. 영적인 침체기에 들어선 분들은 대부분 생각해서 들려주는 말들이 위로가 되지 못하고 믿음의 조언도 오래가지를 못합니다. 그렇기에 자신의 입장에서 생각하고, 부정적으로 바라보며, 자신의 입장에서만 생각을 고집하게 됩니다. 한마디로 이기주의자입니다. 영적인 침체는 더불어 육적인 침체를 함께 동반하기도 합니다.

몸이 많이 피곤하고, 감정이 가라앉으며, 의욕을 잃기도 합니다. 그렇기 때문에 영적인 침체 중에는 별것 아닌 말에 상처나 스트레스를 받기도 하고, 때로는 별일 아닌 것에 지나치다 싶을 정도로 예민하게 반응을 하며, 마음속에 오래 담아 두기도 합니다. 혈기가 심해지기도 합니다. 육체적인 침체로 인해 해야 할 일을 귀찮아하거나 게을러지는 대신에 자신이 세상 적으로 좋아하던 것에는 애착을 넘어 집착을 하게 되어 세상적인 것에 빠지기도 합니다. 이상하게 세상 사람들이 모이는 곳을 좋아합니다.

또한, 헛된 세상의 것들을 통해 기쁨과 즐거움을 얻고자 합니다. 그러나 그것은 잠시 육적인 만족을 줄지는 모를지언정 영적인 치유와 회복을 이룰 수 없고, 영적인 침체를 더욱 더 깊게 할 뿐입니다. 영적인 침체는 그 침체를 경험해 보지 않은 이상 침체에 대해 이렇다 저렇다 말할 수 없습니다.

영적인 침체가 얼마나 힘들고 외로운 것인가를 말입니다. 그렇기 때문에 영적인 침체 가운데 있는 사람에게는 영적인 침체를 이기고 승리한 친구나 조언자가 필요합니다. 영적인 멘토가 있어서 조언을 듣고 순종하면 금상첨화일 것입니다. 그런데 영적인 조언을 듣지 않고 순종하지 않습니다. 분명하게 세상적인 말과 조언으로는 영적인 침체 가운데 있는 마음에 위로가 되지를 않습니다.

영적인 침체를 하나님을 의지하며 승리하면 신앙생활이나 우리들 각자의 삶이 한 단계 업그레이드 되게 되지만, 반대로 이를 이겨내지 못하면 신앙생활이 후퇴하거나 하나님을 원망하며 예수를 떠나기까지 합니다. 목회자는 목회를 하지 못할 수도 있습니다. 그런데, 영적인 침체는 모든 사람들이 경험하는 것이라고 말할 수는 없어도 그렇다고 자신 혼자만 받는 것이라고 말할 수는 더욱 없습니다. 하나님의 뜻과 계획하심을 따라, 하나님의 때에 받게 될 수 있는 것이기 때문에 그렇습니다.

그래서 꼭 부정적인 것으로 여겨서는 안 됩니다. 영적인 침체를 통하여 자신을 발견하고 한 차원 깊은 영적인 수준으로 발전할 수가 있기 때문입니다. 영적인 침체 중에는 무엇인가에 많이 눌리는 것을 경험하게 됩니다. 그렇기 때문에 기도도, 찬양도, 말씀 묵상도, 예배드림도 하나님 앞에 온전한 모습으로 들이지를 못하고 막히는 것을 경험하게 됩니다. 그래서 하나님과의 교제를 포기하고픈 생각을 갖게 됩니다. 그런데, 그러한 생각은 하나님의 성령이 우리 영혼에 부어 주시는 것이 아니라, 악한 어둠의 영이 우리들의 마음속에 속삭이는 거짓말임을 깨달아야 합니다.

기도가 잘되든 되지 않던 기도나 말씀 묵상이나 예배드림을 포기하는 것은 어둠의 영의 계략에 완전히 넘어가게 되는 것임을 말씀드리고 싶습니다. 비록 힘들고 어려워도 다시금 하나님이 치유해 주시는 때까지 끈질기게 믿음으로 나아가야 합니다. 기도와 말씀과 예배를 포기하는 것은 더욱 침체를 깊게 할 수 있고 하나님과의 거리를 멀어지게 하여 치유와 회복을 받을 수 있는 길을 버리게 되는 어리석음을 범하게 됨을 간과해서는 안 될 것입니다. 하나님은 우리들에게 감당할 수 있는 부분을 허락하신다고 말씀하셨습니다.

영적인 침체 가운데 있을 때 이를 피할 수 있는 유일한 길은 바로 세상적인 방법과 수단이 아닌 성령의 역사와 예수님의 보혈의 능력 밖에는 없다는 것을 말씀드리고 싶습니다. 비록 기도가 안 되고, 말씀 묵상이 잘 되지 않아도 하나님은 그런 가운데서도 우리들의 신음까지도 버리시지 않으시고 들으시기에 하나님과의 연결된 끈을 내 자신 스스로 놓아 버려서는 안 될 것입니다.

영적인 침체는 세상적인 것을 통해 해소할 수도 없고 피할 수도 없습니다. 즉, 세상적인 것은 영적인 침체의 피난처가 되지 못한다는 것입니다. 영적인 침체 가운데 유일한 피난처는 예수님 밖에 없습니다. 자신 안에 계신 성령님께 집중하고 찾고 두드려야 합니다. 원인을 알아내야 합니다. 그 믿음을 가지고 끝까지 끈질기게 나아가야 합니다. 아마도 어둠의 영은 세상의 것들을 보이며 그것들을 통해 영적인 침체를 해소하라고 유혹할 것입니다.

그러나 그러한 어둠의 영이 가져다주는 것은 우리의 영혼을 회복시켜 주는 것이 아니라, 오히려 우리들의 영혼을 하나님으로부터 이간질시키며 타락과 멸망의 길로 인도한다는 사실을 잊지 마시기 바랍니다. 오로지 예수님과 성령님께만 치유와 회복과 길과 생명이 있음을 알아야합니다.

우리가 등산을 할 때 산에 올라 그 정상에 서는 기쁨은 이루 말할 수가 없습니다. 그러나 정상에 오르고 나면 다시 골짜기로 내려가야만 합니다. 지나온 우리 신앙생활도 가만히 살펴보면 정상과 골짜기가 반복되었음을 발견하게 됩니다. 지난날 우리는 정상에 올라 성령 충만한 가운데 하나님께서 베푸신 큰 축복 속에서살 때가 있었습니다. 그러나 때때로 계곡과 골짜기로 내려가면서영적으로 형편없는 삶을 살 때도 있었습니다. 믿음이 흔들려 영적인 무기력증에 빠져 지낼 때도 있었습니다. 우리는 영적인 침체기가 올 때 그것을 잘 극복하고 넘겨야 올바른 신앙생활을 할수 있습니다.

첫째, 영적침체로 나타나는 현상. "성령 충만하다."라는 것이하나님으로 우리들의 영혼과 삶이 충만한 것이라면, 영적인 침체는 그와 반대로 영적으로 메마르고 기근 현상이 나타나며, 우리들의 신앙이 제자리에 머무르거나 퇴보하는 것을 의미합니다. 영적인 침체가 그 무엇보다도 힘들고 고달픈 것은 은혜 충만한 우리들의 삶이 서서히 식어가면서 은혜의 소멸로 말미암아 지극히영적으로 메마르면서 우리들의 영혼이 세상적인 모습으로 변질되어 가는데 있는 것입니다.

영적으로 침체 현상을 보이면 나타나는 현상이 있습니다. 첫째는 무엇보다 영적으로 게을러지고 나태해집니다. 둘째는 영적인기갈로 말미암아 세상적인 것에 마음을 빼앗기며 세상적인 것을기뻐하고 즐거워하게 됩니다. 셋째는 하나님과의 교제가 막히면서 하나님께 무관심하게 되고 하나님을 멀리하게 됩니다. 넷째는 지극히 자기중심적이고 세상중심적인 모습을 보입니다. 다섯째는 주변 사람의 조언을 귀담아 듣지 않습니다. 여섯째는 영적인 카리스마와 능력을 잃어 스트레스에 눌리게 됩니다. 일곱째는 죄에 대해 무감각해지면서 죄 된 삶을 살아가게 됩니다. 여덟째는 그 어느 때보다 무능력하다는 것과 무기력하다는 것을 느끼게 됩니다. 아홉째는 세상적인 것에 얽매이고 집착하는 모습을 보입니다. 열 번째는 위의 것들이 잘못되었다는 것을 알면서도 이를 통제하거나 이겨낼 수 있는 힘이 없습니다. 열한째는 감정적으로도 많이 다운이 되면서 자기정체성이 흔들리게 됩니다.

영적인 침체는 하나님의 뜻과 섭리가운데 있는 것입니다. 내 자신이 들어가고 싶다고 해서 들어갈 수 있는 것도 아니고, 들어가기 싫다고 해서 거부되어지지도 않는 것입니다. 무엇보다 내 자신이 영적인 침체 가운데 있다는 사실을 인지하지 못하고 살아가는 것이 마음을 힘들게 하고 안타깝게 할 따름입니다. 영적인 침체는 하나님에 의해서만 극복되어질 수 있는 것입니다. 그렇기 때문에 영적인 침체를 경험하게 될수록 하나님을 그 어느 때보다 더 찾아야 하고 의지해야 합니다. 비록 하나님의 응답이나 하나님의 어떠한 반응이 없을지라도 말입니다. 그러나 우리들이 명심해야 할 것은 영적인 침체가운데 있다고 하여도 하나님께서 우리들의 영혼을 포기하거나 버리시지는 않으신다는 것입니다. 영적인 침체 속에서도 우리들의 영혼을 바라보시고 함께 하시며 우리들을 떠나가시지 않는다는 것입니다. 다만, 우리들이 하나님을 못 느낄 뿐이고 하나님이 안 계신 것처럼 느낄 뿐입니다. 영적인 침체를 이기고 승리할 때 하나님께서 우리들에게 허락하시는 은혜와 사랑은 가히 말로 표현할 수가 없습니다.

우리들에게 주어질 하나님의 은혜는 그만큼 그 어느 때보다도 소중하고 귀하게 여겨질 것입니다. 그렇기 때문에 우리들은 실망과 좌절하지 말고 하나님이 허락하실 장래를 소망하면서 하나님만을 의지하고 바라보는 믿음을 가져야 합니다. 그것이 비록 힘들고 고달프고 어렵고 때로는 아플지라도 말입니다.

둘째, 우리들도 영적인 침체를 겪을 수 있다. 오늘 본문 말씀에서 우리는 하나님의 의해 놀랍게 쓰임 받았던 한 사람을 만납니다. 그는 세례요한입니다. 그런데 지금 세례요한이 영적인 침체 속에 있는 것을 보게 됩니다. 세례요한은 어떤 사람이었습니까? 세례요한은 주의 길을 예비하라고 하나님에 의해 보내심을 받은 사람입니다. 세례요한은 예수님을 보고는 "보라 세상 죄를 지고 가는 하나님의 어린양이다"(요1:29) 라고 확신에 찬 음성으로 말하면서 예수님께서 인류의 죄를 담당하시기 위해서 돌아가실 메시야이시며 구세주이심을 증거 했던 사람입니다. 세례요한은 언제나 확신과 열정을 가지고 말씀을 선포했었습니다. 그 누구도 세례요한의 생애 속에서 예수님에 대하여 털끝만큼도 의심하는 모습을 찾아 볼 수가 없었습니다.

그런데 지금 세례요한은 헤롯왕에 의해 교도소에 갇혀 있었을 때 제자들을 보내 예수님께 묻기를 "오실 그이가 당신이 오니이까? 우리가 다른 이를 기다리오리이까?"(3절) 라고 질문하는 것을 보게 됩니다. 지금까지 줄곧 예수님을 가리켜 "보라, 예수님은 하나님의 어린양이며, 우리가 그토록 기다렸었던 메시야시며, 구세주이시다" 라고 외쳤던 세례요한이 이제 와서는 예수님을 향하여 "정말 오실 메시야가 당신입니까?"라고 묻고 있는 것입니다. 참으로 너무나 충격적인 소식을 우리는 접하게 됩니다. 우리는 이 사실을 통하여 아무리 믿음이 강한 그리스도인이라 할지라도 오랫동안 영적인 침체 속에서 지내게 되면 믿음이 연약해 지고 흔들릴 수 있다는 것을 깨닫게 됩니다. 영적 침체에 빠지면 지금 돌아가시면 천국가실 수 있나요. 죽어보아야 알지요. 이렇게 대답하게 됩니다. 필자가 병원에 능력전도 다니면서 권사님에게 질문하니 그렇게 대답을 했습니다.

셋째, 우리는 언제 영적인 침체에 빠지게 됩니까?

1) 나의 생각대로 일이 이루어지지 않게 될 때 영적 침체에 빠질 수 있습니다. 세례요한은 하나님의 나라가 자기 당대에 속히 임하게 되기를 바랐던 것 같습니다. 그런데 자기 생각대로 하나님의 나라가 임하지 않았고 세례요한은 교도소에 갇히게 되었습니다. 세례요한은 예수님이 오시면 곧바로 하나님의 나라가 임하게 될 줄 알았는데 그렇게 되지 않자 세례요한은 의심과 갈등 가운데 "예수님, 당신이 우리가 기다렸던 메시야입니까?"라는 질문

을 하게 된 것입니다.

언제 우리의 신앙생활이 흔들리고, 언제 우리가 영적인 침체에
빠지게 되는지 아십니까? 어떤 일이 내 생각대로 되어져야 한다
고 생각하는데, 그 일이 내 생각대로 이루어지지 않게 될 때 우리
의 믿음은 흔들리기 쉽습니다. 우리의 사업이 잘되고, 가정이 잘
되고, 건강하고, 직장에서 승진이 잘되고, 원하는 상급학교에 진
학을 하게 될 때 하나님을 부인하고 의심하는 사람은 없습니다.
그때는 하나님께서 베풀어주신 일들로 인하여 감격하고 감사하
면서 하나님을 찬양합니다. 그러나 때때로 우리의 생각대로 일들
이 주어지지 않을 때가 있습니다. 바로 그때 자칫 잘못하면 우리
는 영적인 침체와 신앙의 위기를 만날 수 있습니다.

2)우리의 환경이 어렵게 바뀔 때 영적 침체에 빠질 수 있습니
다. 지금 세례요한은 교도소에 갇혀 있을 때 이런 말을 하고 있는
것입니다. 세례요한은 이전까지는 자유로운 몸으로 광야에서 하
나님을 증거 하면서 하나님의 일을 행했었습니다. 그런데 이제는
환경이 바뀌어 교도소에 갇히게 되었습니다. 환경이 바뀌게 되
니까 지금까지 예수님에 대해 확신에 찬 믿음을 가지고 있었던 세
례요한은 믿음이 흔들리게 된 것입니다.

우리가 때때로 영적인 침체와 위기를 만날 때가 있었다면 그때
가 언제였는지 생각해 보시기 바랍니다. 이사를 가서 한동안 영
적인 침체에 빠지기도 합니다. 다른 때가 아니라, 우리에게 주어
져 있는 환경이 바뀔 때였을 것입니다. 우리가 항상 열정과 감격

을 가지고 하나님을 사랑하면서 예수님의 사랑 속에서 믿음의 확신 속에 살아야 하는 것이 정상적인 신앙생활입니다. 하지만 오랜 신앙 속에서 힘들고 어려운 환경이 계속되면 우리의 믿음도 흔들릴 수 있습니다.

넷째, 어떻게 할 때 영적 침체에서 벗어날 수 있습니까?

1) 자신의 상태를 솔직하게 털어놓아야 영적 침체에서 벗어날 수 있습니다. 세례요한은 제자들에게 자신이 영적으로 침체되어 있는 사실을 말했습니다. 그리고 제자들로 하여금 예수님께로 가서 다시 예수님이 정말 메시야 인지를 알아오라고 했던 것입니다. 세례요한의 제자들은 지금까지 줄곧 예수님을 메시야라고 증거 하는 확신에 찬 세례요한의 증거를 들어왔었습니다. 그런데 지금 세례요한은 "나에게는 예수님이 메시야라는 확신이 없으니 너희들이 가서 예수님이 메시야 인지를 다시금 확인하고 오너라"고 말했던 것입니다.

세례요한은 모든 자존심을 뿌리쳤습니다. 그리고 "나의 연약한 믿음을 다른 사람이 보면 뭐라고 평가할 것인가?"에는 별 관심을 갖지 않았습니다. 세례요한은 예수님이 어떤 분인지 확신하면서 다시금 흔들리지 않는 확고한 믿음 가운데 거해야 되겠다는 일념으로 예수님께 제자들을 보냈고 흔들리는 문제를 물었던 것입니다.

우리가 믿음이 흔들리는 영적 침체기를 맞을 때 아주 잘못 행하는 것 한 가지를 말한다면 그것은 사람의 눈을 너무 크게 의식하는 것입니다. 신앙생활은 하나님과 나와의 관계입니다. 그러므로 하나님과 나와의 관계가 잘못되어 있다면 어떠한 대가라도 지불하고서라도 하나님과의 관계를 바로 해야만 합니다.

그런데 많은 사람들은 자신의 믿음이 흔들리고 영적으로 침체 상태에 있는데도 다른 사람의 시선을 의식하면서 이렇게 말합니다. "내가 이러한 직분을 가지고 있는데, 내가 오래 믿어왔고 신앙의 연륜을 가지고 있는데, 내가 전에 이런 간증을 했었는데, 다른 사람들이 내가 연약한 가운데 있다는 것을 알면 뭐라고 이야기 할 것인가?" 거기에 너무 신경을 씁니다. 제일 중요한 것은 하나님과 나와의 관계를 회복하는 것인데도 말입니다.

세례요한은 진정한 용기를 가지고 솔직한 가운데 하나님과의 관계를 회복시키는 것이 제일 중요하다는 한 가지 사실을 가지고, 제자들을 예수님께 보내어 메시야 임을 확인시켜 달라고 했던 것입니다. 우리들도 영적인 침체에서 벗어나려면 세례요한과 같은 결심을 해야만 합니다.

우리 가운데 많은 성도님들이 예수님을 영접하여 구원받은 확신 속에서 믿음의 생활을 하는 줄 압니다. 그러나 우리 가운데 예배는 참석하고 있지만 지금 죽으면 천국 갈 확신이 없는 분이 있을 수 있습니다. 예수님께서 나의 죄를 다 담당하시고 해결하신 나의 구주라는 것을 확신하지 못한 채로 살고 있는 분이 있을 수 있습니다. 그러한 분이 있다면 다른 사람들의 시선을 생각하지 말고, 하나님 앞에서 자신의 믿음이 어떠한지를 확신하기 위하여 하나님과 자기 자신을 속이지 말고 솔직하시기 바랍니다. 세례요한은 자기의 체면과 명예와 지위와 다른 사람의 평판을 전혀 생각하지 않았습니다. 세례요한은 하나님 앞에서 흔들리지 않는 믿음의 확신 가운데 거하기를 원했던 것입니다.

바라기는 모든 분들이 하나님과 자신과의 관계 속에서 구원받은 사실을 확신하면서 삶을 살기를 바랍니다. 자신이 오늘 돌아가신다면 천국 갈 확신이 있으십니까? 이 확신이 없다면 "내가 어떻게 하면 구원받을 수 있는지 이것을 내가 오늘 해결하겠다." 라는 마음을 가지고 예수님께 나와서 문제를 해결함으로 구원의 확신 속에서 신앙생활 하시기 바랍니다.

2) 하나님의 말씀을 확신하게 될 때 영적 침체에서 벗어나게 됩니다. 세례요한이 자기의 문제를 가지고 솔직하게 예수님께 나왔을 때 예수님께서는 세례요한에게 하나님의 말씀을 들려주심으로 영적 침체에서 벗어나게 해 주셨습니다. 예수님께서는 이사야서 61장 1,2절의 말씀을 들려주셨는데 그것은 메시야가 와서 하실 일들에 대해 기록한 말씀입니다. "앉은뱅이가 일어나고, 문둥이가 깨끗함을 받고, 귀머거리가 들으며, 가난한 자에게 복음이 전파되는 일"은 메시야가 오셔서 할 일이었습니다.

세례요한은 이사야서 61장 1,2절 말씀의 내용을 잘 알고 있었습니다. 그러나 세례요한은 교도소 안에 있으면서 그 말씀을 놓치고 있었던 것입니다. 예수님께서 세례요한을 영적으로 자시 회복시켜 주실 때 전에 들었고, 전에 알고 있었던 말씀을 다시 한 번 들려주심으로 확신 속에서 능력 있는 신앙생활을 하도록 하셨습니다.

우리가 영적으로 침체와 무기력 가운데 있을 때 어떻게 하면 다시 굳건한 믿음 가운데 살 수 있게 될까요? 그것은 전에는 알고 있었지만, 지금은 멀어져 있고 희미해져 있는 하나님의 말씀이 내 중심에 다시 새겨 지게 될 때 굳건한 믿음으로 살게 된다는 것을 기억하시기 바랍니다. 그러므로 영적 침체를 벗어나기 위하여 제일 먼저 우리가 해야 할 것은 하나님의 말씀이 있는 곳으로 나와야 하는 것입니다. 나와서 부르짖어야 합니다. 성령으로 충만 받아야 합니다. 자신 안에 계신 하나님과 관계를 열어야 합니다.

우리가 영적으로 침체되는 것은 하나님의 말씀 안에서 살고 있지 않기 때문입니다. 성령의 인도 없이, 말씀을 울타리 삼아서 살고 있지 않기 때문에 영적인 침체에 빠지게 되는 것입니다. 하나님의 말씀이 자신의 마음과 생각을 지배하게 되면 영적으로 침체된 삶에서 쉽게 벗어날 수 있습니다. 그러므로 우리가 영적 침체에서 벗어나기 위해서 날마다 말씀을 묵상하고 날마다 말씀을 가까이 하면서 하나님께서 성령을 통하여 주시는 말씀을 붙잡고 살아가면 우리는 영적인 침체로부터 벗어날 수 있게 됩니다. 그러므로 영적 침체 가운데 있다면 다른 것을 구하지 말고, 하나님의 말씀으로 다시금 새롭게 되기 위하여 하나님의 말씀을 구하는 성도님들이 되시기 바랍니다.

3) 칭찬과 격려를 받게 될 때 영적 침체에서 벗어날 수 있습니다. 세례요한은 지금 교도소 안에 있으면서 예수님에 대한 믿음이 흔들리고 있는 상태에 있었습니다. 그런데 예수님께서는 세례요한을 인정하고 칭찬해주고 높여주시는 것을 보게 됩니다. 영적 침체에서 벗어나려면 칭찬과 격려를 해 주어야 합니다(7-11절). 우리가 때로는 영적인 밑바닥에서 살 때가 있습니다. 그때 사람들은 우리의 실망스러운 모습을 보면서 비난하고 책망하며 험담하기가 쉽습니다.

지금 세례요한은 모든 사람들이 보기에 심히 실망을 안겨주는 영적으로 침체된 상태에 있었습니다(2,3절). 그런데도 예수님께서는 세례요한의 제자들을 돌려보낸 후에 세례요한에 대하여 칭찬할 수 있는 최상의 칭찬을 하시는 것을 보게 됩니다(7-11절). 예수님은 11절에서 "내가 진실로 너희에게 말하노니 여자가 낳은 자 중에 세례요한보다 큰이가 일어남이 없도다"라고 말씀하시면서 이 세상의 수많은 사람들 중에서 가장 큰 자가 세례요한이라고 말씀해 주셨습니다. 그러나 사실상 세례요한은 지금 영적인 밑바닥에 있었습니다. 예수님에 대하여 의심하고 있었지만, 예수님은 세례요한을 세워 주시고 격려해 주심으로 영적 침체에서 벗어날 수 있게 해 주셨습니다. 자신을 영적침체에서 일어서게 하실 분은 하나님이십니다. 성령으로 기도하여 하나님과 관계를 열기 바랍니다.

15장 육체적인 질병으로 고생한다.

(요 17:11)"나는 세상에 더 있지 아니하오나 그들은 세
상에 있사옵고 나는 아버지께로 가옵나니 거룩하신 아버
지여 내게 주신 아버지의 이름으로 그들을 보전하사 우리
와 같이 그들도 하나가 되게 하옵소서"

하나님은 예수님으로 하나 되기를 소원하십니다. 예수님은 성
령으로 우리 안에 오셨습니다. 그렇기 때문에 성령으로 하나가
되라는 말씀입니다. 우리 주변에 보면 아가씨 때 믿음이 좋아, 교
회에서 찬양대로 봉사하고, 율동도 잘하고, 주일학교 선생님도
잘하고, 새벽기도도 빠지지 않고 참석하며 열심을 내던 자매가
결혼하여 시름시름 아프다가 우울증에다가 불면증에다가 마음의
병으로 고생하는 분들이 있습니다. 이는 모두 내면이 부실하기
때문에 일어나는 현상입니다. 외형적인 신앙생활을 했기 때문에
내면을 생명의 말씀과 성령으로 채우지 못한 연고로 당하는 고통
입니다.

한번 생각해 보세요. 불신결혼은 하지 않았을 것입니다. 그런
데도 왜 정신적으로 육체적으로 문제가 생깁니까? 내면의 상태
가 부실하기 때문입니다. 생명의 말씀과 성령으로 마음속을 채우
지 못한 연고로 당하는 일입니다. 문제는 두 가지 이유로 생깁니
다. 첫째는 시댁이 율법적이고 행위적인 믿음생활을 하기 때문입

니다. 자매의 충만했던 영이 활성화되지 못하고 눌리니까, 갑갑해 하다가 생기는 현상입니다. 둘째는 시댁이 생명의 말씀과 성령으로 충만하게 믿음 생활을 하는데, 반대로 자매가 율법적이고 행위적인 믿음생활을 했기 때문입니다. 자매의 이성과 육체에 역사하던 세상신이 눌림을 당하기 때문에 일어나는 현상입니다. 둘 다 영적인 문제로 내면이 성령으로 충만하지 못하여 발생하는 것입니다.

마음 안에 성전에 생명의 말씀과 성령으로 충만하게 채워서 권능이 흘러넘치는 영성이 되었으면 어디를 가나 환경과 장소를 장악했을 것입니다. 내면에서 성령의 역사가 나타나는 믿음생활이 무엇보다 중요합니다. 분명하게 하나님은 "나의 계명을 지키는 자라야 나를 사랑하는 자니 나를 사랑하는 자는 내 아버지께 사랑을 받을 것이요, 나도 그를 사랑하여 그에게 나를 나타내리라 (요 14:21)" 예수님께서는 분명하게 "나도 그를 사랑하여 그에게 나를 나타내리라" 자신에게서 예수님이 나타나시는데 어떤 환경이나 장소를 장악하지 못할 이유가 없는 것입니다. 내면을 강하게 하는 믿음생활을 해야 합니다. 내면을 강하게 하는 믿음생활이란 자신 안에 성전을 견고하게 짓는 생활을 말하는 것입니다.

크리스천은 영적인 존재들입니다. 우리의 주인인 하나님은 영이십니다. 영이시면서 살아계십니다. 인간적인 눈으로 보이지 않는다는 것입니다. 믿음의 눈으로 보아야 보입니다. 욥기에 욥이 고백하기를 "내가 주께 대하여 귀로 듣기만 하였사오나 이제는 눈으로 주를 뵈옵나이다(욥 42:5)"하였습니다. 이렇게 눈으로 하나님을 보는 수준으로 자라야 합니다. 하나님을 눈으로 보는 수준으로 자라려면 영적인 존재들을 인정하게 볼 수가 있어야 하고 대처할 수가 있어야 합니다. 하나님의 대적인 사단, 마귀, 귀신들도 영적인 존재들입니다. 인간적인 눈으로 볼 수가 없으나 살아 있는 실존하는 존재들입니다. 이들이 크리스천을 공격하면서 괴롭게 합니다. 그렇기 때문에 교회에 다니면서 담임목사님이 영적인 존재들에 대한 설교 말씀을 전할 때 다른 사람에게 하는 말로 듣지 말고 자기에게도 일어날 수 있다는 믿음으로 받아들여야 내면이 강해질 수가 있는 것입니다. 많은 분들이 교회에는 악한 영들이 활동하고 있지 않는 것으로 믿고 있습니다. 자기는 직분도 있고 많이 알고 열심 있게 믿음생활을 하기 때문에 귀신하고 상관이 없다고 생각합니다. 그리하여 귀신에 대하여 관심을 갖지 않습니다. 그렇기 때문에 앞에 설명한 자매와 같은 경우를 당하는 것입니다. 바르게 알아야 할 것은 예수를 믿은 크리스천이라도 육체를 가졌기 때문에 살아 역사하시는 성령께서 완전하게 장악하지 않은 상태라면 얼마든지 귀신이 침입할 수가 있는 것입니다. 관심을 두지 않고 무시하기 때문에 당하는 것입니다. 우리를 괴롭게 하는 귀신들은 예수를 믿고 교회에 다니는 크리스천이라도 이성과 육체를 통하여 활동할 수가 있는 것입니다. 그렇기 때문에 악한영의 역사를 무시하지 말고 자신에게도 일어날 수가 있다고 긍정적으로 생각하여 받아들이면서 대처하려고 해야 내면이 건실해지는 것입니다. 귀신 역사의 무시는 정말로 무서운 독입니다.

결혼하여 살아가면서 이와 같은 고통을 당하지 않으려면 예수로 하나 되는 것이 중요합니다. 예수를 믿는 것으로 하나가 아니라, 성령으로 하나가 되어야 한다는 말입니다. 많은 분들이 예수로 하나 되는 것을 예수 믿는 것으로 하나 되는 것으로 이해하는 경우가 있습니다. 필자가 그동안 성령치유 사역을 하다가 보니까, 예수를 믿고 살아계신 성령으로 하나가 되어야 한다는 것을 뼈저리게 느끼고 있습니다. 이유는 예수님은 말이 아니고 살아계신 영이십니다. 눈으로 보이지 않지만 살아계십니다. 살아계신 예수님이 마음 안에 주인으로 계셔야 한다는 것입니다. 왜냐하면 사람은 육적이면서 영적인 존재입니다. 예수님께서도 믿는 사람을 통하여 나타나십니다.

마귀와 귀신도 사람을 통하여 자신들의 특성을 나타냅니다. 그렇기 때문에 살아계신 예수님께서 장악을 해야 마귀와 귀신의 영향에서 완전하게 벗어날 수가 있는 것입니다. 이론적으로 예수를 믿었다고 한다면 얼마든지 마귀와 귀신이 수시로 공격할 수가 있기 때문입니다. 그렇기 때문에 "나는 세상에 더 있지 아니하오나 그들은 세상에 있사옵고 나는 아버지께로 가옵나니 거룩하신 아버지여 내게 주신 아버지의 이름으로 그들을 보전하사 우리와 같이 그들도 하나가 되게 하옵소서(요 17:11)"라고 말씀하신 것은 성령의 지배와 장악 당하게 하라는 말씀입니다. 성령으로 지배와 장악이 되지 않으면 예수를 믿으면서도 얼마든지 마귀와 귀신의 공격으로 불필요한 고통을 당할 수가 있다는 것입니다. 결혼을 하게 되면 한쪽의 영향으로 알지 못하는 이유로 영육의 고통을 당할 수가 있다는 것입니다. 그렇기 때문에 아브라함은 25년 동안 연단을 받았고, 야곱은 20년간 연단을 받았고, 요셉은 13년간 연단을 받은 것입니다. 이 기간 동안 아담의 때를 벗기고 온전하게 하나님만 바라보는 사람으로 바뀌게 한 것입니다. 자신의 대에서 처음 예수를 믿는 사람들은 이점을 염두에 두고 믿음생활을 해야 불필요한 고통을 당하지 않을 것입니다. 처음 이런 이론을 접하시는 분들은 이해가되지 않겠지만, 세월이 흐르고 나면 모두 이해할 수가 있을 것입니다. 예방이 중요하기 때문에 필자가 이런 논리를 말하는 것입니다.

첫째, 질병은 자율신경 계통의 흐름과 부조화로 생긴다. 내면이 생명의 말씀과 성령으로 꽉 채워져 영혼이 만족하면 자율 신경계통의 흐름과 조화가 정상적이 됩니다. 그러나 반대는 인간에게 모든 문제가 발생하게 됩니다. 모든 질병의 대부분이 자율 신경의 부조화에서 나오는 경우가 많기 때문에 내 영이 무거운 죄짐이나, 불평이나, 원망의 무서운 독소에서 자유 함이 있어야 합니다. 자율 신경의 조화는 주로 마음의 평안과 영의 기쁨을 항상 유지하게 됩니다. 자율 신경의 교감신경은 불안 좌절 분노, 등의 결과를 유발하고, 부교감 신경은 주로 기쁨, 화평, 감사, 용서, 사랑, 절제, 인내, 자비와 양선과 충성과 온유함을 주관합니다. 그래서 하나님은 빌립보서 4장 4절에서 "주 안에서 항상 기뻐하라 내가 다시 말하노니 기뻐하라." 하시는 것입니다. 포도나무의 가지가 원줄기에 붙어 있어야 하듯이, 우리의 영적 생명과 성령의 역사는 생명의 근원 되시는 예수님에게 붙어 있어서, 영적 신령한 생명이 계속 공급을 받아서 끊임없이 흘러나오거나 솟아나야 합니다. 이러한 생명의 흐름이나 성령의 흐름이 성경에서는 기름부음이라는 표현으로 설명되고 있습니다.

이러한 예수의 생명이 흘러넘치는 역사가 충만하기 위해서는 속사람(영)이 강건해야 하는데, 이 속 사람은 자율신경의 부교감 신경에 주로 영향을 받게 됩니다. 자율 신경의 조화를 이루지 못하고, 분노나 불안이나 좌절 등을 일으키면 위장, 간, 심장, 폐, 등 오장육부의 혈관 정맥, 근육 등에 뻗어 있는 자율 신경에 자극을 주게 되어, 신체에 이상을 일으키고 질병을 유발시킵니다.

모든 쓰라림과 원한은 첫째 분노로부터 시작되어 이것이 신체에 공급되는 아드레날린을 지나치게 분비시킵니다. 신체는 분비된 아드레날린의 초과량을 흡수할 수 없습니다. 결과적으로 그것은 신장으로 가지만 그러나 신장은 이 초과량을 수용할 수 없습니다. 그 결과로 그것은 신체의 관절에 모여 관절염을 일으킵니다. 관절염을 앓는 사람은 자신의 삶을 성찰하고, 혹 다른 사람에 대한 쓴 뿌리와 용서하지 않는 마음을 품고 있는지 여부를 알아보라고 성심성의로 충고하시기 바랍니다.

둘째, 질병의 진행 과정. 어떠한 형태의 죄이든지 적은 것이 씨앗이 되어 누룩과 같이 우리들의 정신과 마음과 육체를 파괴해 나갑니다. "죄의 삯은 사망이요 하나님의 은사는 그리스도 예수 우리 주 안에 있는 영생이니라."(롬 6:23). 표면적인 생각이 잠재의식까지 진행되어 신경 세포가 파괴되고 자율 신경이 파괴되어 자신의 생각이나 의지대로 조절이 되지 아니하게 됩니다. 말초 신경의 자극은 내장기관의 파괴를 가져오고 뿐만 아니라, 인체의 호르몬의 기능이 조화를 잃게 되고 체액과 혈액이 산성화되거나 혼탁해져서 인체의 여러 가지 질병에 대한 면역력이 상실되고, 특별한 부위의 세포가 비정상적인 세포로 파괴되면서 육체의 병으로까지 진행되어 갑니다.

영의 병과 원인이나 결과가 유사합니다. 그러나 외적인 악한 영의 영향이나 침투로 인하여 질병이 발생하는 것이 아니라, 내적인 자신의 성품이나 인격(혼)이 조화를 이루지 못한 마음인 '병든 영혼'의 죄로 말미암아 일어나는 질병입니다. 이는 상처가 주요 원인이 됩니다. 주로 특별한 신체적 장애가 없음에도 불구하고 신체적 통증을 동반하는 질병으로 대개 자율신경의 부조화를 통하여 병으로 진행이 됩니다. 자율 신경은 교감신경과 부교감신경으로 나누는데 좌절, 낙심, 분노, 미워하는 마음, 질투하는 마음, 원망하거나 불평하는 마음, 불안이나 염려나 낙심이나 두려움 등은 교감신경과에 속합니다. 반대로 기쁜 마음, 평안한 마음, 사랑의 마음이나 용서의 마음, 온유한 마음 등은 주로 부교감 신경에 속합니다.

자율신경의 균형이 조화가 깨어질 때 각종 장기의 혈관 근육 등에 퍼져 있는 세포에 영향을 주므로 신체에 이상을 일으키게 됩니다. 자율 신경을 자극하는 것이 바로 인간의 감정이나 화나 정신적 혹은 심적 스트레스를 받게 되어 평안함이 깨트려지고 하나님과의 불화가 시작되는데 이 스트레스는 하나님의 뜻대로 살지 못하거나 믿음으로 살지 못한 죄의 결과라고 할 수가 있습니다. 그래서 하나님은 "주 안에서 항상 기뻐하라 내가 다시 말하노니 기뻐하라. 너희 관용을 모든 사람에게 알게 하라 주께서 가까우시니라. 아무 것도 염려하지 말고 다만 모든 일에 기도와 간구로, 너희 구할 것을 감사함으로 하나님께 아뢰라. 그리하면 모든 지각에 뛰어난 하나님의 평강이 그리스도 예수 안에서 너희 마음과 생각을 지키시리라."(빌 4:4-7).

충격적인 상처로 감정적인 충격을 받으면 사고기능은 저하되고 합리적인 판단이 흐려져서 앞뒤를 생각할 겨를이 없이 공격적이 됩니다. 심령이 상하게 되어 본성인 육성이 드러나게 됩니다. 이러한 화가 분노로 격한 심령으로 확산됩니다. 이러한 화병이 통제되지 못하면 빈발하게 되어 병적이 되고 질병으로 진행됩니다. 충격이나 신경성 원인에 의한 모든 질병은 모두 이 혼에 속한 병인데 정신적인 질병과 육체적인 질병의 2가지 형태로 진행이 됩니다.

화나 분노가 내적으로 스며들거나 발산되지 않은 상태로 속으로 심령이 상하게 되고, 정신적인 손상이 계속되어 뇌신경 세포의 파괴가 진행되면 노이로제나 우울증 및 정신병으로 발전하게 됩니다. 그렇지 않고 내장기관의 신경세포가 손상이나 자극이 계속되면 육체적인 질병으로 발전하게 되어 신심 상관병(마음의 병)으로 발전하게 됩니다.

셋째, 내면의 부실과 질병과의 관계

1) 현대 의학은 육신의 질병을 단순히 병리학적인 차원에서 다루지 않고 유전적, 심리적이며, 영적인 분야를 함께 다루고 있습니다. 질병과 내적 상처와의 관계는 사회가 복잡해지면서 더욱 관계가 깊어지며, 육체의 질병은 유전, 환경, 식생활습관, 심리적, 영적으로부터 복합적으로 영향을 받아서 질병이 생기게 됩니다.

2) 과거 어떤 상황을 접하여 심한 감정의 상처를 입었다면 그 상황이 다시 생각날 때, 감정에 자극이 생기게 되며, 이러한 반복이 심하게 되면 신체적 질병, 심한 노이로제로 이르게 됩니다. 이렇게 됨으로 교감신경이 강화되어 분노하거나 앙심을 품는 다거나 하여, 자신의 인체 속에서 분비되는 "아드레날린"으로 인하여 신체의 여러 장기와 뼈와 신경의 손상을 가져오게 됩니다. 그리하여 시간이 경과됨에 따라 질병으로 나타나게 됩니다. 그러므로 질병이 몸 밖으로 나타났다면 상당히 시간이 많이 경과된 상태라고 이해하고 치유해야 할 것입니다. 그러므로 미리미리 말씀과

성령 충만한 신앙생활로 예방하는 것이 중요합니다.

3) 우리 민족은 역사를 통해 문화와 환경에서 아픔을 부둥켜안고 살아야만 했습니다. 반상 제도, 남존여비, 장유유서의 문화로 누르고 눌리는 악순환을 거듭했습니다. 이러한 아픔과 눌림은 단지 한 시대의 문화뿐만 아니라, 그 시대를 사는 사람들에게 커다란 감정적, 정서적 상처를 안겨 주게 됩니다. 이러한 내적 상처는 정신, 육체적 질병과 연결이 됩니다.

4) 여성인 경우 고부간의 갈등, 시댁 가족과의 관계, 남편의 문제, 경제적인 어려움 등 많은 갈등을 겪어왔습니다. 그런데 대부분의 경우 참으며 살아가는 것을 운명으로 체념하고 살아왔습니다. 이러한 이유로 인해 한국의 여성들에게 보이지 않는 내적인 질병인 화병이 생겨난 것입니다. 정신 심리학에서 화병은 어떤 충격으로 인해 신체적, 심리적으로 6개월 이상 만성적인 고통을 겪게 되는 상태를 말합니다. 화병은 심리적인 갈등, 긴장으로 인하여 정신적인 부분에 병이 발생하지만 이 부분에만 국한되지 않고 어느 정도 기간이 지나면 심폐기능, 근육, 위장 장애를 유발하게 됩니다.

5) 우리가 웃을 때, 행복할 때, 하나님을 찬양할 때, 운동을 할 때, 엔 돌핀이라고 불리는 물질이 신체 안에 배출되는데 그것은 고통을 덜고 신체의 조직에 치료(마치 약의 작용처럼)를 일으킵니다. 모든 쓰라림과 원한은 첫째 분노로부터 시작, 이것이 신체에 공급되는 "아드레날린"을 지나치게 분비시킵니다. 신체는 분

비된 아드레날린의 초과량을 흡수할 수 없습니다. 결과적으로 그것은 신장으로 가지만 그러나 신장은 이 초과량을 수용할 수 없습니다. 그 결과로 그것은 신체의 관절에 모여 관절염을 일으킵니다. 관절염을 앓는 사람은 자신의 삶을 성찰하고, 혹 다른 사람에 대한 쓴 뿌리와 용서하지 않는 마음을 품고 있는지 여부를 알아보라고 성심성의로 충고하시기 바랍니다.

넷째, 마음과 육체의 질병치유

1) 자신에게 마음과 육체에 질병이 있다는 것을 인정해야 합니다. 필자가 지금까지 성령치유 사역을 해오면서 체험한 바로는 본인의 마음과 육체에 질병이 있다는 것을 인정하기만 하면 치유는 가능합니다. 또 중요한 것은 세상 의술과 약물을 의지하여 치유하려는 생각을 하지 말고 말씀과 성령님의 역사로 치유 받겠다는 의지 또한 중요합니다. 환자가 자꾸 세상 의술에만 의존한다면 마음과 육체의 질병의 근원 치유가 거의 불가능합니다. 세상 의술은 질병이 더 진행되지 않게 하여 자신에게서 치유의 항체가 나와 치유되기를 기다리는 치유 방법이기 때문입니다. 그러나 영적인 치유는 하나님이 하시는 것이므로 마음과 육체에 발생한 질병의 근원을 찾아서 성령께서 깊은 곳에 역사하여 근원을 뽑아내며, 치유하는 것이므로 완치가 가능한 것입니다. 충만한 교회에서는 열두 가지 질병으로 고생하던 환자도 모두 치유 받고 하나님에게 영광을 돌리고 있습니다. 하나님은 못 고치는 질병이 없

다는 것을 믿으시기를 바랍니다.

2) 성령으로 세례를 받고 성령으로 충만 해야 합니다. 마음과 육체의 질병을 치유 받으려면 아담(옛 사람)이 죽어 없어져야 합니다. 그런데 아담을 죽어 없어지게 하는 것은 성령의 역사입니다. 아무리 말씀을 외워도 성령이 장악하지 아니하면 아무런 소용이 없습니다. 하나님은 육체에는 역사하시지 않기 때문입니다. 하나님은 영이시기 때문에 사람이 영적이 되어야 역사하시는 것입니다. 그러므로 성령으로 세례를 받아야 합니다. 그리고 지속적으로 성령을 요청하여 성령으로 충만해야 합니다. 성령으로 충만하여 성령이 자신을 장악하여 옛 사람이 없어지고 성령으로 거듭나면 치유가 되기 시작합니다. 그러므로 마음과 육체의 질병을 치유 받으려면 성령으로 세례를 받아야 하고 계속적으로 성령 충만해야 합니다.

3) 말씀과 성령의 역사로 내적치유를 해야 합니다. 성도님들 중에 목사님 저는 상처가 없습니다. 하시는 분들이 계시는데 육체를 가진 성도가 상처가 없을 수가 없습니다. 인생을 살아가는 것이 상처이기 때문입니다. 그러기 때문에 하나님은 이렇게 말씀하시는 것입니다. (빌4:4)"주 안에서 항상 기뻐하라 내가 다시 말하노니 기뻐하라." 상처는 모두가 다 있을 수 있습니다. 그래서 말씀과 성령의 역사로 상처를 내적 치유해야 합니다. 질병을 치유하려면 질병이 발생한 근원인 상처를 먼저 찾아서 내적치유를 해야 질병의 뿌리가 뽑히는 것입니다. 그래서 미국의 병원에서

는 환자들에게 약물만 투여하는 것이 아니라, 전문적으로 내적치유를 하시는 목사님들을 통하여 환자들에게 내적치유를 하고 있는 것입니다. 원래 내적치유는 미국의 병원에서 하던 것을 우리나라의 의사 분들이 배워서 우리나라에 접목한 것입니다. 그러므로 내적치유 없이는 질병의 완치는 불가능하다고 해도 과언은 아닌 것입니다. 내적치유를 받으려면 먼저 예수를 자신의 주인으로 영접하고 성령으로 세례를 받고 성령으로 충만해야 합니다. 내적치유는 전적으로 성령께서 하시는 사역이기 때문입니다. 저는 개인적으로 이런 견해를 가지고 있습니다. 우리나라의 모든 교회의 목사님들은 내적치유를 받아야 하고, 또한 내적치유를 할 수 있는 능력을 소유해야 한다고 생각하고 있습니다. 당신도 내적치유를 받으시기를 바랍니다. 그리고 자신의 내면에 상처가 머무르지 못하게 하시기를 바랍니다. 상처는 만 가지 문제의 근원입니다.

4) 자신의 질병의 원인을 찾아야 합니다. 필자가 지금까지 성령으로 치유사역을 하면서 개인적으로 정립한 견해는 질병을 치유하려면 질병을 발생하게 한 원인을 찾아야 한다는 것입니다. 근본이 되는 원인만 정확하게 찾으면 질병치유는 문제가 되지를 않습니다.

①질병의 원인이 상처에 있다면 상처를 내적 치유해야 합니다. 의사 분들이 이렇게 말합니다. 질병의 원인의 70-80%는 스트레스에 의하여 질병이 발생한다고 합니다. 스트레스는 상처입니다. 그러므로 상처로 인하여 질병의 70-80%가 발생하는 것입니다.

그러므로 상처를 내적 치유해야 합니다.

②질병의 원인이 영적인 문제에 있다면 축사해야 합니다. 질병의 원인 중에는 죄로 인한 질병도 있습니다. 질병의 원인이 죄라면 회개하고 죄 뒤에 역사하던 귀신을 축사해야 합니다. 귀신을 축사하려면 먼저 내적치유로 쓰레기를 청소하고 귀신을 축사해야 합니다. 쓰레기가 청소되지 않으면 귀신은 떠났다가도 다시 들어오게 됩니다. 환자의 영 안에 계신 성령의 강력한 역사로 인하여 귀신이 밀려나와 떠나가게 해야 하는 것입니다. 물론 사역자가 밖에서 귀신을 불러내어 축사를 해도 되지만 이렇게 축사하면 환자에게 귀신을 방어할 수 있는 능력이 없기 때문에 조금 지나면 귀신이 다시 들어올 수가 있는 것입니다. 그러므로 귀신이 떠나갈 수 있는 영육의 상태를 만드는 것이 선행되어야 합니다.

③질병의 원인이 가계에 대물림되는 것이라면 대물림을 끊고 귀신을 축사해야 합니다. 필자가 지금까지 성령치유 사역을 하다가 보니까, 질병 중에는 가계로 대물림되는 질병이 많이 있더라는 것입니다. 그래서 질병의 원인을 찾을 때 환자의 가계력을 점검하는 것도 필수입니다. 만약에 혈통으로 질병이 대물림이 되고 있다면 대물림의 원인을 찾아 회개하거나 용서하고 대물림되는 질병의 줄을 끊고 질병에 역사하던 귀신을 축사해야 합니다.

5) 지속적으로 말씀과 성령 충만한 믿음생활과 내적치유로 성령이 자신을 장악하게 해야 합니다. 성령이 자신을 장악하면 질병은 떠나가게 됩니다. 만약에 귀신에 의한 질병이라면 귀신을

축사하는데 너무나 많은 시간을 투자하지 말고 말씀과 성령으로 충만하게 하는데 시간을 투자하는 것이 좋습니다. 귀신은 성령으로 충만해지면 힘이 자꾸 약해지기 때문에 나중에는 기침 한번으로 떠나가게 됩니다. 그러므로 무엇보다도 성령 충만한 믿음생활이 중요한 것입니다.

6) 치유 후에 관리도 중요합니다. 필자는 암으로 고생을 하다가 치유되었는데 관리를 잘못하여 재발해서 세상을 떠난 사람들을 여러 명을 보았습니다. 암으로 고생하다가 치유되니 하나님에게 영광을 돌리고 성령으로 충만한 생활을 하지 않고 세상에 소망을 두고 살다가 재발한 분들이 있습니다. 무엇보다도 치유 후에는 치유 받을 당시와 같은 성령 충만한 믿음생활을 해야 떠나간 질병이 다시 들어오지 못합니다. 치유 후에 관리를 잘하시기를 바랍니다.

4부 내면이 약한 근본적인 원인

16장 마음의 상처가 내면이 약하게 한다.

(히 12:14-15)"모든 사람과 더불어 화평함과 거룩함을 따르라 이것이 없이는 아무도 주를 보지 못하리라. 너희는 하나님의 은혜에 이르지 못하는 자가 없도록 하고 또 쓴 뿌리가 나서 괴롭게 하여 많은 사람이 이로 말미암아 더럽게 되지 않게 하며"

하나님은 크리스천들의 내면에 생명의 말씀과 성령으로 채워지기를 원하십니다. 자신 안을 능력으로 채우지 못하게 하는 것은 마음의 상처입니다. 내면의 능력을 활성화 하려면 반드시 마음의 상처를 생명의 말씀과 성령의 역사로 깊은 차원의 치유를 해야 합니다. 마음의 상처가 마음 안에 성전삼고 계시는 하나님을 나타나지 못하도록 방해하기 때문입니다. 잠재의식에 숨겨진 상처를 치유해야 마음 안에 계신 하나님께서 밖으로 나타나십니다. 마음 안에 계신 하나님께서 밖으로 나타나야 내면의 능력과 내면의 지혜가 활성화 되는 것입니다. 인간은 영적이고 심리적인 존재이기 때문에 인간관계는 감정의 관계, 심리적인 관계입니다. 그런데 감정이나 심리상태, 영적상태가 좋지 못하면 인간관계가 좋지 못하게 되며, 한걸음 더 나아가 하나님과 좋은 관계를 맺지 못합니다. 자연스럽게 내면의 능력과 지혜가 활성화되지 못합니다. 사람들은 마음의 상처로 인하여 하나님을 믿지만, 하나님과 좋은 관계를 맺지 못하고 있습니다. 상처로 인하여 마음이 굳어있기 때문입니다.

내적치유는 이러한 관계성을 치유하여 내면을 강하게 하는 것입니다. 내적치유는 인간의 가장 내적인 부분인 영으로부터 시작하여 성품, 인간관계, 하나님과의 관계까지도 치유하며, 육신의 질병까지도 치유합니다. 내적치유는 전인격적인 치유로서 성령의 깊은 역사로 이루어지는 사역입니다.

사람은 하나님의 형상으로 창조되었습니다(창 1:27-28). 사람이 하나님의 형상이라는 의미는 하나님의 대리자, 하나님과 같은 권세로서, 하나님을 대신해서 이 세상을 다스리고 지배하고 보살피는 존재라는 것입니다. 사람은 원래 이러한 존재로 창조되었습니다. 이를 위해서 하나님이 오직 사람에게만 영을 주셨습니다. "여호와 하나님이 땅의 흙으로 사람을 지으시고 생기를 그 코에 불어넣으시니 사람이 생령이 되니라"(창 2:7).

영을 가진 영적 존재가 된다는 것은 마음 안에 있는 영에서 나오는 권세, 힘, 생명력으로 환경을 장악하고, 이 사명을 감당하는 존재가 되라는 것입니다. 영으로 혼과 육, 환경을 지배하며 다스리는 존재가 되라는 것입니다. 영으로 늘 성령하나님과 교제함으로 하나님께서 주시는 권세를 늘 소유하며, 하나님의 뜻을 받아서 권능을 사용하며, 하나님께서 맡기신 일을 하여야 하는 것입니다. 그런데 마음의 상처로 영이 활성화되지 못하니 항상 마음이 갑갑하고 영의 만족을 누리지 못하는 것입니다.

이를 방지하기 위하여 자신 안에 주인으로 계시는 하나님과 관계가 열려야 합니다. 자신 안에 성전삼고 계시는 하나님과 관계를 열지 못하도록 방해하는 것이 상처입니다. 영적 존재인 사람은 마음 안에 계신 하나님과 관계를 열어서 주께서 내안에, 내가 주안에 늘 교제함으로 주님과 내가 하나가 되는 것과(요 15:4-10), 하나님 하신 일을 우리도 하는 존재인 것입니다. "내가 진실로 진실로 너희에게 이르노니 나를 믿는 자는 내가 하는 일을 그도 할 것이요 또한 그보다 큰일도 하리니 이는 내가 아버지께로 감이라(요 14:12)"

그런데 아담의 범죄 이후 모든 인간의 영성이 잠들어버리게 되었고, 이 세상은 오직 육과 이성이 다스리는 세상이 되었습니다. 죄가 다스리는 세상이 된 것입니다(창 15:13-14,16). 그래서 마음의 상처가 생기고 마귀에게 당하며 사는 신세가 되었습니다(창 15:13-14,16). 하나님의 선민, 택한 백성, 하나님의 은혜를 받는 사람이 된다는 것은 이렇게 죄로 관영한 세상의 죄를 물리치는 사람으로 선택받은 신분이라는 것입니다. 죄와 싸우고 죄를 물리칠 신분이라는 것입니다. 그런데 우리는 우리 스스로는 그렇게 할 힘이 없습니다. 능력도 없습니다. 이러한 능력은 오직 자신 안 성전에 주인으로 계시는 하나님에게만 있습니다. 그러므로 이렇게 택한 백성에게 하나님은 "내가 이스라엘 자손 중에 거하여 그들의 하나님이 되리니, 그들은 내가 그들의 하나님 여호와로서 그들 중에 거하려고 그들을 애굽 땅에서 인도하여 낸 줄을 알리라 나는 그들의 하나님 여호와니라"(출 29:45-46)고 말씀하십니다.

즉 하나님의 선택을 받은 사람이라는 것은 예수를 영접하는 순간부터 하나님을 자신 안에 모시는 존재가 된다는 것입니다. 그래서 하나님을 모시고 이 세상에 가득한 죄와 사망을 물리치고 생명과 축복을 만들어 가는 존재로 선택받았다는 것입니다. 이렇게 택한 자녀일지라도 죄인입니다. 하나님께서는 그대로는 그들 중에 거하실 수도 없고, 그들을 쓰실 수가 없으십니다. 그러므로 하나님은 이스라엘 백성들에게 피를 요구하셨습니다. 메시야의 피를 대신할, 모형의 피인 염소와 송아지의 피를 뿌림으로 이들은 하나님을 섬겼습니다. 메시아 예수 그리스도의 보혈을 믿음으로 (담보하여) 하나님을 그들 중에 모실 수가 있었던 것입니다(히 9:13-14). 그러나 이러한 섬김은 어디까지나 잠정적이었고, 조건적이었으므로 그들은 세상에 만연한 죄와 싸워 이길 수도 없었고, 하나님을 그들 중에 영원히 모실 수도 없었고, 하나님과의 깊은 교제와 사귐도 없었습니다(요일1:3).

그러나 이제 예수 그리스도의 십자가 보혈의 공로로 말미암아 하나님의 자녀가 된 크리스천은 아담 이후로 이제야말로 제대로 하나님을 섬길 수 있는 존재가 된 것입니다. 하나님을 가장 깊은 속에 모시게 된 것입니다. 이제는 하나님과 깊은 교제를 하며 영원히 하나님을 모시게 되었습니다. 아담의 죄로 말미암아 영이 죽었던 사람이 다시 영이 살게 되었으므로 하나님과 교제하고 사귀는 영적인 사람이 됩니다. 영이신 하나님의 성품을 가지게 된다는 것이며, 영이신 하나님을 닮아 간다는 것입니다. 이제야말로 제대로 죄와 싸워 이기고, 저주와 싸워서 이기고, 환경을 지배하고 변화시킬 수 있는 존재가 된 것입니다(고전 6:19-20).

그러나 이 모든 것은 하나님을 우리 속에 모시고 늘 교제함으로만이 가능한 것입니다. 이것이 성도의 신분입니다. 그리고 이렇게 하나님을 안에 모시기 위해서 하나님은 우리에게 "내가 거룩하니 너희도 거룩할 지어다(벧전1:16)" 하고 거룩함을 요구하십니다. 피뿌림 받고 죄 사함 받아 구원받은 하나님의 자녀들은 이제부터 하나님을 모시는 생활, 하나님과 교제하고 하나님을 섬기는 생활, 환경을 지배하고 다스리는 생활을 하기 위해서 반드시 거룩해져야 합니다. 우리 영-혼-육의 모든 더러움을 생명의 말씀과 성령으로 기도하며 계속 씻어내야 합니다. 이렇게 함으로 하나님과 관계가 열려서 마음 안에 성전에서 능력과 지혜가 흘러나오는 것입니다. 이것이 성화의 길이요, 이것이 바로 내적 치유입니다. 하나님은 살전 5장 23절에서 "평강의 하나님이 친히 너희를 온전히 거룩하게 하시고 또 너희의 온 영과 혼과 몸이 우리 주 예수 그리스도께서 강림하실 때에 흠 없게 보전되기를 원하노라" 말씀하십니다.

하나님은 우리의 영-혼-육 모든 부분이 온전하기를 원하십니다(살전5:23). 가정의 화평함, 좋은 인간관계, 사회에서의 밝은 삶을 살기를 원하십니다. 내적 치유는 이러한 하나님의 관심에 가장 가까운 깊은 차원의 치유입니다. 인간의 지체는 영-혼-육이 서로 밀접한 관계를 가집니다. 눈으로 보이는 부분의 상처만을 치유함으로 온전한 치유가 되지는 않습니다. 원인이 되는 더 깊은 곳, 다른 부분까지도 치유해야 온전한 치유가 되는 것입니다. 이는 성령님만 할 수 있는 사역입니다. 성령의 깊은 임재로 무의식의 상처를 현실로 드러내어 치유해야 합니다. 성령의 역사가 없이는 할 수 없는 사역입니다. 반드시 성령으로 세례를 받아야 할 수 있는 깊은 차원의 치유입니다.

그러므로 내적 치유는 하나님의 뜻에 가장 가까운 치유입니다. 영적존재인 인간은 같은 영적인 존재인 하나님과 이웃과의 관계성을 가지고 사는 존재입니다. 그런데 많은 사람들이 이 관계성이 잘되어 있지 않음으로 내적으로 문제를 가지게 됩니다. 인간이 갖고 있는 신체, 심리적인 질병중 대다수가 상한 감정이나 영적인 문제와 긴밀한 관계를 가지고 있기 때문에 내적 치유는 이런 영역들을 중점적으로 다룹니다. 영에 있는 성령의 권능으로 마음과 육체에 있는 상처를 치유하는 것입니다.

외부의 상처는 쉽게 치유되나 마음에 받은 상처는 쉽게 치유되지 않습니다. 사라지지 않고 깊은 곳에 남아서 계속 나에게 영향을 주며, 나의 삶을 좋지 못한 쪽으로, 파괴적인 쪽으로 이끌어갑니다. 나이가 들어도 사라지는 것이 아니라, 오히려 절제력이 약해짐으로 더욱 강하게 나의 삶에 역사 합니다. 그래서 노인들이 더 섭섭해 하고 고집을 부리는 것입니다.

상처는 잠복기간이 지나면 꼬리를 들고 일어납니다. 꼬리를 들고 일어서는 시기는 영육의 상황이 좋지 못한 경우입니다. 상처는 상처를 주는 상대방보다, 쉽게 상처를 받는 나에게 문제가 있는 것입니다. 이 사실을 인정해야 자신을 치유할 수 있습니다. 평안과 행복은 환경이 이를 주거나, 느끼는 것이 아니라, 내가 그렇게 느끼는 것입니다. 주체는 나입니다. 나의 마음입니다. 나의 마음이 치유되어 있으면 늘 평안과 행복을 느낄 수 있게 됩니다.

그리고 더 나가서 남에게 상처주지 않도록 주의하고, 또 다른 상처받은 이들을 치유할 수 있게 됩니다. 이것이 복음의 화평케 하는 의미입니다. "모든 것이 하나님께로서 났으며 그가 그리스도로 말미암아 우리를 자기와 화목하게 하시고 또 우리에게 화목하게 하는 직분을 주셨으니 곧 하나님께서 그리스도 안에 계시사 세상을 자기와 화목하게 하시며 그들의 죄를 그들에게 돌리지 아니하시고 화목하게 하는 말씀을 우리에게 부탁하셨느니라(고후5:18-19)" 우리는 누구나 무한하게 발전할 수 있는 가능성을 가지고 있습니다. 우리의 삶이 모든 면에서 풍성해지기를 하나님은 원하십니다. 우리는 내적치유를 통하여 풍성한 삶을 누릴 수 있습니다. 누려야 합니다. 이것이 우리를 향한 주님의 뜻입니다.

상처는 이렇게 여러 가지로 영향을 미치게 됩니다. 그래서 반드시 근원을 찾아 치유해야 합니다. 그래야 진리로 자유 함을 누리면서 살아갈 수가 있습니다. 상처는 다음과 같은 영향을 미치게 됩니다.

첫째, 하나님과의 관계에 미치는 영향. 내면에 상처가 있으면 마음 안에 성전삼고 계시는 하나님께서 온전하게 나타나시지 못합니다. 하나님과 관계가 열리지 않으니 내면이 부실한 것입니다. 인간은 대개의 경우 아버지로부터 상처를 가장 많이 받게 됩니다. 근엄하고 권위를 내세우는 가부장적인 아버지로 말미암아 어릴 적부터 많은 상처를 입고 삶을 배웁니다. 그리고 스스로도 이러한 상처를 주며, 자신도 그러한 아버지가 되어갑니다.

이러한 아버지의 개념으로 말미암아 하나님 아버지에 대한 개념이 왜곡됩니다. 근엄하기만 하고 책망과 형벌을 주관하는 아버지의 개념이 하나님에 대한 개념에 강하게 반영되고, 또 후손에게도 대물림되어 전달됩니다. 이러한 잘못된 아버지의 개념이 유아기로부터의 계속되는 교육으로 말미암아 참 사랑의 하나님 아버지에 대한 개념을 갖지 못하게 합니다.

사랑이 빠진 신앙인, 막연한 종교인이 되어 버리고 맙니다. 말씀에 대한 불신, 죄에 대한 불감, 도덕 감과 윤리 감을 상실한 종교인이 되어버립니다. 신앙의 성장이 없게 됩니다. 마음 안에 성전에 계시는 하나님께서 나타나지 못하기 때문입니다.

내적치유를 통하여 참 사랑의 하나님 아버지를 인격적으로 만나야합니다. 하나님과 관계를 열어야 합니다. 하나님의 능력과 지혜를 받아야 합니다. 하나님 아버지의 사랑을 받아야 합니다. 사랑을 체험해야 합니다. 인격체로 그분의 사랑을 느끼고 사랑을 받아야 합니다. 그래야 우리의 신앙이 성장하게 됩니다.

우리를 용서하시고 사랑하시고 축복해주시는 아버지의 사랑을 늘 받아야 합니다. 지금도 우리를 사랑하시는 하나님 아버지의 사랑으로 우리를 채워야 합니다. 그래야 하나님을 제대로 의식하게 됩니다. 하나님의 사랑으로 두려움과 염려를 내어 쫓게 됩니다. 말씀과 성령으로 내면을 치유하므로 하나님과 친밀하게 지낼 수 있습니다. "사랑 안에 두려움이 없고 온전한 사랑이 두려움을 내어 쫓나니 두려움에는 형벌이 있음이라 두려워하는 자는 사랑 안에서 온전히 이루지 못하였느니라(요일4:18)" 하나님은 두려운 분이 아니고 사랑이 많으신 분이라는 것을 인식하는 것이 이미 치유가 시작이 된 것입니다. "무릇 하나님께로부터 난 자마다 세상을 이기느니라 세상을 이기는 승리는 이것이니 우리의 믿음이니라(요일5:4)" 내면에서 분출되는 성령의 권능으로 세상을 이기는 것입니다. 하나님을 사랑하고 관계가 열릴 때 자신의 내면에서 능력과 지혜가 분출되는 것입니다.

하나님의 사랑으로 우리의 마음을 채워놓지 못하게 되면 세상의 염려와 걱정과 근심이 우리의 마음을 채우게 됩니다. 내면이 너무 허약함으로, 쉽게 두려움을 느끼게 되고, 아무것도 하지 못하는 허약한 종교인이 됩니다. 우리가 진정 두려워해야 할 것은 바로 이러한 두려움입니다. 물질이나 건강이 없음으로 인한 두려움이 아니라, 우리의 마음에 하나님의 사랑이 없음을 두려워해야 합니다. 하나님의 사랑만 마음에 채워져 있으면 넉넉히 세상을 이길 수 있습니다. 이를 위해서 성령님이 오셔서 우리 마음에 하나님의 사랑을 부어주십니다(롬5:5). 이것이 바로 내적치유입니다. 내적치유와 함께 하나님의 사랑으로 내면이 채워지고, 풍성한 삶이 시작되는 것입니다.

둘째, 자신과의 관계에 미치는 영향. 저는 다른 사람과 비교하여 몸이 약한 이유는 상처 때문이라고 합니다. 예수를 믿고 성령으로 거듭난 크리스천은 내면에서 나오는 영의 능력이 강해야 육체와 이성을 장악하게 되어 영-혼-육이 강건해지는 것입니다. 영에서 나오는 능력으로 세상을 살아가는 것입니다. 상처가 있으면 영의활동이 활성화되지 못하여 내면이 부실해집니다. 내면이 부실하기 때문에 다른 사람에 비하여 스트레스를 많이 받게 됩니다. 스트레스를 많이 받으면 체력소모가 많습니다. 체력소모가 많으면 인체의 각 기관이 정상적인 기능을 발휘하지 못합니다. 그래서 영육의 병 치례를 많이 하는 것입니다. 이를 치유하기 위하여 한약을 먹고, 병원 약을 먹어도 치유되지 못합니다. 반드시 말씀과 성령의 역사로 상처를 치유하고 영저

치유를 받아야 건강하게 지낼 수 있습니다.

상처가 많으면 자기 자신을 이겨내지 못합니다. 자기 자신을 심하게 비하시키거나, 무가치하게 여기게 됩니다. 또는 자신에 대하여 거부감, 증오감, 혐오감, 용서 못함, 열등감을 가지거나, 반대로 극도의 자기사랑, 이기주의, 배타주의를 가지게 되기도 합니다. 심한 우울증이나 의존감을 가지기도 합니다. 이러한 것은 성장기의 상처로 인하여 자기도 모르게 자신의 가치를 잘못 평가한 것입니다. 부모가 어릴 적에 자신을 그렇게 대했기 때문입니다.

예수를 믿은 크리스천은 새로운 아버지, 참 아버지를 가집니다. 그러므로 하나님 아버지에게서 새롭게 자신의 가치에 대하여 배워야 합니다. 마귀는 어릴 적 부모로부터 들은 "너는 왜 이렇게 못하느냐. 너는 못난 놈이다"라는 책망의 말을 자꾸 반복하여 내 마음에 들려줍니다. 참 사랑의 하나님 아버지는 우리가 실수하더라도 책망보다는 새롭게 나서도록 늘 위로와 용기와 격려를 주시는 분입니다. "너는 할 수 있다. 한번 다시 해보자"고 하시는 분입니다.

이러한 내면의 소리를 들어야합니다. 어릴 적 상처의 기억에서 되풀이 되는 사단의 비난의 말이 아니라, 내면에서 새롭게 울려나오는 위로하시는 하나님의 소리를 듣게 하는 것이 바로 내적치유입니다. 기억이나 감정에서 나오는 소리는 육신과 이성과 감정에서 나오는 것입니다. 하나님의 말씀은 이보다 더 깊은 안에서 조용히 울려나옵니다. 이 위로의 소리를 들어야 합니다. 책망하고 비난하고 좌절하게 하는 소리가 들려오더라도 이 소리를 붙잡지 말고 안에서 울리는 위로의 소리를 붙잡고, '하나님, 도와주세요' 라고 외치며 나서야 합니다.

상처에 기억되어 있는 두려움, 아픔을 기본으로 하여 삶을 살아가서는 안 됩니다. 새롭게 마음으로부터 솟아오르는 하나님의 힘, 하나님의 생명력을 기본으로 하여 삶을 살아가야 합니다. 상처에서 올라오는 것들을 빼내어 버리고, 깊은 곳에서 들려오는 하나님 아버지의 위로와 격려의 소리를 듣는 훈련을 하세요. 하나님이 깊은 속에서 밀어 올려 주시는 생명력을 부여잡는 훈련을 하세요. 그리고 자기를 건전하게 사랑하는 자가 되어야 합니다. 자기를 건전하게 사랑하는 자는 승리, 발전할 수 있고, 이러한 사람은 하나님의 도움을 누리게 됩니다.

셋째, 타인과의 관계에 미치는 영향. 자기를 무가치하게 여기는 사람은 남도 무가치하게 여깁니다. 하나님의 말씀의 총 강령(마22:37-40)은 하나님을 사랑해야 자신을 진정으로 사랑할 수 있고, 자신을 건전하게 사랑해야 다른 사람도 제대로 사랑할 수 있다는 것입니다. 부부관계, 사회의 모든 인간관계에서 나타나는 모든 문제들 즉 반사회적이고 적대시함, 시기와 질투와 분쟁, 고압적 지배와 피지배적 근성, 믿지 못함, 불쾌하게 함과 같은 것들은 모두 하나님과 나, 그리고 이웃에 대한 수직적 관계의 개념에서 파생되는 것입니다. 위에서부터 내리 누르는 수직적 사회에서 생깁니다.

하나님은 우리를 그렇게 대하지 않으십니다. 내리 누르고 억압하시는 분이 아닙니다. 묶어놓고 뿌리시는 분이 아닙니다. 예수님은 제자들과 같이 걸어 다니시고, 인정하시고, 사랑하셨습니다. 수평적으로 대하셨습니다. 모든 사람을 끌어안고 용납하셨습니다. 그런데 세상은 그렇지 않습니다. 모든 것을 수직적으로 생각합니다. 경쟁합니다. 누르고 눌립니다. 억압하고 지배하고 지배당합니다. 교회에서조차 그렇습니다. 세상에서 일어나는 일들이 교회 안에서도 똑같이 일어납니다.

성도들은 그렇게 하면 안 됩니다. 우리는 우리 안에 거하시는 하나님과 함께 새로운 삶을 만들어야 합니다. 수평적 삶을 만들고, 수평적 사회, 사랑의 사회를 만들 수 있습니다. 그럴 수 있는 능력이 있습니다. 크리스천이 되고, 풍성한 삶을 누린다는 것은 이러한 관계를 새롭게 창조해나가는 삶을 살아간다는 것입니다. 나를 변화시키고, 이웃을 변화시키는 것입니다. 이것이 내적치유입니다. 사람들은 많은 칭찬은 쉽게 잊어버리는 반면에 단 한마디의 상처를 주는 비평은 잊지 않고 기억합니다. 자신이 행한 일보다는 자신의 인간성에 대한 긍정적, 또는 부정적 말을 훨씬 더 깊게 받아드립니다. 인간성을 깎아 내리는 말은 자존감에 심각한 영향을 줍니다.

사람들은 상처를 당할 때에 자기의 감정을 억누르고 상처를 빨리 싸매어 버리기 때문에 아무도 눈치 채지 못합니다. 그러나 그 상처는 소독을 하지 않았기 때문에 곪게 되고, 시간이 흐르면 싸맨 곳을 통하여 고름이 새어나오기 시작합니다.

이것이 오래 전의 상처가 현재 삶에 영향을 미치는 것입니다. 상처를 받지 않고 살 수는 없지만, 치유는 하면서 살 수 있습니다. 상처는 일단 받으면 다른 사람에게 상처를 주게 되어있습니다. 상처의 악순환, 빈곤한 삶의 악순환입니다.

상처를 받지 않을 수는 없지만, 상처를 치유할 수는 있습니다. 상처를 치유해야 이 악순환에서 벗어날 수 있게 됩니다. 상처권에서 벗어날 수 있게 됩니다. 드디어 풍성한 삶으로 나아갈 수 있게 됩니다. 상처가 별로 나에게 영향을 주지 않게 되고, 남에게도 상처를 주지 않는 부드러운 성품이 되며, 상처가 주는 감정에 휩쓸리지 않는 든든한 삶을 살게 됩니다.

말씀과 성령으로 자신의 무의식과 잠재의식에 있는 상처를 찾아서 의식수준으로 가지고 나와서 치유하여 배출해야 합니다. 자꾸 심령에서 성령의 역사를 일으키면 상처는 치유되게 되어 있습니다. 그러므로 상처치유에만 치중하지 말고 성령으로 충만한 임재 상태에 들어가도록 노력해야 합니다.

17장 교만한 마음이 내면을 약하게 한다.

(대하 32:24-26)"그 때에 히스기야가 병들어 죽게 되었으므로 여호와께 기도하매 여호와께서 그에게 대답하시고 또 이적을 보이셨으나 히스기야가 마음이 교만하여 그 받은 은혜를 보답하지 아니하므로 진노가 그와 유다와 예루살렘에 내리게 되었더니, 히스기야가 마음의 교만함을 뉘우치고 예루살렘 주민들도 그와 같이 하였으므로 여호와의 진노가 히스기야의 생전에는 그들에게 내리지 아니하니라."

하나님은 겸손하기를 원하십니다. 하나님은 교만은 패망의 선봉이라고 말씀하십니다. 교만이야말로 내면의 능력과 지혜를 극대화하는 최대의 저해요소입니다. 하나님 앞에 교만할 만한 것들이 하나도 없는 사람들 중에서도 교만하게 행동하는 사람을 볼 때도 있습니다. 하나님은 분명하게 "아무도 자신을 속이지 말라 너희 중에 누구든지 이 세상에서 지혜 있는 줄로 생각하거든 어리석은 자가 되라 그리하여야 지혜로운 자가 되리라(고전 3:18)" 말씀하십니다. 그리고 "만일 누구든지 무엇을 아는 줄로 생각하면 아직도 마땅히 알 것을 알지 못하는 것이요(고전 8:2)"라고 겸손할 것을 강조하십니다.

어떤 사람은 교만하게 행동하는 것이 똑똑한 사람처럼 보이기 때문에 일부러 교만하게 행동하기도 합니다. 하나님의 말씀인 성경을 보면 교만한 사람은 어리석고 미련한 사람이라고 합니다. 잠언 14장 3절에 보면 "미련한 자는 교만하여 입으로 매를 자청하고 지혜로운 자의 입술은 자기를 보전하느니라." 고 합니다. 잠언 16장 18절에 보면 "교만은 패망의 선봉이요 거만한 마음은 넘어짐의 앞잡이니라." 왜 교만한 자가 미련한 자이냐 하면 교만하면 패망한다는 것을 모르기 때문입니다. 거만한 마음을 가지면 넘어지게 된다는 것을 모르니까 미련한 사람입니다. 여호수아서에 보면 이스라엘 백성들이 가나안땅을 정복해 들어갈 때 첫 번째 정복한 성이 여리고 성입니다. 크기도 어마어마하고 강한 성이며 그 백성도 강한 백성입니다.

이 여리고 성을 치려고 했을 때 하나님의 음성을 듣게 되는데 여호수아 3장 7절에 보면 "여호와께서 여호수아에게 이르시되 내가 오늘부터 시작하여 너를 온 이스라엘의 목전에서 크게 하여 내가 모세와 함께 있었던 것 같이 너와 함께 있는 것을 그들이 알게 하리라." 고 합니다. 이런 음성을 들었다는 것은 여리고 성을 쳐들어가기 전에 기도를 많이 했다는 것을 알 수 있습니다. 그 다음에는 하나님의 지시하시는 대로 따랐습니다. 여호수아 6장 2-3절에 보면 "여호와께서 여호수아에게 이르시되 보라 내가 여리고와 그 왕과 용사들을 네 손에 넘겨주었으니 너희 모든 군사는 그 성을 둘러 성 주위를 매일 한 번씩 돌되 엿새동안을 그리하라." 이렇게 하나님께서 명령하신 그대로 순종을 했습니다.

그렇게 하니까 여호수아 6장 20-21절에 보면 여리고 성이 무너집니다. 하나님의 음성을 들었고 또 하나님이 지시하시는 그대로 순종을 하니까 하나님께서 여리고 성을 무너지게 하시고 쉽게 점령하도록 해 주셨습니다. 그러나 아이 성을 치러 갔을 때는 하나님의 음성을 듣지 못했습니다. 또 하나님의 명령도 없었습니다. 여호수아 7장 3절에 보면 아이 성을 얕보고 2,3천명만 보내면 이길 것이라는 정탐꾼의 말만 듣고 행했다가 여지없이 패하고 말았습니다. 왜 이렇게 되었을까요? 교만 때문입니다. 교만해지니까 기도하지 않고 따라서 하나님의 음성을 듣지도 못했습니다. 교만해지니까 하나님의 명령을 기다리지도 않았습니다.

하나님께서 여리고 성을 무너지게 해주셔서 쉽게 이길 수 있었는데 하나님께서 하셨다는 것을 잊어버리고 마치 자기들의 힘으로 이긴 것처럼 착각하는 교만함을 가졌던 것입니다. 여리고 성을 멸한 것은 하나님의 능력으로 된 것입니다. 이스라엘 백성들이 전쟁할 줄을 압니까, 무기가 있습니까, 노예노릇만 할 줄 알았습니다. 하나님이 함께하심으로 이겼는데 하나님은 쏙 빼놓고 자기들이 굉장히 힘이 있는 것처럼 착각하고 교만한 마음을 가졌습니다. 그래서 기도하지도 않고 하나님께 물어보지도 않고 하나님의 음성을 기다리지도 않고 작은 마을이니까 하나님의 도움 없이도 할 수 있겠다는 생각을 한 것입니다.

이기고 지는 것은 숫자가 문제가 아니라 하나님의 손에 있습니다. 우리도 이런 실수를 얼마나 많이 하게 됩니까? 교만하기 때문에, 거만한 마음을 가지게 되기 때문에 이런 실수를 하게 됩니다. 그래서 교만은 패망의 선봉이요 거만한 마음은 넘어짐의 앞잡이라고 한 것입니다.

성경에 보면 유다 왕 히스기야는 위대한 기도의 사람이었습니다. 열왕기하 19장 35절부터 보면 히스기야가 앗수르 군사에게 포위가 되어서 나라가 망하는 위기에 처했을 때 밤새도록 하나님 앞에 부르짖었습니다. 이 히스기야의 기도가 얼마나 능력이 있었는지 하나님이 그 기도를 들으시고 하룻밤사이에 무슨 일이 일어났는지 모르지만 앗수르 군사가 다 송장이 되어있었습니다. 그리고 앗수르 왕은 자기나라로 돌아가서 자기신하에게 칼에 찔리어 죽었습니다. 하나님께서 히스기야의 기도를 들으시고 이렇게 큰 일을 행하신 것입니다. 이렇게 하나님께서 응답해 주셨다고 하면 우리들 같으면 어떻게 할 것 같으십니까?

마땅히 모든 영광을 하나님께 돌리고 하나님이 이렇게 해 주셨다고 온 백성과 함께 모여서 하나님께 감사의 제사를 드리고 영광을 돌렸을 것입니다. 그러나 성경에는 히스기야가 그렇게 했다는 말이 어디에도 없습니다. 우리들 가운데도 히스기야와 같은 실수를 하는 사람들이 많이 있습니다. 이렇게 하나님 앞에 감사할 줄 모르고 하나님께 영광 돌리지 않은 히스기야가 그 다음에 보니까 죽을병에 걸리게 됩니다. 열왕기하 20장 1절부터 보면 히스기야가 얼마나 간절히 기도했는지 모릅니다. 히스기야는 기도의 능력이 있는 사람입니다. 이렇게 기도하니 하나님께서 이번에도 응답을 해주셨습니다.

그래서 4절부터 7절까지 보면 "이사야가 성읍 가운데까지도 이르기 전에 여호와의 말씀이 그에게 임하여 이르되…내가 네 기도를 들었고 네 눈물을 보았노라…나으리라." 응답을 받았습니다. 그 눈물의 기도가 하나님 앞에 상달이 돼서 죽을 준비를 하라고 까지 하나님이 말씀하셨는데 이렇게 15년 생명연장을 받는 축복을 받게 되었습니다. 그런데 안타깝게도 이번에도 하나님 앞에 감사할 줄을 몰랐고 하나님께 영광 돌리지 않았습니다.

역대하 32장 24-26절에 보면 "그 때에 히스기야가 병들어 죽게 되었으므로 여호와께 기도하매 여호와께서 그에게 대답하시고, 또 이적을 보이셨으나 히스기야가 마음이 교만하여 그 받은 은혜를 보답하지 아니하므로 진노가 그와 유다와 예루살렘에 내리게 되었더니 히스기야가 마음의 교만함을 뉘우치고 예루살렘 주민들도 그와 같이 하였으므로 여호와의 진노가 히스기야의 생전에는 그들에게 내리지 아니하니라." 예전에도 하나님이 기도 응답을 해주셨으면 감사해야 하는데 죽을병에 걸렸다가 나았는데도 하나님께 감사할 줄 모르고 은혜에 보답할 줄을 몰랐습니다. 히스기야가 왜 이렇게 했는지 그 이유가 역대하 32장 25절에 보면 분명히 나옵니다. "마음이 교만하여" 그렇게 한 것입니다.

우리가 부자인 사람만 교만해진다고 생각하기 쉬운데요. 우리 예수 믿는 사람들이 사업이 잘되어서 부자가 되면 교만해 지기 쉽습니다. 교회도 이렇게 부흥이 돼서 몇 만 명쯤 모이면 교만해지기 쉽습니다. 많은 목사님들이 저에게 와서 큰 교회 가서 목사님을 만나면 어떻게 자기 위엄을 내세우는지 말이 잘 안 나온다고 합니다. 하나님께 영광을 돌린다는 말은 한마디도 하지 않는다는 것입니다. 하나님은 겸손한 자와 함께 하시고 은혜주시며 축복하십니다. 은혜를 받았을 때도 교만해 지기 쉽다는 것을 기억하시기 바랍니다. 남보다 기도 많이 하고 남보다 기도응답 많이 받고 큰 기적을 체험했을 때도 교만해 지기 쉽다는 것을 명심하시기 바랍니다.

우리가 교회에 나와서 성령의 권능을 받고 기도응답을 받고 다 이루어졌을 때 교만해지지 마시기 바랍니다. 우리 성도들 중에는 중병으로 고생을 하다가 기도응답을 받고 깨끗이 고침을 받은 분이 있습니다. 그 병으로 인해서 고생할 때는 교회에 열심히 나왔습니다. 목사님한테도 기도해달라고 해서 기도도 받았습니다. 그러다가 병이 나았습니다. 그렇게 죽느냐 사느냐 하는 상황에서 병이 나으면 믿음도 더 좋아질 것 같고 더 감사할 것 같고 충성할 것 같지 않습니까? 그러나 이분은 병 고침 받고 교회 잘 안 나옵니다. 건강해 지니까 또 옛날로 돌아간 것입니다. 그렇게 은혜를 입었는데도 이제 건강해지니까 또 세상으로 돌아간 것입니다. 어떤 분은 하나님의 큰 은혜를 체험을 했지만, 전혀 열매가 없는 사람도 있습니다. 우리는 내면이 건실해야 합니다. 항상 경성해야 내면이 건실해지는 것입니다. 성령의 권능을 받았다고 나타난다고 다된 것이 아닙니다. 전인격이 성령의 지배를 받고 성령의 열매가 나타나야 합니다. 성령으로 내면이 꽉 채워진 사람이 되어야 합니다. 세상에서도 속이 꽉 찬 사람이라 다르다고 칭찬합니다. 우리는 생명의 말씀과 성령으로 속이 꽉 차서 삶에서 좋은 성령의 열매가 나타나는 성도가 되어야 합니다. 기도하여 기적을 일으키고, 성령의 음성을 듣고, 성령의 권능이 나타나는 것이 치중하지 말고, 내면을 생명의 말씀과 성령으로 채우는 성도가 되어야 합니다. 하나님께서는 이런 성도와 함께 하시면서 요셉과 같이 어디를 가나 사람 앞에 은혜를 입게 하십니다. 또한 은혜를 전하게 하십니다.

우리가 기도하다가 성령의 불세례와 권능을 받는 것도 좋고, 기도하다가 주의 음성을 듣는 것도 좋고, 굉장한 이적이 일어나는 것도 좋지만, 하나님께서 우리에게 보시는 것은 내면에서 나오는 성령의 열매입니다. 중요한 것은 열매입니다. 우리가운데 성령의 열매가 나타나야 합니다. 열매가 하나도 없으면 결국 아무것도 아닌 것입니다. 마태복음 7장 20-21절에 보면 그들의 열매로 그들을 알리라 주여! 주여! 하는 자마다 다 천국에 들어갈 것이 아니요 다만 하늘에 계신 내 아버지의 뜻대로 행하는 자라야 들어가리라고 하십니다. 주의 이름으로 선지자 노릇을 하고 많은 권능을 행하는 것은 은사입니다. 그러나 데살로니가 후서 2장에 보면 사탄의 역사를 따라서도 그런 일이 얼마든지 일어납니다.

그러므로 그런 표적과 기사가 일어나는 것 보다 더 중요한 것이 열매입니다. 하나님의 뜻대로 살지 않던 사람이 하나님의 뜻대로 사는 것이 열매입니다. 그래서 제멋대로 사는 사람들에게 예수님이 '난 너희를 도무지 알지 못하니 물러가라'고 하십니다. 은혜를 받아도 열매가 없다면 교만한 죄와 변하지 못한 죄악 된 행동과 옛 성품을 회개하고 열매 맺지 못한 것을 철저히 회개해야합니다.

히스기야의 교만한 마음은 또 다시 큰 실수를 하게 합니다. 열왕기하 20장 12-13절에 보면 "그 때에 발라단의 아들 바벨론의 왕 브로닥발라단이 히스기야가 병들었다 함을 듣고 편지와 예물을 그에게 보낸지라. 히스기야가 사자들의 말을 듣고 자기 보물고의 금은과 향품과 보배로운 기름과 그의 군기고와 창고의 모든 것을 다 사자들에게 보였는데 왕궁과 그의 나라 안에 있는 모든 것 중에서 히스기야가 그에게 보이지 아니한 것이 없더라." 왜 이렇게 미련한 일을 하게 되었을까요? 내가 이렇게 대단하다는 교만한 마음 때문입니다.

책을 읽으시는 분들 같으면 바벨론 사신들에게 이렇게 말하셨을 것입니다. 하나님께서 저와 함께 하셔서 나의 죽을병을 고쳐달라고 회개하고 기도하니 하나님께서 들으시고 친히 선지자를 보내서 무화과 반죽으로 치유하여 주시고, 수명도 15년을 더하여 주셨습니다. 이에 대한 보증으로 "아하스의 해시계 위에 나아갔던 해 그림자를 십도 뒤로 물러가게 하셨습니다." 하나님은 참으로 살아계십니다. 저와 함께하신 하나님은 살아서 역사하시는 하나님이십니다. 이렇게 하나님께 영광을 돌리셨을 것입니다. 그러나 히스기야는 자기 궁궐의 금은보화만 보여주었습니다.

자기 집의 보물을 자랑하는 사람은 도둑과 강도를 부르게 됩니다. 교만한 마음을 가졌기 때문에 이런 미련한 실수를 저지르게 되니 열왕기하 20장 16-18절에 보면 이사야가 히스기야에게 책망합니다. 결국 이 말씀대로 모두 이루어집니다. 히스기야가 어마어마한 금과 보화를 가진 소문이 바벨론에 퍼지게 되니까 바벨론에서는 쳐들어 올 것을 결심한 것입니다. 교만의 대가는 참으로 비참한 것입니다. 그러므로 꿈에서라도 교만해서는 되지 않는 것입니다. 히스기야로부터 깨닫게 되는 교훈은 기도응답을 크게 받은 후에 교만한 마음이 생기기 쉽다는 것입니다. 히스기야는 25살에 왕이 되어 29년 동안 왕위에 있다가 54살에 죽었습니다. 그러니까 39세 때에 죽을병에 걸린 것입니다. 히스기야의 39세 이후의 15년은 죽을 사람을 살려주셨으니 하나님의 그 은혜를 생각해서라도 자기를 위해서 살 생각을 하지 않고 덤으로 주신 그 시간들을 하나님만을 위해서 살았어야 했을 것입니다.

그런 생각을 했다면 얼마나 좋았을까요? 그러나 히스기야는 그런 생각을 하지 못했습니다. 히스기야의 아버지 아하스는 역대하 28장에 보면 하나님을 떠나서 우상을 섬기고 하나님이 미워하는 죄를 많이 범한 왕입니다. 그리고 역대하 28장 22절에 보면 곤고할 때에 더욱 하나님께 범죄했다고 합니다. 우상숭배를 해서 하나님께 매를 맞을 때 회개해야 하는데 더 마음이 강퍅해지고 더 죄를 많이 범했습니다. 얼마나 어리석은 왕입니까? 이렇게 타락했던 나라가 히스기야가 왕이 되어 하나님 앞에서 정직히 행하였다고 갑자기 변화될 수가 있습니까? 왕이 바뀌었다고 갑자기 백성들이 바뀌겠습니까? 안 바뀝니다.

많은 왕들이 우상을 섬기고 타락했기 때문에 백성들 대다수가 우상 숭배가 생활화되어 있었습니다. 그러므로 이렇게 타락한 온 백성으로 하여금 하나님 앞으로 돌아오게 하기 위해서는 많은 노력이 필요한 것입니다. 히스기야가 처음에는 너무 잘했습니다. 역대하 29장 4절부터 보면 제사장과 레위인들을 시켜서 성전을 깨끗하게 했습니다. 자기 아버지 때에 성전을 파괴하고 성전 구석구석에 우상을 들여놓았었기 때문에 다 정리하게 합니다.

역대하 30장 6절 보면 앗수르에게 멸망한 이스라엘 백성들에게도 회개하고 돌아오라고 말씀을 전합니다. 그리고 유월절을 지키는데도 모든 백성이 다 모여서 지킵니다. 31장 4절에 보면 온 백성에게 율법을 지키라고 명령을 했습니다. 이렇게 히스기야는 처음에 왕이 되어서 하나님이 기뻐하시는 일을 많이 했습니다. 또한 죽을병에 걸렸다가 살아났을 때는 이전보다 더 열심히 할 뿐만 아니라 왕위를 계승할 아들에게 신앙교육을 시켜서 어렸을 때부터 기도하게 하고 성경을 암송하게 해서 절대로 우상숭배하지 않고 하나님만 섬겨한 한다고 가르쳐야 했을 것입니다.

그런데 히스기야는 39세 이후에는 하나님을 기쁘시게 하던 일을 하지 않고 자녀들에게도 신앙교육을 시키지 않았습니다. 역대하 32장 27절부터 보면 히스기야가 보화를 쌓을 창고를 만들고 곡식 창고를 만들고 외양간을 아무리 만들어도 무슨 소용이 있습니까? 바벨론이 한번 쳐들어오면 끝나버립니다. 재산을 쌓아놓는 것보다 더 중요한 것은 타락한 백성들이 하나님 잘 섬기도록 그들을 깨우쳐 하나님께 돌아오게 하고 자녀를 신앙으로 잘 양육해서 어릴 때부터 말씀으로 무장하여 절대 우상숭배하지 않도록 하는 것이 아닙니까? 교만한 히스기야에게서는 예전의 모습은 전혀 찾아볼 수가 없게 되었습니다.

더욱이 히스기야가 15년을 더 살게 된 뒤 3년 만에 얻은 므낫세는 12살에 왕이 되자마자 역대 왕들 중에서 가장 우상을 열심히 섬기고 악한 일을 행했습니다. 그것을 보면 히스기야의 15년은 참으로 부끄러운 15년인 것입니다. 그의 마음이 교만해졌기 때문에 감사할 줄 모르고 같은 실수를 계속 반복하며 무엇이 중요한지 분별하지 못하게 되어버린 것입니다. 누구나 마음이 교만해지면 영안이 어두워져서 분별을 못하게 됩니다. 하나님이 은혜를 베풀어주실 때 영안이 밝아집니다. 하나님은 교만한 자에게 은혜를 주시지 않는다고 하셨습니다. 그러니까 교만한 자는 분별을 못합니다. 마음 교만해지면 어리석어집니다.

그래서 하나님 앞에 매 맞을 짓만 하게 되고 사람들에게는 욕먹을 짓만 하게 됩니다. 잠언 16장 5절에 보면 하나님은 교만한 자를 미워하신다고 합니다. 야고보서 4장 6절에 보면 하나님은 교만한 자를 물리치신다고 했습니다. 베드로 전서 5장 5절에 보면 하나님은 교만한 자를 대적하신다고 합니다. 원수취급 하신다고 합니다. 사탄이 어떻게 해서 사탄이 되었습니까? 천사가 교만해져서 하나님보다 더 높아지려고 하다 보니 자기자리를 떠나서 하나님과 같은 자리에 올라가려다 마귀가 된 것입니다. 우리 성도들도 마찬가지입니다.

하나님은 교만한 자는 하나님과 맞 먹으려하고 하나님 노릇하려 하기 때문에 대적하십니다. 하나님이 대적하는데 안 망할 자가 어디에 있습니까? 교만하면 망합니다. 잠언 15장 25절에 보면 하나님은 교만한 자의 집을 허신다고 합니다. 주변에 자꾸만 집안이 망해가는 사람이 있습니까? 교만을 꺾기 위함입니다. 교만하면 자꾸만 망하게 되어있습니다. 사업이 자꾸 망하는 사람 , 집안이 자꾸 망하는 사람, 교만의 뿌리가 남아있는지 생각해 보세요. 빨리 깨닫고 빨리 회개하고 버리면 회복의 역사가 일어날 줄 믿습니다.

잠언 29장 23절에 보면 하나님은 교만한 자를 낮아지게 하신다고 합니다. 교만하면 사람들에게 손가락질 받게 되고 모든 사람들이 싫어하기 때문에 낮아질 수밖에 없습니다. 잠언 18장 12절에 하나님은 교만한 자를 멸망시키시기 때문에 멸망의 선봉이라고 하고 잠언16장 18절에 교만은 패망의 선봉이고 넘어짐의 앞잡이라고 합니다. 거만한 마음 가지면 실수하게 되어있습니다. 우리가 이 성경의 말씀을 항상 마음에 새겨야합니다.

교만한 증거, 내 안에 교만함이 있는 가, 없는 가의 증거를 몇 가지 들어보겠습니다. 스스로 생각해 보시기 바랍니다. 첫째는 교만한 사람은 기도하지 않습니다. 별로 기도할 것이 없기 때문입니다. 하나님을 의지하지 않고 자기 힘으로도 잘 살 수 있다고 착각을 하고 있기 때문입니다. 한번 넘어져야 하나님 앞에 나올 것입니다. 지혜로운 사람은 어려움 당하기 전에 미리 깨닫는 사람입니다. 겸손한 사람은 기도합니다. 하나님의 은혜가 아니면 살 수 없다는 것을 알기 때문입니다. 두 번째, 교만한 자는 하나님께 감사할 줄 모릅니다. 베풀어 주신 은혜가 많은데도 보답할 줄 모르고 밤낮 원망불평만합니다. 또 자기 자신의 허물과 부족을 모릅니다. 자기는 완전한 인간인 것처럼 다른 사람을 판단하고 비판합니다. 네 번째로 교만한 자는 회개하지 않습니다. 교만하면 영안이 어두워져서 자기 자신의 죄를 깨닫지 못합니다. 또 교만한 자는 하나님께 영광 돌리지 않고 자기가 영광 받으려고 합니다. 하나님이 받으실 영광을 도둑질합니다. 또 배우려고 하지 않고 가르치려고만 합니다. 진짜 실력자는 가르치는 것보다 더 배우려고 하는 사람입니다. 교만한 사람은 금방 밑천이 드러납니다. 또 교만한 자는 충고를 받지 않습니다. 누가 충고하면 성질을 내어버립니다. 거만한 사람, 교만한 사람을 충고했다가 잘못하면 뺨맞습니다. 성경에 보면 그런 사람에게 충고하지 말고 내버려두라고 합니다. 교만한 사람은 남을 대접할 줄을 모릅니다. 대접받는 것만 좋아하고 받는 데만 익숙합니다. 대접해 보았어야 대접할 줄을 압니다. 또 섬기려고 하지 않습니다. 섬김을 받으려고만 합니다. 아주 큰 교만입니다. 우리에게 이러한 교만의 증거가 한 가지라도 남아있다면 철저히 회개하고 교만의 뿌리를 뽑으시기를 축원합니다.

히스기야의 39세 이전과 이후는 전혀 다릅니다. 이전은 하나님을 참으로 기쁘시게 한 왕이었지만 이후에는 교만함으로 실패의 삶을 살았습니다. 차라리 39세 때에 죽었다면 다윗 왕 다음으로 훌륭한 왕으로 역사에 남았을지도 모릅니다. 죽을병에 걸렸을 때 그의 간절한 기도를 하나님이 들으시고 축복하시고 고쳐주셨지만, 그 후 15년은 히스기야에게 축복이 되지 못했습니다. 우리가 이같이 실수하지 않으려면 무조건 살려만 달라고 눈물로 통곡하는 기도만 할 것이 아니라, "아버지, 앞으로 제가 더 살아서 하나님께 영광을 돌리고 하나님의 뜻대로만 산다고 한다면 살려 주옵소서. 항상 하나님께서 함께 하시는 사람으로 살 수 있다면 살려주옵소서. 그러나 더 살아서 하나님의 영광을 가리게 되고 하나님의 뜻대로 살지 않는다고 하면 차라리 지금 불러 가시옵소서." 라고 기도해야 할 것입니다. 가장 지혜롭고 복된 기도는 겟세마네 동산에서 기도하시던 예수님의 기도입니다. "내 뜻대로 마옵시고 아버지 뜻대로 하옵소서." 우리도 이렇게 기도할 수 있다면 가장 지혜롭고 복된 기도를 하는 사람이 될 수 있습니다.

책을 읽는 당신은 어떤 기도제목을 가지고 기도하고 계십니까? 사업, 취직, 건강, 승진, 진학의 문제입니까? 그 기도제목을 가지고 어떻게 기도하시겠습니까? 덮어놓고 "사업 잘 되고, 취직하고, 건강하고, 진급되고, 진학하게 해 주세요." 라고 기도하시렵니까? 히스기야가 죽을병에 걸렸을 때 그렇게 기도했습니다. 통곡을 하면서 살려달라고 기도했습니다. 그러나 15년을 살면서 교만하고 계속 실수만 했습니다. 얼마나 비극입니까? 우리도 잘 생각해야 합니다. 책을 읽는 분 중에 병을 가지고 계시는 분들 고쳐달라고만 기도하지 마세요. "아버지, 내 여생은 하나님 영광만을 위해 아버지 뜻대로만 살기 원합니다.

더 살아서 하나님께 영광이 되고 하나님의 뜻대로 산다면 제 병을 고쳐주시고, 더 살아서 하나님 마음 아프게 하고 하나님 뜻을 져버린다면 차라리 지금 저를 불러가 주세요." 라고 담대하게 기도할 수 있기를 바랍니다. 사업문제도 마찬가지입니다. "아버지, 저는 이 사업을 통해서 하나님께 영광 돌리기 원합니다. 사업이 잘됨으로 하나님의 뜻을 이룬다고 하면 하나님께서 이 사업의 주인이 되어 맡아주십시오. 그러나 사업이 잘 되서 오히려 교만해지고 하나님의 영광을 가린 다면 차라리 이 사업 망하게 해주세요." 이런 기도를 한다면 하나님도 감동받으실 줄 믿습니다. 기도를 지혜롭게 하기 바랍니다. 우리가 이런 기도를 한다면 하나님은 큰 은혜를 주시고 응답하실 뿐 아니라 넘치는 복을 주실 줄 믿습니다.

18장 밖으로 나타나는 현상에 치중할 때

(히 5:12-14) "때가 오래 되었으므로 너희가 마땅히 선생이 되었을 터인데 너희가 다시 하나님의 말씀의 초보에 대하여 누구에게서 가르침을 받아야 할 처지이니 단단한 음식은 못 먹고 젖이나 먹어야 할 자가 되었도다. 이는 젖을 먹는 자마다 어린 아이니 의의 말씀을 경험하지 못한 자요. 단단한 음식은 장성한 자의 것이니 그들은 지각을 사용함으로 연단을 받아 선악을 분별하는 자들이니라."

하나님은 밖으로 나타나는 현상에 치우치지 않기를 원하십니다. 밖으로 나타나는 현상은 외적인 것이기 때문입니다. 밖으로 나타나는 현상은 인간적인 것이라고 말할 수도 있습니다. 그렇기 때문에 하나님은 내면의 성숙에서 나오는 내적인 능력을 나타내기를 원하시는 것입니다. 내면의 성숙에서 나오는 내적인 능력은 마음 안에 성전에서 성령으로 분출되는 하나님의 능력이기 때문입니다. 마음 안에 성전 된 성도의 내면에서 나오는 성령의 권능이 성도의 인격을 예수님의 인격으로 성숙하게 합니다. 하나님은 밖으로 나타내는 권능에 앞서서 내면의 성숙을 더 원하십니다.

내면의 능력과 내면의 지혜를 극대화하려면 긍정적인 자세가 중요합니다. 자신도 그런 경우나 나쁜 것이 잠재하여 있을 수 있다고 인정하고 받아들이는 자세가 내면의 능력과 내면의 지혜를 극대화하는 최선의 길입니다. 자신은 완벽하다는 교만과 부정적인 자세를 가지면 절대로 내면의 능력과 내면의 지혜를 극대화하지 못합니다. 내면의 능력이나 지혜를 자신 안에 성전삼고 계시는 하나님으로부터 흘러나와야 하기 때문입니다. 자신의 마음 안에 있는 성전에서 내면의 능력과 내면의 지혜를 끌어내려면 마음이 열려야 하기 때문입니다. 마음이 열려야 자신 안에서 성령의 역사가 일어나서 내면을 정화시킬 수가 있습니다. 내면이 정화되어야 성령의 역사가 원활하여 내면의 능력과 지혜가 극대화되는 것입니다. 내면의 능력과 지혜는 살아계신 하나님께서 자신을 장악해야 활성화되는 것입니다. 살아계신 하나님께서 자신을 장악하지 않으면 아무리 열심히 하고 많이 알아도 내면의 능력과 지혜가 활성화되지 못합니다. 성령의 역사와 생명의 말씀으로 내면의 능력과 지혜가 활성화되기 때문입니다. 살아있는 성령님의 역사가 내면을 강하게 하시기 때문입니다.

예를 든다면 정이라는 집사가 그동안 성령치유 집회도 많이 참석했고, 내적치유도 받았고, 가계치유도 받았기 때문에 자신의 내면이 강해서 자신 안에는 악한 영의 역사나 상처가 없다고 생각하면 절대로 내면의 능력과 지혜가 극대화되지 못합니다. 마음을 열고 성령의 역사를 받아들이지 않기 때문입니다. 그래서 필자는 2시간 30분 동안 집중치유를 하는 것입니다. 이렇게 2시간 30분 동안 개별치유를 하노라면 웬만한 성도나 목회자 모두 성령으로 충만해지다가 성령의 지배를 받게 됩니다. 성령의 지배를 받게 되면 목회자나 성도나 할 것 없이 자신의 상태를 정확하게 보게 됩니다. 자신의 내면에 실제적인 문제가 노출이 되니까, 마음을 열고 해결하려고 노력하기 때문에 내면의 능력과 지혜가 활성화되는 것입니다. 진리의 말씀을 깨닫는 만큼씩 내면이 강해지는 것입니다. 진리의 말씀을 깨닫게 하시는 이는 내면에 계신 성령님이시기 때문입니다. 무조건 산기도한다고 내면의 능력이 강해지는 것이 아닙니다. 반드시 자신 안에 있는 성전에서 성령으로 분출되는 기도와 진리를 깨닫는 능력이 내면의 능력인 것입니다. 내면의 능력은 성령으로 분출되는 것입니다.

내면의 능력과 내면의 지혜의 극대화는 마음 안에 상처나 자아나 혈통의 문제가 해결이 되는 만큼씩 극대화될 수가 있습니다. 내면에 있는 문제들이 해결되면서 성령님이 장악을 하시기 때문입니다. 교회에 나와서 열심히 한다고 내면의 능력과 지혜가 활성화되지 못합니다. 성경말씀을 많이 안다고 내면의 능력과 지혜가 활성화되지 못합니다. 담임목회자가 내면의 능력을 강조한다고 내면의 능력과 지혜가 강화되지 못합니다. 말로는 내면의 능력과 지혜가 활성화되지 못합니다. 반드시 초자연적인 성령의 역사가 사람의 마음 안에서 일어나야 내면의 능력과 지혜가 활성화됩니다.

알아야 될 것은 열심히 하는 것과 많이 알고 강조하는 것은 외적인 활동이기 때문입니다. 자신 안에 성전에서 성령의 역사가 일어나야 내면의 능력과 지혜가 극대화될 수 있습니다. 내면의 능력과 지혜를 극대화하려면 반드시 성령으로 세례를 받아야 합니다. 성령으로 세례를 받고 성령의 인도를 받아야 합니다. 내면의 능력이나 지혜는 성령의 역사가 강화시키기 때문입니다. 일부 목회자들이 내면을 강조하다가 생각대로 성도들이 변화되지 못하기 때문에 열심히 하는 행위와 성경공부와 같이 밖으로 보이는 것에 치중을 하는 것입니다. 내면의 능력과 지혜의 극대화는 말로 되는 것이 아닙니다. 살아계신 성령께서 역사하셔야 내면의 능력이 강하게 되고 내면의 지혜가 풍성해지는 것입니다.

사람은 자신이 갖춘 외적인 능력을 통해 존경을 받고 내적인 성품을 통해 신뢰를 얻는다고 합니다. 내면이 강해지려면 자신 안에 계신 성령님에게 관심을 집중해야 합니다. 자신 안에 성령으로부터 권능이 나와야 내면이 성숙되어 하나님께서 원하시는 변화된 삶을 살아갈 수가 있는 것입니다. 밖으로 나타나는 성령의 역사가 강하다고 내면이 강해지는 것이 절대로 아닙니다. 밖으로 나타나는 성령의 역사를 체험했다고 성도가 성숙되는 것이 아닙니다. 마음 안에서 있는 성전에서 성령의 기름부음이 흘러나와야 성숙되는 것입니다.

한 때 필자는 주님을 외적으로 경험하는 것과 내적으로 경험하는 것의 차이를 잘 알지 못했습니다. 그 차이는 간단합니다. 외적인 경험은 흥분되고 신나고 달콤하지만 삶과 인격이 바뀌어 지지 않습니다. 그것은 자기 착각과 교만, 판단의 열매를 생산합니다. 그러나 내면의 체험은 사람의 중심을 바꾸어 놓습니다.

필자는 성도들에게 불과 같은 성령의 체험을 경험하게 하려고 노력했습니다. 그리고 어느 정도 시간이 흐르자 밖으로 나타나는 일들이 많이 생겼습니다. 제가 강대상에서 입으로 후하면서 불어도 사람들이 우우하면서 오징어 같이 오그라들었습니다. 어떤 사람들은 성령의 불에 휩싸여서 흐느껴 울었습니다. 조용히 말씀을 전해도 어떤 이는 울면서 쓰러졌고 어떤 이는 구토와 발작을 일으키기도 했습니다.

내가 다가가 안수하면 사람들은 쓰러졌고 어떤 이는 기침을 사정없이 하고, 어떤 이는 울음을, 어떤 이는 웃음을 터트렸습니다. 교회에 들어오는 순간에 몸이 굳어버리는 사람도 있었고 쓰러지는 사람도 있었습니다. 환상이 열리는 사람도 있었습니다. 방언 통역과 예언이 열리는 이들도 있었습니다. 어떤 목회자는 필자가 사역할 때 강력한 빛을 보았다고 했습니다.

예배 시간에 주님의 영이 임하심으로 몸이 마비되어 풀릴 때까지 많은 시간이 필요한 사람도 있었습니다. 풀리고 나니까 성도가 영적으로 변하는 것입니다. 예배 중 찬양에만 여러 시간이 소요되었고 보통 찬양 시간은 눈물과 감격의 범벅으로 진행되었습니다. 찬양을 할 때에 뒤로 넘어지는 사람들이 있어서 의자 앞에 서서 찬양을 하라고 했습니다.

필자는 이 모든 것들이 자랑스러웠습니다. 소문을 듣고 사람들이 거리를 상관하지 않고 몰려오기 시작했고 필자는 이것이 부흥인가보다 하고 생각했습니다. 그러나 이런 현상이 계속되면서 필자는 바른 목회가 아니라는 생각이 들었습니다. 사모가 이단이라고 한다고 절재 하라고 권면을 했습니다. 사람들의 경험을 어디까지 인도하고 허용할 것인가가 어렵고 분명하지 않았습니다. 내가 더욱 조심스러웠던 것은 여러 가지의 현상을 경험하던 사람들의 삶에서 내가 기대하던 내적 변화의 열매가 의외로 별로 나타나지 않는다는 데도 있었습니다.

저는 기도하였습니다. 그러다가 성령의 감동으로 깨달은 것은 교회는 성도들의 생명을 살리는 곳이라는 곳입니다. 내면의 능력과 지혜가 극대화되어 예수님의 인격으로 변화되게 하는 곳이 교회라는 것입니다. 지금까지 하나님께서 원하시는 목회가 아니라 밖으로 나타나는 현상에 치중하는 목회를 했다는 것입니다. 이렇게 깨닫게 한 것은 저의 생각이 아니었습니다. 성령님의 감동하심이었습니다. 영을 깨우는 말씀을 전하고 심령 깊은 곳을 성령께서 장악하시어 변화되는 성도가 되도록 인도하라는 것입니다. 주님을 사랑하고 영혼을 사랑하는 실질적인 변화를 원하셨습니다.

필자는 모든 치유사역을 조정하였습니다. 성도들의 내면을 강하게 하는 사역으로 바꾸었습니다. 그 다음부터는 그저 일시적인 흥분에 빠지고 그 만족감을 위하여 교회에 오는 것을 원하지 않았습니다. 구경삼아서 한번 왔다가 돌아가는 사람들에게 관심을 두지 않았습니다. 그래서 말씀을 50분 전했으면 50분 이상 기도하면서 마음 안에 성전에서 성령의 역사가 분출되어 성도의 전인격이 변화되는 목회를 하였습니다. 걸어 다니는 성전으로 살아갈 수 있는 성도들이 되어가는 목회를 주장하고 추구하였습니다. 성령으로 기도가 되어야 하고, 내면에 관심을 가지고 믿음생활을 하도록 예배와 집회를 인도했습니다. 그리하여 마음 안에서 성령의 역사가 흘러나오도록 하여 전인격이 성령의 지배와 장악이 되어 예수님의 인격으로 변화되는 성도로 살아가도록 인도하려고 노력했습니다.

이제 저는 분명히 말할 수 있습니다. 주님을 외적으로 경험하는 것과 주님을 내면에서 경험하는 것은 다르다는 것입니다. 주님을 내면에서 경험해 갈 때 그것은 크리스천의 삶 자체를 바꿉니다. 성향 자체를 예수님을 닮는 인격으로 바뀝니다. 사람들을 미워하는 것이 점차로 불가능해집니다. 누군가를 원망하는 것이 점차로 불가능해집니다. 자신의 진면모가 보이기 때문에 타인이 자신에게 불친절한 것에 대해서는 별로 관심이 가지 않는 것입니다. 경험을 찾아다니는 성도들은 어떤 면에서 영혼이 건강하지 않습니다.

그들은 역시 여기가 성령의 불이 제일 강하다고 말합니다. 목사님의 영권이 강하다고 말합니다. 거기는 좀 영이 흐린 것 같다고 그들은 말합니다. 어떤 교회 목사님은 요즈음 영력이 많이 떨어졌더라고 그들은 말합니다. 그러면서 이곳저곳을 찾아다닙니다. 그들은 언제나 더 좋고 강하고 자극적인 것을 찾아다닙니다. 그러나 그들은 주님을 사랑하는 것이 아니라, 자신의 느낌을 사랑하는 것입니다. 신앙의 성숙이 아니라, 밖으로 나타나는 현상을 체험하려고 돌아다닙니다. 이런 신앙생활로는 절대로 인격의 성숙을 기대할 수가 없습니다.

이유는 권능이 강한 목사님을 의식하기 때문에 자신 안에 주인으로 계시는 하나님께서 소외당하시기 때문에 인격에 변화가 없는 것입니다. 권능 있는 목사님을 통하여 자신 안에 주인으로 계시는 하나님과 관계에 중점을 두는 크리스천이 되어야 합니다. 자신 안에 성전삼고 계시는 하나님과 1:1 관계가 열려야 인격이 변하게 되는 것입니다.

주님을 내면으로 경험해야 한다는 말입니다. 외적인 능력과 은혜는 사모하면 누구나 받을 수 있습니다. 민감한 체질이면 더 쉽게 여러 가지를 경험 할 것입니다. 그러나 진정 자신을 주님께 드리고 진정 그 분의 종이 되지 않는다면 그분을 내적으로 경험하지는 못합니다. 진정 자신의 욕망, 겉 사람을 십자가에 못박고 오직 주님을 기쁘시게 해드리겠다는 일념과 헌신만이 외적인 장난감이 아닌 참된 주님과의 교통으로 사람을 인도하는 것입니다.

내적인 주님과의 교통이 자신을 성숙하게 합니다. 성령의 역사가 일어나야 내면이 성숙하면서 깊어지는 것입니다. 예수님의 인격으로 변화되는 것입니다. 살아 있는 생명체는 성장하며, 건강한 생명체가 풍성한 열매를 맺을 수 있습니다. 만약 병들었거나 죽어있는 생명체는 성장하거나 열매 맺기 어렵습니다. 농부가 씨를 뿌리고 수고의 땀을 흘리면서 기뻐할 수 있는 것은 건강하게 자라는 작황을 보기 때문이며, 산모는 출산한 아이가 건강하게 잘 자라는 것을 볼 때 기쁨이 되는 것처럼, 신앙도 주 안에서 믿음이 성장하고 열매 맺는 모습을 보는 것이 기쁨이 됩니다.

외형에 치중하는 목회나 믿음 생활은 모래위에 지은 집과 같이 위험합니다. 외형에 치중하는 목회나 믿음생활을 하다가 환란과 풍파를 당하면 어찌할 바를 모르다가 파선하고 맙니다. 필자가 성령으로 내면을 치유하여 내면이 강한 하나님의 군사를 양성하는 사역을 하다가 보면 참으로 안타까운 일들을 많이 봅니다. 안타까운 경우란 내면을 추구하지 않고 보이는 외형을 추구하여 문제를 크게 만들기 때문입니다. 밖으로 나타나는 목회를 한다는 것입니다. 얼마 전에 지방에서 목회하시는 목사님이 21살 먹은 딸을 데리고 왔습니다. 사모님도 같이 오셨습니다. 자초지정을 들어보니 이런 경우였습니다. 교회를 개척하여 열심히 해서 교회를 건축하였는데 하나밖에 없는 딸이 정신적으로 이상이 생겨서 정상적인 생활을 하지 못하는 것입니다.

상황을 이렇습니다. 외동딸이 집에서 고등학교까지 다니고 대도시에 있는 대학을 다니게 된 것입니다. 그런데 교회에서 운영하는 고시 텔에 새벽기도를 나가는 조건으로 입주하여 자취생활을 시작했습니다. 대학을 가니 목사님 딸이라고 기독동아리 총무 일을 맡았습니다. 학업을 하랴 동아리 일을 하랴, 스트레스가 많았다는 것입니다. 그렇다고 숙식이 편안한 것도 아닌 차라, 체력이 약해질 대로 약해진 것입니다. 체력이 약해지니 밤에 자다가 좋지 못한 꿈을 꾸면서 가위눌림을 당하기도 했다는 것입니다. 정신적으로 문제가 생겨서 늘 불안하고 머리가 아팠다는 것입니다. 점점 상황이 좋지 못하여 한 학기를 마치고 집에 가서 사모인 엄마에게 사정이야기를 한 것입니다.

그래서 사모님이 수소문하여 전주에 기도원에서 그런 유형에 환자를 잘 치유한다는 이야기를 듣고 찾아간 것입니다. 갔더니 금식을 20일간 하면 치유가 된다는 것입니다. 그래서 스트레스 받아 체력이 소진되어 정신적이고 영적인 질병으로 고생하는 딸을 금식을 시킨 것입니다. 불타는 아궁이에 기름을 부은 격이 된 것입니다. 필자를 찾아왔을 때는 상황이 깊게 진전이 되어 딸이 의지를 제대로 발휘하지 못할 지경에 까지 이르렀습니다. 필자가 이렇게 말했습니다. 이 아이가 이렇게 된 것은 스트레스를 받아서 된 것이라고 단정할 수가 없고, 어렸을 때 상처가 있기 때문에 다른 사람들보다 스트레스를 더 받는 것입니다. 어렸을 때 무슨 일이 없었습니까? 사모님이 하시는 말씀이 초등학교 4학년 시절에 친구 집에서 친구들과 같이 오양의 비디오를 보았다는 것입니다. 그 이후로 눈에 그 비디오에서 일어나는 것들이 눈에 보여서 고생을 했다는 것입니다. 한번은 학교에서 왔는데 한쪽 머리를 완전하게 뽑은 채로 오기도 했다는 것입니다. 사모님의 조치는 아이를 혼내는 일이었습니다. 그때 목사님이나 사모님이 내면에 대하여 알았더라면 생명의 말씀과 성령으로 잠재의식을 내적 치유 했을 것입니다. 그런데 인간의 내면세계와 영적인 면을 모르니 조치가 아이를 혼내는 것이었습니다.

목사님이 하시는 말씀이 제가 이제야 내면세계와 영적인 면에 관심을 갖습니다. 지금까지 교회의 숫자적 성장과 교회를 건축하는 것이 목회의 전부인줄 알았습니다. 아니 거기에 목적을 두고 목회를 했습니다. 지금 깨닫고 보니 내면을 강하게 하여 군사 만드는 것이 목회라는 것을 알았습니다. 제가 내면세계와 영적인 면을 알았더라면 하나밖에 없는 딸을 저 지경으로 만들지 않았을 것입니다. 모두 저의 내면세계에 대한 무지의 소치로 발생한 일입니다.

그래서 지금도 늦지 않았으니 필자가 하라는 대로 순종하라고 하였습니다. 우선 한약이나 다른 보양식으로 체력을 끌어올리면서 성령의 역사가 아이의 내면에서 일어나게 하여 내면을 정화하면 서서히 정상으로 복귀할 수 있다고 조언을 했습니다. 이런 경우는 간단합니다. 체력을 끌어올리면서 내면을 성령의 역사로 정화하면 1달이면 정상으로 복귀할 수가 있습니다. 내면에 대하여 모르는 사람들이 무조건 금식시키고 귀신을 쫓아내면 치유가 되는 것으로 착각을 합니다. 무조건 문제만 해결하려는 사역을 합니다. 내면이 강해져야 문제가 해결된다는 것을 모르기 때문입니다. 하나님은 분명하게 "그런즉 너희는 먼저 그의 나라와 그의 의를 구하라 그리하면 이 모든 것을 너희에게 더하시리라(마 6:33)" 하셨습니다. 환자의 마음 안에 하나님의 성전이 견고하게 지어져야 내면에서 나오는 권능으로 문제가 해결이 되는 것입니다. 목회자는 내면세계를 모르면 모른다고 해야 합니다. 선무당이 사람을 잡는 것입니다. 이 아이는 초등학교 4학년 때 받은 충격이 무의식에 잠겨있으면서 눈만 감으면 화면이 보인 것입니다. 그러니까 괴로워서 머리를 쥐어뜯을 것입니다. 그때마다 내면은 망가지고 있었다는 것입니다. 무의식에 상처는 덩어리가 되어가고 있었습니다. 그런데다가 대학에 들어가 잘 먹지 못하고, 잘 자지 못하고, 공부에 스트레스가 과하여 체력이 소진 되니 성폭행당하는 가위눌림을 당한 것입니다. 생명의 말씀과 성령으로 내면을 채워서 내면의 능력을 길렀으면 이런 경우를 당하지 않았을 것입니다. 세상에서도 속이 꽉 찬 사람이라고 칭찬하지 않습니까? 생명의 말씀과 성령으로 속이 꽉 찬 목회자 성도가 되어야 합니다.

다음으로 깨달아야 할 것은 밖으로 나타나는 현상에 치중하는 것입니다. 성령이 충만하면 교회에서 기도하면서 벌벌 떨면서 기도해야 충만한 줄로 압니다. 손을 흔들고 발작을 하면서 기도해야 성령으로 충만한 줄로 아는 것입니다. 그래서 혼탁한 교회에서 기도하는 것을 보면 벌벌 떠는 사람, 손을 마구 흔들어대는 사람, 몸을 뒤틀면서 기도하는 사람 등등 정말 가관입니다. 외적으로 나타나야 인정하는 신앙의 자아가 형성된 것입니다. 얼마 전에 목회자 부부가 지방에서 올라와 저희 교회집회에 참석 했습니다. 저희 교회는 집회 시에 1시간 말씀을 전하고 50분 이상 개인 기도를 합니다. 개인 기도시간에 제가 일일이 안수를 해드립니다. 첫 시간 안수를 하면서 목사님을 보니 손을 흔들면서 진동을 아주 심하게 했습니다. 더 자세히 보니 무당의 영이 정체를 폭로하고 흔들어대는 것이었습니다.

그래서 첫 시간에는 아무 말도 하지 않고 안수만 해드렸습니다. 둘째 시간이 되었습니다. 안수를 하면서 목사님에게 질문을 했습니다. 목사님 언제부터 이렇게 진동하며 기도를 하셨습니까? 상당히 오래되어 얼마나 되었는지 모르겠다는 것입니다. 목사님! 목사님은 이러한 진동을 하는 것이 성령 충만해서 나타나는 것이라고 알고 있으시지요. 예! 맞습니다. 저 아주 성령 충만합니다. 그런데 여기에 왜 오셨습니까? 사모가 아파서 치유 받으러 왔습니다.

그래요. 목사님 혹시 집안에 무당이 없으십니까? 목사님이 하시는 말씀이 이렇습니다. 예! 무당은 없고 고모가 점쟁이를 하고 있다고 아버지에게 들었습니다. 목사님 오해하지 마시고 들으세요. 지금 목사님은 무속의 영이 진동을 하고, 손을 흔들면서 기도를 따라 하고 있습니다. 목사님이 이를 인정하지 않고 성령의 역사라고 믿으니 떠나가지 않는 것입니다. 축사를 해드릴까요? 했더니 해달라는 것입니다. 그래서 이 더러운 무속의 영아! 정체를 밝혀라. 하니 아주 심하게 손을 흔들어 댑니다. 예수 이름으로 명하노니 더러운 무속의 영은 떠나갈지어다. 했더니 기침을 사정없이 하면서 오물을 토하면서 귀신들이 떠나갔습니다. 2일째 되는 날도 진동을 약하게 하며 손을 흔들고 기도를 하여 축사를 했습니다. 3일째 되는 날은 진동을 하지 않고 손도 흔들지 않고 아주 편안하게 기도를 하셨습니다. 무속의 영이 떠나간 것입니다.

그런데 문제가 하나 있었습니다. 사모님이 질병으로 시달려서 정상적인 생활을 못하시는 것입니다. 그래서 사모님을 치유하려고 지방에서 올라온 것입니다. 목사님 집안에 역사하던 무속의 영이 사모님을 괴롭히는 것입니다.

그래서 사모님을 앞으로 모시고 나와서 안수를 하니 귀신들이 말로 표현할 수 없을 정도로 많이 나갔습니다. 근육통과 관절염으로 아프지 않는 곳이 없었다고 합니다. 원래 무속의 영이 역사하면 근육통과 관절이 아플 수가 있습니다. 안수 받고 날아갈 것 같다고 하면서 내려가셨습니다. 문제는 이렇게 진동하는 것에 만족하면서 기도하니 내면이 강해지지 못한다는 것입니다. 자신은 그렇게 진동하면서 기도하니 성령으로 충만하다고 나름대로 믿어 버리고, 성령의 역사를 내면에서 일어나도록 받아들이지 않으니 내면이 강해지지 않는 것입니다. 일어나는 현상이나 외형에 치중하는 신앙생활은 빨리 깨닫고 고치려고 해야 변화되어 내면이 성숙한 믿음생활을 할 수가 있습니다.

성도에게 있어서 믿음의 성장과 성숙함으로 주님을 닮아가는 것은 매우 중요한 요소입니다. 주님의 몸인 교회는 성도의 신앙 성숙을 위해서 직분 자들을 세우셨는데, 사도와 선지자이며, 복음 전하는 자, 목사와 교사입니다(엡4:11). 이들은 성도를 온전하게 하여 봉사의 일을 하게하며, 그리스도의 몸을 세우기 위함입니다(엡4:12). 그리스도의 몸이란 바로 교회이며, 성도가 온전하여 봉사의 일을 하게 될 때 건강한 교회가 세워지는 것입니다.

그렇다면 신앙 성숙의 모델은 누구입니까? 직분자들이 아니라, 예수 그리스도입니다. 그분의 비전이 우리의 비전이 되고, 그분의 마음이 우리의 마음이 되며, 그분을 바라보고 따라가며 순종할 때, 온전한 성장을 이루어 그리스도의 장성한 분량이 충만한 데까지 이르는 것입니다(엡4:13).

예수님은 자기 스스로 행하시는 일이 없으셨고, 하나님의 뜻대로 순종하시고, 복음과 하나님 나라를 위한 삶이었습니다. 이처럼 성도가 가르침을 잘 받고, 기도로 무장하며 나아갈 때 살아있는 영성을 소유할 수 있습니다. 생명이 있는 곳에서 변화가 일어나기 때문에 좋은 결과물을 볼 수 있습니다. 계시록에 나오는 소아시아 7교회 중 사데 교회는 살았다는 이름을 가졌으나 주님이 보실 때 죽은 교회여서 책망 받았습니다(계3:1). 외적으로는 풍요롭게 보였으나 내면이 죽었기 때문에 책망을 받은 것입니다. 우리는 자신의 신앙 상태를 점검하는 것은 매우 중요합니다. 유아기에서 벗어나 더 이상 기복주의, 신비주의를 거부함으로 유치한 신앙에서도 일어나야 합니다.

19장 사람을 의식하는 습관이 약하게 한다.

(삼상15:30)"사울이 이르되 내가 범죄하였을지라도
이제 청하옵나니 내 백성의 장로들 앞과 이스라엘 앞에
서 나를 높이사 나와 함께 돌아가서 내가 당신의 하나님
여호와께 경배하게 하소서 하더라"

하나님께서는 사람을 의식하는 성도와 같이 하시지 않습니
다. 성도의 내면이 부실한 것은 사람을 의식하는 습관이 바뀌지
않았기 때문입니다. 하나님은 "여호와께서 이와 같이 말씀하시
니라 무릇 사람을 믿으며 육신으로 그의 힘을 삼고 마음이 여호
와에게서 떠난 그 사람은 저주를 받을 것이라(렘 17:5)" 하나님
은 영이시기 때문에 육신에 속한 사람을 의지하는 사람과 교통
할 수가 없습니다. 사람(아담)은 하나님을 만나면 죽습니다. 반
드시 예수를 믿고 성령으로 거듭나야 하나님과 교통할 수가 있
습니다. 예수님은 "나의 계명을 지키는 자라야 나를 사랑하는
자니 나를 사랑하는 자는 내 아버지께 사랑을 받을 것이요, 나
도 그를 사랑하여 그에게 나를 나타내리라(요 14:21)" 말씀하
셨습니다.

우리는 사울 왕과 같이 사람을 의식하지 말아야 합니다. 하나
님께서 사울 왕에게 "아말렉을 쳐서 그들의 모든 소유를 남기
지 말고 진멸하되 남녀와 소아와 젖 먹는 아이와 우양과 낙타와
나귀를 죽이라(삼상 15:3)"고 세밀하게 명령하셨습니다. 그러

나 이미 하나님에게서 멀어진 사울은 하나님 말씀을 적당히 흘러들었습니다. "진멸하라"는 명령을 "적당히 쳐부수라."는 말 정도로 흘려들은 사울은 아말렉을 진멸하지 않고 좋은 것들은 남깁니다. 이에 진노하신 하나님께서는 사울을 버려 왕이 되지 못하게 하셨다고 반복적으로 말씀하셨습니다(23절, 26절, 28절). 사울은 "하나님께서 버리셨다는 말씀"이 얼마나 무서운 것인지를 생각하지 않았습니다. 사울왕은 어려서부터 하나님의 말씀에 순종하지 않는 것이 습관이 된 것입니다. "네가 평안할 때에 내가 네게 말하였으나 네 말이 나는 듣지 아니하리라 하였나니 네가 어려서부터 내 목소리를 청종하지 아니함이 네 습관이라(렘 22:21)" 말씀에 순종하지 않는 사울왕의 타락한 영적 상태를 알고 하나님을 경외하는 성도들이 됩시다.

사울은 하나님 말씀에 대해 영적으로 귀가 막힌 사람이었습니다. 그는 하나님 말씀에 순종하지 않고 자기 생각대로 행하고서도 자신은 하나님께 순종하는 자로 착각하고 있었습니다. "사무엘이 사울에게 이른즉 사울이 그에게 이르되 원하건대 당신은 여호와께 복을 받으소서 내가 여호와의 명령을 행하였나이다…(15:13)" 그는 하나님 말씀보다 사람들의 말을 더 두려워하는 자였습니다. "사울이 사무엘에게 이르되 내가 범죄하였나이다. 내가 여호와의 명령과 당신의 말씀을 어긴 것은 내가 백성을 두려워하여 그들의 말을 청종하였음이니이다(15:24)" 사울을 왕으로 세우신 이는 하나님이시며 사울의 왕권을 보장하시는 분도 하나님이십니다. 그러나 그는 하나님보다 사람을 더 두려워함으로 인해 실패와 저주의 올무에 걸리고 말았습니다.

사울은 사람 중심의 종교를 가진 종교적인 위선자였습니다. 사무엘은 "여호와께서 왕을 버렸으므로 왕과 함께 가지 않겠다."고 말했습니다. 그러자 사울은 사무엘의 옷자락을 잡았습니다. 얼마나 꽉 잡았는지 사무엘의 옷이 찢어지고 말았습니다. 마치 12년을 혈루증으로 고생한 여인이 절박한 심령으로 예수님의 옷자락을 만졌던 것과 비슷한 상황입니다. 그런데 사울은 순전히 인간적인 목적으로 사무엘의 옷자락을 붙잡았습니다. "비록 내가 범죄하였을지라도 내 체면을 봐서 저와 함께 갑시다."고 한 사울의 말 속에 그의 속마음이 들어나 있습니다. 하나님께 책망 받고 버림당하는 것은 사울에게 별로 두려운 일이 아니었습니다. 그가 두려워한 일은 "사람들에게 무시당하는 일"이었습니다.

그래서 사무엘의 옷자락이 찢어지도록 붙잡고 함께 가자고 간청한 것입니다. 겉으로는 예배요 속으로는 자기 명예를 챙기는 종교적인 사기꾼 행각입니다. 사울과 같은 상황에 처하면 "명예 체면"보다 하나님께 용서받는 것이 백배 천배 더 중요한 일입니다. 다윗은 사울과 같은 상황에서 마음을 찢고 눈물로 회개하며 용서를 간구했습니다.

주님께서는 이 땅에 사실 때 "오직 아버지의 뜻"을 이루는 것에 온 마음과 힘을 기울이셨습니다. 수많은 기적과 표적을 행하셨기 때문에 "조금만 세상과 타협했더라면" 인기 만점으로 떵떵거리며 살 수 있었습니다. 그러나 주님은 세속과 타협하시지 않으셨습니다. 타락한 종교지도자들을 보시고 "위선자, 더 나아가 독사의 자식들"이라고 책망하셨습니다. 결국은 미움을 받으시고 십자가를 지셨습니다. 결박과 환난 중에도 오직 예수의 복음을 증거하기 위해 모든 것을 바친 사도들의 삶이 하나님께서 보시기에 아름다운 삶입니다. 사람을 두려워하고 자기 체면을 중시하는 이들은 하나님께서 싫어하십니다. 교회 생활하는 가운데 혹시 내 자존심과 이권 때문에 하나님을 무시하고 거만하게 행동하시지는 않으셨는지요? 주님 말씀보다 사람들의 말에 귀를 기울이시지는 않으셨는지요? 실패한 사울왕의 전철을 밟지 맙시다. 주님을 사랑합시다.

첫째, 하나님의 선민의 위대함을 모르는 사울입니다. 어떻게 해서 다윗은 골리앗을 정복했는데 사울과 그 군대는 골리앗 앞에서 혼비백산하고 뒤로 물러갔습니까? 그 이유가 어디에 있습니까? 하나님의 택한 선민이라는 긍지와 자부심이 없었습니다. 하나님께서 함께하신다는 믿음과 담대함이 없었습니다. 사울은 골리앗의 모욕적인 도발에 대하여 두려워하고 도망하기에 바빴습니다. 그래서 골리앗이 와서 고함을 치고 산천초목이 쩌렁쩌렁 울리면 사울과 그 군대는 정신을 차리지 못했습니다. 공포로 말미암아 숨을 곳을 찾는다고 모두 다 땅에 기고 엎드리고 야단이었습니다. 그러나 다윗은 골리앗의 도전 앞에 무너지는 이스라엘의 군대의 사기를 보고 통분히 여겼습니다. 사람이 현실의 어려움을 바라보고 통분히 여기지 아니하면 그 어려움에 대처할 수 없습니다.

사무엘상 17장 26절에 보면 "다윗이 곁에 서 있는 사람들에게 말하여 이르되 이 블레셋 사람을 죽여 이스라엘의 치욕을 제거하는 사람에게는 어떠한 대우를 하겠느냐 이 할례 받지 않은 블레셋 사람이 누구이기에 살아 계시는 하나님의 군대를 모욕하겠느냐" 사시는 하나님의 군대인 이스라엘이 골리앗 앞에서 혼비백산하여 모두 다 꼬리를 감추고 도망을 치는 이 마당에 소년 다윗은 통분히 여겼습니다. 이것이 무엇이기에 감히 사신 하나님의 군대를 이렇게 모욕하는가? 골리앗 앞에 도망을 치는 이스라엘 군대를 보고 그는 마음에 굉장히 통분을 느꼈습니다. 이것이 사울과 다윗의 다른 점입니다. 사울은 통분히 여기지 않았습니다. 사울은 그저 겁에 질려서 어찌할 바를 모르고 절절매었지만 다윗은 그 행실 없는, 할례 없는 블레셋 사람이 하나님의 군대를 모욕하는 것을 보고 마음 아프게 여기고 원통하여 여기고 분노를 느낀 것입니다.

개인의 삶도 한가지입니다. 개인의 삶도 자기의 현실적인 삶의 모자람을 바라보고 마음에 통분히 여겨서 눈물을 흘리며 각오와 결심을 하는 그러한 사람에게 하나님께서 함께하시며 은총과 사랑을 베풀어 줍니다. 동남풍아 불어라. 서북풍아 불어라. 바람 부는 대로 물결치는 대로 나는 세태를 따라 그냥 살아가면 그뿐이다, 흥하든 망하든 알 것이 무어냐 이렇게 하면 그러한 사람을 누가 하나님이 도와주겠습니까? 처자를 잘 먹여 살리지 못하는 것을 보고 통분히 여기는 가장이 있어야 하고,

남편과 자녀들을 잘못 돌보아주는 것을 통분히 여기는 주부가 있어야 하고, 부모를 잘 섬기지 못하고 또 열심히 공부하지 못하는 이 현실을 통분히 여기고 가슴을 치는 그러한 자녀들이 있어야 합니다. 이러한 사람들이 모이면 운명과 환경을 변화시키는 기적이 일어나게 되는 것입니다.

사울과 그 군대가 골리앗 앞에서 일신의 보호를 위해서 도망치기에 바쁠 때에 목동 다윗은 골리앗에 대해서 통분히 여겼습니다. "이 어쩐 일인고. 어찌 감히 할례 받지 못한 이방인이 하나님의 군대를 모욕하는 고, 천하에 이런 일이 있을 수 있는가?" 그는 통분히 여긴 것입니다. 그래서 하나님은 사울을 사용하지 않고 어린 다윗을 사용한 이유가 바로 거기에 있는 것입니다.

둘째, 하나님께서 함께하심을 망각한 사울입니다. 사울은 하나님의 위대하심을 알지 못했습니다. 그래서 사무엘상 17장 33절에 보면 "사울이 다윗에게 이르되 네가 가서 저 블레셋 사람과 싸울 수 없으리니 너는 소년이요 그는 어려서부터 용사임이니라" 다윗이 하나님을 의지하고 나가겠다고 그러는데 사울은 하나님의 말은 한 마디도 안 했습니다. 사울은 "다윗 너는 아직 어린 소년이고 저 골리앗은 어릴 때부터 용사요 장군이라 네가 나가서 싸워 그를 이기지 못한다." 여기에 사울은 하나님의 말씀을 한 마디도 하지 않았습니다. 그는 하나님을 알지 못했습니다. 종교는 가지고 있어도 하나님은 알지 못했습니다. 그러므로 위기에 처할 때에 하나님의 능력을 의지해서 위기에 대처할 수 있는 그러한 지식이 없었습니다.

그러나 다윗은 그렇지 않았습니다. 다윗은 자기가 비록 조그마한 초립동 목동이었지만 그러나 하나님에 대한 확실한 지식을 가지고 있었습니다. 그리고 하나님에 대한 체험적인 지식을 가지고 있었습니다. 그는 하나님의 위대함을 체험적으로 알고 있었습니다. 사무엘상 17장 34절로 37절에 보면 "다윗이 사울에게 말하되 주의 종이 아버지의 양을 지킬 때에 사자나 곰이 와서 양 떼에서 새끼를 물어가면 내가 따라가서 그것을 치고 그 입에서 새끼를 건져내었고 그것이 일어나 나를 해하고자 하면 내가 그 수염을 잡고 그것을 쳐죽였나이다. 주의 종이 사자와 곰도 쳤은즉 살아 계시는 하나님의 군대를 모욕한 이 할례 받지 않은 블레셋 사람이리이까, 그가 그 짐승의 하나와 같이 되리이다. 또 다윗이 이르되 여호와께서 나를 사자의 발톱과 곰의 발톱에서 건져내셨은즉, 나를 이 블레셋 사람의 손에서도 건져내시리이다 사울이 다윗에게 이르되 가라 여호와께서 너와 함께 계시기를 원하노라" 이 얼마나 하나님에 대한 확실한 체험적인 지식을 가지고 있습니까? 사울은 하나님에 대한 말도 안 했는데 다윗은 내가 비록 어린 소년이요 목동이지만 그러나 하나님이 나와 같이 계셔서 사자도 치고 곰도 치고 사자의 이빨과 곰의 발톱에서 나를 건진 하나님께서 이 블레셋 사람에게서 나를 능히 나를 건져 주신다. 그는 하나님에 대한 체험적인 확실한 지식을 가지고 있었습니다. 우리가 어려운 일을 당하고 그를 극복하려고 하면 하나님을 분명히 알아야 합니다. 하나님을 알지 못하고 현실 환경만 바라보고 두려워하고 떨면 아무 일도 하지 못합니다.

우리가 하나님을 어떻게 확실히 알 수 있는 것입니까? 십자가를 통하여 우리에게 말씀하신 그 하나님을 우리가 알아야 됩니다. 오늘날 하나님께서는 갈보리 십자가 예수 그리스도를 통해서 우리에게 끊임없이 말씀하십니다. 그 십자가 위해서 못 박혀 몸 찢고 피를 흘려 죽으면서 우리에게 전달하는 하나님의 메세지를 우리가 분명히 안다면 우리는 어떠한 위기도 극복할 수 있는 것입니다.

이사야 53장 5절에서 6절에 "그가 찔림은 우리의 허물을 인함이요 그가 상함은 우리의 죄악을 인함이라 그가 징계를 받음으로 우리가 평화를 누리고 그가 채찍에 맞음으로 우리가 나음을 입었도다. 우리는 다 양같이 그릇 행하여 각기 제 길로 갔거늘 여호와께서는 우리 무리의 죄악을 그에게 담당시키셨도다. 이것이 바로 십자가의 메시지입니다.

하나님은 예수 그리스도를 십자가에 못 박고 그를 통하여 우리에게 메시지를 전달하고 있는데 이 메시지를 우리가 분명히 알고 있어야 골리앗을 대적할 수 있습니다.

이 메시지는 무엇입니까? 예수 그리스도의 십자가를 통하여 하나님께서는 너의 모든 죄를 내가 용서한다. 네가 믿기만 하면 내가 의롭게 만들어 준다. 그러므로 용서와 의를 받으라. 이렇게 외치고 있습니다. 그 메시지를 받고 회개하고 용서와 의를 받아 당당한 믿음으로 나아갈 수 있는 것입니다.

분명히 내가 성령으로 세례를 받고 하나님의 자녀가 된 확신을 얻고 하늘과 땅과 세계와 그 가운데 모든 것을 지으신 하나님이 나의 친 아버지가 되시고 나는 그의 친 자녀가 되고 하나님의 가족의 일원이 되었다는 것을 알면 얼마나 가슴을 펴고 당당할 수가 있습니까? 곰이나 사자를 보고 두려워하겠습니까? 골리앗을 보고 두려워하겠습니까? 천지와 만물을 지은 하나님이 내 친 아버지가 되고 내가 친 자식이 되니 그 아버지께 기도하고 성령을 의지하고 나가는데 무엇을 두려워할 수 있겠습니까? 이러므로 십자가 위해서 우리에게 전달해 주는 하나님의 메시지를 우리가 분명히 알아듣고 깨달아 되는 것입니다.

십자가를 통하여 오늘도 하나님은 축복과 형통의 말씀을 전하고 있습니다. 귀 담아 들어야 하는 것입니다. 그리스도께서 우리를 위하여 저주를 받은바 되사 율법의 저주에서 우리를 속량하였으니 기록된바 나무에 달린 자마다 저주 아래 있는 자라 하였음이라 이는 그리스도 예수 안에서 아브라함의 복이 이방인에게 미치게 하려 함이라 이와 같이 하나님이 십자가를 통하여 우리에게 메시지를 전달하고 있습니다. 십자가를 통해서 전달해 오는 그 메시지에 귀를 기울여서 그 메시지를 받아들이면 우리는 저주에서 해방을 얻을 수가 있는 것입니다. 가난에서 자유를 얻을 수가 있고 마음에 큰 신념을 얻고 나갈 수 있고 이러한 사람에게 하나님이 복을 주시는 것입니다.

셋째, 사울왕은 자신의 가진 것만 생각했습니다. 우리가 담대하여 두려워하지 말아야 되는 것입니다. 담대함이 없이는 아무 일도 할 수 없습니다. 사울과 그 군대는 골리앗이 한번 외치니 모두 다 혼비백산하여 달아났습니다. 담력이 없습니다. 두려움으로 꽉 들어찼습니다. 그러나 하나님께서는 우리에게 담력을 가지라고 말을 합니다.

우리도 똑같은 말씀 아니겠습니까? 예수께서 말씀하기를 볼찌어다. 세상 끝날 까지 내가 항상 너와 함께 하리라고 말씀하셨습니다. 그날에는 내가 아버지 안에 너희가 내 안에 내가 너희 안에 있는 것을 너희가 알리라 너희 두세 사람이 내 이름으로 모인 곳에는 나도 너희와 함께 있겠노라. 그러므로 마음을 강하게 하고 담대히 하라. 강하고 담대한 마음이 없으면 우리가 우리의 운명에 대한 골리앗을 넘어뜨릴 수가 없습니다.

사울은 강하고 담대한 마음이 없었어요. 사무엘상 17장 24절로 25절에 보면 "이스라엘 모든 사람이 그 사람을 보고 심히 두려워하여 그 앞에서 도망하며 이스라엘 사람들이 이르되 너희가 이 올라 온 사람을 보았느냐 참으로 이스라엘을 모욕하러 왔도다. 그를 죽이는 사람은 왕이 많은 재물로 부하게 하고 그의 딸을 그에게 주고 그 아버지의 집을 이스라엘 중에서 세금을 면제하게 하시리라" 너무 너무 두려워해 가지고서 왕이 하는 말이 골리앗을 이기는 사람에게는 내가 내 딸을 주고 사위로 삼고 이스라엘에서 자유케 하여 마음대로 살도록 해 주겠다고 했습니다. 두려움으로 벌벌 떨었습니다.

그러나 강하고 담대한 다윗을 보십시요. 사무엘상 17장 32

절에 "다윗이 사울에게 말하되 그로 말미암아 사람이 낙담하지 말 것이라 주의 종이 가서 저 블레셋 사람과 싸우리이다" 이스라엘의 역전의 용사들이 다 도망을 치는데 조그마한 목동이 와서 그를 인하여 낙담하지 말지라 내가 가서 싸우겠다. 그는 담대했습니다. 하나님은 담대한 사람을 사용하십니다. 환경을 바라보고 겁이 나서 움츠려서 뒤로 물러가는 사람 하나님이 사용하지 않습니다. 자기의 신념을 가지고 하늘이 무너지고 땅이 꺼져도 눈을 부릅뜨고 용기와 힘을 가지고 담력을 가진 사람을 하나님이 사용하여 주시는 것입니다. 겁쟁이는 하나님이 절대로 사용하지 않습니다. 우리가 담대하기 위해서는 우리가 어떻게 해야 할까요? 히브리서 10장 35절에 "그러므로 너희 담대함을 버리지 말라 이것이 큰 상을 얻느니라"고 말씀하신 것입니다. 담대하기 위해서는 항상 말씀을 묵상해야 되는 것입니다. 성령님을 인정하고 환영하고 모셔드리고 의지합니다. 성령님 나와 함께 하여 주시옵소서. 하나님의 성령이 우리의 연약함을 도와주신다고 말씀하신 것입니다.

시편 3편 6절로 7절에 "천만인이 나를 둘러치려 하여도 나는 두려워 아니하리이다. 여호와여 일어나소서, 나의 하나님이여 나를 구원하소서 주께서 나의 모든 원수의 빰을 치시며 악인의 이를 꺾으셨나이다" 성령이 일어나서 우리에게 힘을 주시는 것입니다. 그 다음에 순종의 삶을 살아야 담대하게 되는 것입니다. 하나님을 거역하고 살면 양심이 고통스러워 담대함이 없습니다. 하나님을 순종하는 삶을 살 때에 마음에 거리낌이 없고 우리 마음속에 담대함을 가질 수가 있는 것입니다.

넷째, 사울왕은 하나님을 계산에 넣지 않았습니다. 사울왕은 불가능에 도전하는 믿음이 없습니다. 사람의 생각으로 할 수 없다 안 된다 못한다는 것을 할 수 있다 하면 된다 해보자는 믿음으로 도전을 할 수 있어야 되는 것입니다. 사무엘상 17장 33절에 "사울이 다윗에게 이르되 네가 가서 저 블레셋 사람과 싸울 수 없으리니 너는 소년이요 그는 어려서부터 용사임이니라" 아예 불가능하다고 말했었습니다. 다윗을 보고 너는 저 골리앗과 못 싸운다 불가능하다. 그러나 다윗은 불가능에 대한 도전하는 믿음이 있었습니다.

사무엘상 17장 37절에 "또 다윗이 이르되 여호와께서 나를 사자의 발톱과 곰의 발톱에서 건져내셨은즉 나를 이 블레셋 사람의 손에서도 건져내시리이다 사울이 다윗에게 이르되 가라 여호와께서 너와 함께 계시기를 원하노라" 다윗은 불가능에 대해서 도전하기를 원했습니다. 다른 사람들이 다 안 된다고 말할 때에 다윗은 된다고 말했습니다. 우리가 하나님을 믿으면 불가능에 도전할 줄 알아야 되는 것입니다. 믿음이라는 것은 자기를 믿는 것이 아닙니다. 천지와 만물을 지으신 하나님을 믿기 때문에 하나님의 눈으로 바라보고 우리가 할 수 없는 일을 우리가 도전하는 것이 믿음인 것입니다.

마가복음 11장 22절로 24절에 "예수께서 대답하여 저희에게 이르시되 하나님을 믿으라 내가 진실로 너희에게 이르노니 누구든지 이 산더러 들리어 바다에 던지우라 하며 그 말하는 것이 이룰 줄 믿고 마음에 의심치 아니하면 그대로 되리라. 그러므로 내가 너희에게 말하노니 무엇이든지 기도하고 구하는 것은 받은 줄로 믿으라. 그리하면 너희에게 그대로 되리라" 예수님께서는 하나님을 믿었으면 태산에 도전하는 것입니다. 하나님을 믿었으면 산들에 명하여 저 바다에 던지우라. 이것은 도저히 인간적으로 불가능한 일입니다. 그러나 그런데 도전하고 나가라는 것입니다. 불가능에 도전하고 나가는 것이 하나님 믿는 사람입니다. 안 믿는 사람은 이성적으로 생각해 보고 타당성이 있는 일을 하지만 하나님 믿는 사람은 믿음으로 말미암아 불가능에 도전할 줄 알아야 되는 것입니다.

다섯째, 사울은 합리적이고 이성주의자였습니다. 사무엘상 17장 38절로 39절에 "이에 사울이 자기 군복을 다윗에게 입히고 놋 투구를 그의 머리에 씌우고 또 그에게 갑옷을 입히매 다윗이 칼을 군복 위에 차고는 익숙하지 못하므로 시험적으로 걸어 보다가 사울에게 말하되 익숙하지 못하니 이것을 입고 가지 못하겠나이다 하고 곧 벗고"라고 했습니다. 사울은 전쟁에 이기려면 자기 왕이 입고 있는 군복을 입고 자기가 하는 놋투구를 쓰고 자기의 갑옷을 입고 자기의 칼을 차야 된다. 이러한 완전무장을 하지 않고는 전쟁에 이기지 못한다. 그는 이성주의자였습니다. 합리주의자였습니다. 그러나 다윗은 하나님과 같이 있는데 무슨 특별히 투구가 있어야 이기고 갑옷이 있어야 이기고 칼이 있어야 이기느냐? 하나님이 같이 계시면 내 있는 그대로 가도 이긴다 그 말인 것입니다. 사울은 하나님을 언제나 계산에 넣지 않았습니다만 다윗은 자기의 하는 일에 언제나 하나님을 계산에 넣었습니다.

그리고 다윗은 기적을 기대했기 때문에 사울상 17장 40절로 44절에 "손에 막대기를 가지고 시내에서 매끄러운 돌 다섯을 골라서 자기 목자의 제구 곧 주머니에 넣고 손에 물매를 가지고 블레셋 사람에게로 나아가니라. 블레셋 사람이 방패 든 사람을 앞세우고 다윗에게로 점점 가까이 나아가니라. 그 블레셋 사람이 둘러보다가 다윗을 보고 업신여기니 이는 그가 젊고 붉고 용모가 아름다움이라. 블레셋 사람이 다윗에게 이르되 네가 나를 개로 여기고 막대기를 가지고 내게 나아왔느냐 하고 그의 신들의 이름으로 다윗을 저주하고 그 블레셋 사람이 또 다윗에게 이르되 내게로 오라 내가 네 살을 공중의 새들과 들짐승들에게 주리라 하는지라" 그런데 여기에 다윗이 뭐라고 대답을 했습니까? 다윗은 나는 사울의 투구를 쓰고 사울의 갑옷을 입고 사울의 칼을 가졌다. 현대식 무기로 무장했으니 나오라 그렇게 말했습니까? 아닙니다. 다윗은 그의 하는 일에 언제나 하나님을 보태었습니다. 그는 하나님을 계산에 넣고 말하는 것입니다.

사무엘상 17장 45절로 51절에 "다윗이 블레셋 사람에게 이르되 너는 칼과 창과 단창으로 내게 나아 오거니와 나는 만군의 여호와의 이름 곧 네가 모욕하는 이스라엘 군대의 하나님의 이름으로 네게 나아가노라. 오늘 여호와께서 너를 내 손에 넘기시리니 내가 너를 쳐서 네 목을 베고 블레셋 군대의 시체를 오늘 공중의 새와 땅의 들짐승에게 주어 온 땅으로 이스라엘에 하나님이 계신 줄 알게 하겠고, 또 여호와의 구원하심이 칼과 창에 있지 아니함을 이 무리에게 알게 하리라 전쟁은 여호와께 속한 것인즉 그가 너희를 우리 손에 넘기시리라. 블레셋 사람이 일어나 다윗에게로 마주 가까이 올 때에 다윗이 블레셋 사람을 향하여 빨리 달리며, 손을 주머니에 넣어 돌을 가지고 물매로 던져 블레셋 사람의 이마를 치매 돌이 그의 이마에 박히니 땅에 엎드러지니라. 다윗이 이같이 물매와 돌로 블레셋 사람을 이기고 그를 쳐죽였으나 자기 손에는 칼이 없었더라. 다윗이 달려가서 블레셋 사람을 밟고 그의 칼을 그 칼집에서 빼내어 그 칼로 그를 죽이고 그의 머리를 베니 블레셋 사람들이 자기 용사의 죽음을 보고 도망하는지라"

여기에 사울과 다윗의 다른 점이 있습니다. 사울은 현대 무기를 가지고 나아가야 골리앗과 대결할 수 있다고 생각했는데 다윗은 있는 그대로 목자의 제구 물맷돌 다섯 개를 들고서 하나님이 같이 계심으로 하나님이 싸워 주신다. 하나님의 함께하심을 믿은 것입니다.

20장 보이는 면에 치중하는 습관이 약하게

(고전 3:16-17)"너희는 너희가 하나님의 성전인 것과 하
나님의 성령이 너희 안에 계시는 것을 알지 못하느냐? 누구
든지 하나님의 성전을 더럽히면 하나님이 그 사람을 멸하
시리라 하나님의 성전은 거룩하니 너희도 그러하니라."

하나님은 유형교회들이 성도들의 내면세계에 관심을 가지고
목회를 하기를 원하십니다. 성도들 역시 내면의 능력과 지혜를
활성화하는 믿음생활을 하기를 원하십니다. 하나님께서 성도들
의 마음 안에 성전삼고 주인으로 계시기 때문입니다. 하나님은
성도들의 마음 안에 성전삼고 계시면서 성도들을 통하여 세상에
나타내시기를 소원하십니다. 기독교는 종교가 아닙니다. 기독교
는 하나님께서 친히 제정하신 것입니다. 절대로 기독교를 이방
종교와 비교해서는 안 됩니다. 하나님께서 예수를 믿는 사람을
통하여 나타나시는 것입니다. 성도들의 마음 안에 하나님께서 주
인으로 계시는 것입니다.

기독교 신앙의 본질은 근본적으로 열심히 하고 많이 알아야 하
는 외형적인 것이 아닙니다. 마음 안에 성전삼고 계시는 하나님
께서 나타나는 생명의 신앙입니다. 우리의 신앙은 복음을 복음답
게 깨달아 간다면 샘솟는 감격에 찬 신앙이 될 것입니다. 또 하나
의 기독교 신앙에 대한 오해는 점차 "외형적인 것을 마치 신앙의
본질"인 것으로 간주하는 현상입니다. 만약 기독교 신앙의 본질

을 세상에서의 보이는 성공에 둔다거나, 세상적인 기준에서의 사회정의에 둔다거나, 외형적인 교회의 크기에 두는 것은 기독교의 기독교 됨, 즉 세상을 이기신 그리스도의 절대적인 가치와 긍지를 상실하고, 오히려 세상의 상대적인 철학과 세속적인 가치관에 동화된 서글픈 상황이 되는 것입니다. 힘이 없는 종교로 전락하게 됩니다.

사도 바울은 고린도 전서에서 고린도 교회의 문제 상황을 분석하면서, 고린도 교회 성도들이 "보이는 사람 중심의 파당과 분쟁"의 미숙함을 지적하고 있습니다. 그러한 교회생활의 미숙은 결국 "보이지 않는 영원한 하나님의 세계"를 보지 못하는 것임을 고린도 후서에서 다음과 같이 설명하고 있습니다. "우리의 돌아보는 것은 보이는 것이 아니요 보이지 않는 것이니 보이는 것은 잠깐이요, 보이지 않는 것이 영원함이라(고후 4:18)"

위의 말씀은 우리의 신앙이 참으로 보이는 외형적인 차원에 초점이 있는 것이 아니라, 보이지 않고 자신 안에 성전삼고 계시는 영원하신 하나님의 세계를 목적삼고 있음을 강력하게 증거하고 있습니다. 우리는 신앙생활을 한다고 할 때 자칫하면 이미 "신앙"이라는 것은 어느 정도 이루어 진 것으로 생각하고, 그저 겉으로 드러나는 "생활"을 잘해야 하는 것으로 생각하기 쉽습니다.

진정한 신앙이라는 것은 일차적으로 하나님을 살아계신 하나님으로 깨달아감으로서 인격의 내면에서 변화가 이루어지는 일이므로, 감각적인 눈으로는 보이지 않는 신령한 세계의 일입니다. 살아계신 성령의 역사가 성도를 장악함으로 이루어지는 일입니다. 사람의 눈에는 보이지 않는 세계의 일입니다. 내면에 관심을 가지고 추구해야 보이며 하나님의 형상으로 변할 수가 있습니다. 반드시 성령으로 거듭나야 볼 수가 있는 신령한 세계입니다.

그것은 우리의 눈으로는 보이지 않는 하나님을 성경 진리의 말씀을 통해서 깨닫고, 그 하나님의 보이지 않는 은혜의 섭리를 우리 삶의 전 영역을 통해 발견하고 느끼는 삶입니다. 살아계신 하나님께서 마음 안에 성전삼고 계시면서 성령의 역사와 체험을 통하여 하나님의 형상으로 바꿔지는 신령한 일입니다. 이는 관심을 가지고 추구하지 않으면 알 수가 없는 세계의 일입니다. 성령의 살아있는 역사가 아니면 깨달을 수가 없습니다. 깊은 내면 세계에 관심을 집중해야 변화되고 체험할 수가 있는 깊은 세계입니다. 하루 이틀에 바뀔 수가 없는 깊고도 신비한 초자연적인 세계입니다. 그것은 평생토록 성령의 지배와 인도를 받아야 깊어질 수 있는 세계입니다. 일반적인 크리스천의 눈에는 보이지 않는 세계입니다.

보이지 않기 때문에 보이는 면으로 신앙을 성숙을 판단하니 참으로 안타까운 현실입니다. 물론 밖으로 나타나는 열심도 있어야 합니다. 그러나 내면이 생명의 말씀과 성령으로 강하게 되어 걸어 다니는 성전 된 상태에서 열심히 해야 합니다. 먼저는 자신의 내면을 강하게 하는 일이라는 것입니다. 자신의 내면이 성전이 된 다음에 열심히 하고 많이 알기 위해서 노력하라는 것입니다. 필자가 말하는 것은 보이는 열심과 많이 알아야 된다는 외형에 치우치면 안 된다는 것입니다. 하나님께서는 이렇게 말씀을 하십니다. "너희가 내 안에 거하고 내 말이 너희 안에 거하면 무엇이든지 원하는 대로 구하라 그리하면 이루리라(요 15:7)" 하나님께서는 밖으로 나타나는 열심을 강조하시지 않았습니다. "너희가 내 안에 거하고 내 말이 너희 안에 거하면 무엇이든지 원하는 대로 구하라 그리하면 이루리라" 하시면서 내면을 강조하셨습니다. 예수님은 내면을 강조하는 말씀을 많이 하셨습니다. 마음 안에 계신 성령님의 감동을 받아 순종하면 원하는 것이 이루어진다는 말씀입니다.

하나님은 살아계십니다. 인격이십니다. 인격이신 하나님은 예수를 믿는 성도 안을 성전삼고 계십니다. "너희 몸은 너희가 하나님께로부터 받은바 너희 가운데 계신 성령의 전인 줄을 알지 못하느냐 너희는 너희 자신의 것이 아니라(고전 6:19)" 하나님은 사람이 지은 건물 안에 계시지 않습니다. 하나님은 살아계시고 인격이신 하나님이시기 때문입니다. 하나님은 절대로 성도들이 보이는 열심가지고 하나님을 섬기라고 말씀하시지 않으셨습니다. "우주와 그 가운데 있는 만물을 지으신 하나님께서는 천지의 주재시니 손으로 지은 전에 계시지 아니하시고, 또 무엇이 부족한 것처럼 사람의 손으로 섬김을 받으시는 것이 아니니 이는 만민에게 생명과 호흡과 만물을 친히 주시는 이심이라(행 17:24-25)" 단지 하나님을 주인으로 모시고 성령의 지배를 받는 성도들을 통하여 하나님께서 나타나시기를 원하십니다. 그렇기 때문에 예수를 믿는 성도들의 내면관리에 관심을 가지고 하나님께서 마음 안의 성전에 주인으로 거하실 수가 있도록 하는 것이 기독교 신앙의 본질입니다.

필자가 누누이 말했지만 영적인 일을 관심이 중요합니다. 관심을 보이는 면에 두고 믿음의 수준을 열심히 하고 많이 아는 것에 둔다면 행위로 하는 열심과 많이 알기 위하여 집중하게 될 것입니다. 자연스럽게 자신의 내면 관리를 등한히 할 수 밖에 없습니다. 내면에 계신 하나님을 찾고 기도하며 관리를 등한히 하니까, 정작 자신 안에 성전삼고 변화를 고대하시는 하나님과 관계가 열리지를 않게 됩니다. 왜냐하면 보이는 면에 치우치면 중요한 자신의 내면을 등한히 할 수가 있기 때문입니다. 내면에 계시는 성령님을 찾고 구해야 역사하시기 때문입니다.

그런데 그런 내면의 신앙에 대한 진실한 고려와 관심보다는 외형적인 일이나 생활 자체로 무게 중심이 옮겨지고 있다면 그것은 참으로 염려스러운 일입니다. 중세 교회 당시 타락의 징후가 어떻게 드러났습니까? 하늘을 찌르는 웅장한 예배당 건물들, 드높아가는 사제들의 무소불능한 권위, 치밀한 조직적인 교회 제도의 운영, 이런 찬란한 외형적인 것들 안에 참된 내면의 신앙은 오히려 퇴색하고 영혼들은 억압을 받았습니다.

16세기의 종교 개혁은 그러한 외형적인 허구를 진리의 눈으로 꿰뚫어 보고 하나님과의 관계를 중시하는, 그래서 "하나님 앞에서의 내면적인 신앙의 세계"를 회복시키신 것입니다. 하나님께서 성도 한사람, 한사람의 마음 안, 성전에 주인으로 계시기 때문입니다. 그렇다고 해서 외형적인 일이나 교회의 아름다운 제도의 운영을 무시하는 것은 결코 아닙니다. 16세기의 종교 개혁은 일차적으로 진리의 회복이면서 동시에 외형적인 교회 제도의 개혁으로 이어진 것입니다. 기독교 신앙의 주가 되는 것이 무엇인지 알고 행하라는 것입니다. 분명하게 주가 되는 것은 내면을 건실하게 하여 살아계신 하나님께서 성전삼고 역사하시게 하는 일입니다.

그러한 "외형적인 일이나 교회제도"들은 어디까지나, "보이지 않는 마음 안에 성전 되는 신앙의 형성" 만큼 따라 나오는 것이라는 점을 필자가 여기서 강조하는 것입니다. 더욱 중요한 것은 우리의 외형적인 일과 생활, 그리고 교회의 제도적인 운영은 실상 우리의 신앙의 내면이 만들어 내는 결과이면서, 동시에 우리 신앙을 키우기 위한 교육적 방편이라는 점입니다. 내면이 강해져야 외적인 행위의 신앙도 거실해지는 것입니다. 내면에 성전삼고 계신 하나님께서 밖으로 나타나기 때문입니다. 성령의 역사가 밖으로 나타나니 외형적인 일들도 자연스럽게 카리스마가 강한 역사가 나타나는 것입니다.

즉 "성도들의 마음 안에 성전삼과 계시는 하나님을 의지하고 경외하는 신앙"을 키우는 것이 궁극적인 목적이고, 외적으로 "드러나는 일이나 교회 제도의 운영"은 그를 위한 수단에 불과합니다. 이 점은 기독교적 신앙의 본질을 파악하고 바르게 성장하는 데 있어서 너무도 중요합니다. 하나님은 왜 우리로 하여금 복음을 전파하게 하고 교회를 세워가는 일을 하게 하십니까?

만약 우리가 외형적인 일중심의 사고방식에 매여 있다면 그것 자체가 우리 신앙의 지상목표가 되어 버립니다. 자연스럽게 외형적인 일들, 즉 노방전도나 총동원 전도행사를 통해 복음을 전파하는 일, 예배당을 짓는 일, 당회, 노회, 총회 등 교회의 제도를 운영하는 일들에 목적을 두고 신앙생활이 이루어지게 됩니다. 왜냐하면 성도들이 보이는 면으로 신앙의 수준을 평가하는 눈으로 발전이 되기 때문입니다. 외형적인 일들은 모두 그것 자체가 결코 기독교 신앙의 궁극적인 목적이 아닙니다.

만약 그것이 궁극적인 목적이라면 우리는 "자신 안에 성전삼고 주인으로 계시는 하나님" 보다, "밖으로 나타나는 열심과 보이는 일이라는 우상"을 섬기게 되는 오류에 빠지게 됩니다. 그것들은 모두 이 땅에서 하나님을 배우고 체험하며 의지하게 하는 교육적 방편들입니다. 하나님의 택한 자녀들을 사용하셔서 복음을 전파하게 하시고, 교회를 세워가도록 섭리하시는 목적은 그 과정을 통해서, 하나님의 무궁하신 영광을 드러내시어, 우리 성도들로 하여금 하나님의 놀라우신 은혜를 깨닫게 하시고, 내면의 신앙을 키우려는 것입니다. 유형교회에서 하는 보이는 행사는 성도들이 자신 안에 하나님께서 살아서 역사하시고 계신다는 것을 체험하고, 세상에 하나님의 살아계심을 증명하기 위해서 필요한 것입니다. 그래서 외적인 행위가 주가 되어서는 안 된다는 것입니다. 주된 목적은 성도 한사람, 한사람의 마음 안에 성전삼고 계시는 하나님께서 그의 영광과 권능을 성도들을 통하여 나타내시는 것이 되어야 합니다.

그래서 하나님은 예수를 믿는 우리 성도들을 이 고난 많은 땅에 두시고 연단도 시키시고, 또한 교회 일들도 하게 하시는 것입니다. 우리는 삶의 과정에서 하나님을 배우고 경외하게 하시는, 즉 한마디로 신앙하게 하시는 섭리의 궁극적인 목적을 잃어버리면 이 땅의 보이는 일들을 목적으로 삼아 이른바 "외형적인 일이라는 우상"을 섬기며 살아가는 오류에 빠지게 됩니다.

예수님을 따라다니던 많은 무리들이 예수님께 하나님의 일의 성격에 대해서 물었습니다. "우리가 어떻게 하여야 하나님의 일을 하오리이까?(요한 6:28)" 예수님의 대답은 외형적인 어떤 일을 예상하던 그들의 기대와는 전혀 다른 차원에서 다음과 같이 말씀 하십니다. "하나님의 보내신 자를 믿는 것이 하나님의 일이니라(6: 29)" 자신 안에 하나님께서 성전삼고 계신다는 것을 믿고 행하라는 것입니다. 이는 진정 놀라운 말씀입니다.

하나님의 보내신 자를 믿는 것이 하나님의 일이라는 예수님의 가르침은 참으로 "드러난 일과 보이는 차원의 외형"에 매여 있기 쉬운 우리 인생들의 허탄한 사고방식을 근본에서부터 흔들어 놓는 비수와 같은 말씀입니다. 주일날 교회 잘 참석하고, 헌금 열심히 하고, 심방하고 봉사하는 일, 교회의 각종 회의의 운영 등등. 그러한 일들은 신앙이 무르익어 가면서 참으로 자연스럽게, 그리고 자발적으로 이루어지는 일들일 것입니다. 분명하게 말씀을 드리면 주일날 교회에 와서 하나님께 예배를 드리면서 자신의 내면을 생명의 말씀과 성령으로 강하게 하는 것입니다. 주일날 교회에 와서 봉사하고 찬양하고 하는 행동들을 통하여 자신의 내면을 강하게 하는 것입니다. 주일날 예배를 드리면서 마음 안에 성전삼고 계시는 하나님께서 자신을 통하여 나타나시도록 자신의 내면을 생명의 말씀과 성령으로 정화하여 하나님께서 온전하게 자신을 통하여 나타나시도록 하는 것입니다.

그러나 하나님 앞에서 참으로 중요한 것은 그러한 외형적인 일 이전에 얼마나 하나님을 체험적으로 알아 하나님만을 의지하는 신앙의 인격이 가꾸어져 가고 있느냐 하는 것입니다. 밖에다가 관심을 집중하니 내면관리가 되지 않는 것입니다. 위의 성경 말씀대로 하나님의 진정한 일은 이런 내면적인 신앙의 성숙입니다. 그러므로 기독교 신앙은 무슨 외형적인 일을 많이 하는 것이 우선이 아니라, 우리의 내면이 말씀의 능력에 의하여 새롭게 변화하여 하나님께서 주인으로 계시는 것을 중시하는 것입니다. 하나님은 성도들을 통하여 세상에 나타내십니다. 그런데 필자가 그동안 성령치유 사역을 하면서 체험한 바로는 인격의 성숙과 변화가 되는 것이 아니더라는 것입니다. 보편적으로 외형적인 신앙생활을 하다가 나이가 들어서 믿지 않는 사람들보다 더 인격이 성숙되지 못하더라는 것입니다. 거기다가 영육의 문제로 고통을 당하는 크리스천들이 많이 있다는 것입니다.

지금 한국교회에는 많은 수의 크리스천들이 내면관리에 치중하면서 체험적이고 살아 있으며 성령의 인도를 받는 실제적인 믿음생활이 아니고, 밖으로 보이는 많이 알고 열심히 하면 다된다는 관념적인 믿음생활을 하고 있습니다. 정말 문제가 심각합니다. 보이는 면을 가지고 판단하는 것입니다. 보이는 면으로 열심히 하면 성령 충만한 것으로 믿어버리는 것입니다. 필자가 제일 안타까워하는 것이 있습니다. 젊은 시절 믿음생활을 아주 열심히 하던 분이 스트레스와 상처가 쌓이고 쌓여서 영적이고 정신적인 문제로 발전하여 정상적인 생활을 하지 못하고 요양원에서 지낸다는 말입니다. 저에게 전화를 하는 분들이 많습니다.

대표적인 예를 하나 들겠습니다. 목사님! 저는 ○○○에 사는 크리스천 김○○입니다. 저의 어머니를 어떻게 하면 좋겠습니까? 사연인즉, 자신의 어머니가 젊은 시절 복음에 열정이 있어서 노방전도도 다니고, 교회봉사도 열심히 하고, 예배란 예배는 빠지지 않고 다 드리고, 철야기도도 많이 하셨고, 교회 건축할 때 건축헌금도 많이 하셨고, 구역장으로 여전도회장으로 열심 있게 믿음생활을 하셨는데 50이 넘고 갱년기에 들어서 우울증에다가 불면증으로 고생하시다가 60대 초반에 너무 증세가 심하여 집에서 지낼 수가 없어서 3년 전에 요양원에 가셨습니다.

목사님! 제가 목사님의 책들을 읽고 영적인 면에 눈을 뜨고, 깨닫고 느껴지는 것은 어머니의 내면세계에 형성된 스트레스와 상처, 혈통의 문제를 젊은 시절에 해결하지 못하여 이런 지경까지 온 것 같습니다. 무조건 열심히 많이 알면 되는 관념적인 신앙생활이 저의 어머니를 이 지경으로 만든 것 같습니다. 언제인가 성령 치유하는 곳으로 모시고 갔는데 입구에서부터 너무 악을 쓰면서 거부가 심하여 들어갈 수 없어서 돌아왔습니다. 외할머니도 어머니와 같은 증세로 고생하시다가 세상을 떠나셨습니다. 지금 저의 어머니가 같은 증상으로 고생을 하십니다. 주변에서 잘 이해하지 못하는 분들이 예수 믿어도 소용이 없다고 빈정대는 말이 제일로 듣기가 거북스럽습니다. 목사님! 어찌하면 좋겠습니까? 자매님의 말이 맞습니다. 젊은 시절에 성령의 인도를 받으면서 내면세계에 형성된 스트레스와 상처들을 정화했으면 이런 지경까지 오지 않았을 것입니다. 이제 누구에게도 탓하지 마시고 받아들여야 합니다. 어머니에게 기도를 시키세요. 숨을 들이쉬면서 예수님! 내쉬면서 사랑합니다. 소리를 내지 못하니 마음으로 계속 예수님을 찾도록 해야 합니다. 무의식적으로 '예수님 사랑합니다.' 가 나올 수 있도록 시켜야 합니다. 그래서 영원한 천국에 가실 수가 있습니다. 마음으로 계속 기도하게 하세요.

그리고 자매님도 내면세계에 관심을 가져야 합니다. 스트레스와 상처가 잠재의식에 집을 짓지 못하게 해야 합니다. 생명의 말씀과 성령으로 적극적인 치유를 해야 합니다. 성령의 인도를 받는 믿음 생활을 해야 합니다. 그래야 나아가 들어 갱년기에 들어서 어머니와 같은 고생을 하지 않습니다. 적극적인 믿음생활이 되려면 교회를 잘 찾아가셔야 합니다. 필자는 아무리 혈통에 영육으로 정신적으로 흐르는 비정상적인 문제가 있다고 할지라고 성령으로 충만하여 내면의 스트레스와 상처를 정화하는 믿음 생활을 하면 건강하게 장수하면서 지내다가 영원한 천국에 간다는 믿음과 실증(체험)이 있습니다. 실제로 우리 교회는 93세가 되신 분도 건강하게 걸어서 교회에 오셔서 예배드리고 기도하면서 심령을 성령으로 정화하니 영육이 건강하게 지내시는 것입니다. 얼마 전에는 주일날 예배드리고 월요일 날 영원한 천국에 가신 권사님도 계십니다. 이분은 젊은 시절부터 영적으로 정신적으로 상처가 많아서 고생하셨는데 우리 교회에 오셔서 생명의 말씀과 성령으로 내면세계를 정화시키니 건강하게 된 것입니다.

그래서 건강하게 지내시다가 주일 예배드리고 월요일 날 영원한 천국에 가신 것입니다. 지금도 89세 된 권사님이 아주 정정하게 예배드리면서 기도하면서 내면을 성령으로 정화시키면서 건강하게 예배를 드리며 지내시고 있습니다. 특별하게 혈통에 영적이고 정신적이고 육체적인 문제가 흐르는 분들은 성령의 강한 역사가 있는 교회에 적을 두고 믿음 생활하는 것이 자신을 위해서도, 가족을 위해서도, 하나님을 위해서도 좋다고 생각합니다. 영원한 천국에 입성하는 날까지 관심을 가져야할 부분입니다. 필자는 모든 성도들이 늙도록 부하고 존귀하며 건강하게 살다가 영원한 천국에 입성하는 것이 잠재의식 심기도록 매주일 예배 때마다 선포하며 기도하고 있습니다. 이는 하나님의 뜻이기 때문입니다. 말과 생각이 중요합니다. 그래서 말씀을 아는 것으로 열심히 하는 관념적인 믿음생활은 전인격이 변화를 받지 못한다는 것입니다. 성령의 인도를 받는 체험적이고 실제적인 믿음 생활이 되어야 합니다. 젊어서부터 스트레스와 상처를 정화하는 것이 체질화되어야 합니다. 하나님께서 자신 안에 살아계신다는 것을 날마다 체험하면서 믿음생활을 해야 합니다. 관념적이 되어서는 하나님께서 주신 것들을 누릴 수가 없습니다. 더 나아가 하나님께서 살아계신다는 것을 증명하는 믿음생활이 되어야 합니다. 이렇게 적극적인 내면을 강하게 하는 믿음 생활이 되면 절대로 늙어서 요양원에 가지 않을 것입니다. 살아계신 하나님께서 자신의 주인이 되어 장악하고 계시는데 혈통의 문제가 어떻게 문제를 일으키겠습니까? 필자가 항상 강조하는 것이 있습니다. "나는 걸어 다니는 성전이다. 하나님께서 나의 주인이다. 내 안에 하나님이 계신다. 그분에게 질문하면 어떤 문제도 해결할 수 있는 지혜를 주신다. 주신 지혜대로 순종하면 문제는 하나님께서 해결하신다." 아주 중요합니다. 살아계신 하나님을 날마다 체험하는 아주 좋은 관심이고, 습관입니다. 하나님께서 자신을 통하여 나타나는 것입니다. 내면세계에 형성된 스트레스와 상처, 혈통의 문제는 절대로 세상방법이나 관념적인 믿음생활로는 해결되지 못합니다. 반드시 살아계신 성령의 역사가 영의차원에서 역사해야 해결이 됩니다. 내면의 치유에 대하여 세부적으로 알고 싶은 분은 "내적치유 쉽게 하는 법"을 참고하시기를 바랍니다.

이렇게 외적인 면에 치중하는 믿음생활을 하니 세상 사람들에게 부끄러운 성도가 되는 것입니다. 내면의 능력과 지혜가 활성화되는 믿음생활을 해야 합니다. 우리가 바르게 알고 신앙생활을 해야 할 것은 신앙의 내면이 성숙되지 않고 이루어지는 외형적인 일들은 언제나 자기 자랑의 근거가 되거나 지체간의 갈등의 요인이 될 수밖에 없습니다. 즉 신앙의 내면이 어린아이와 같다면 어린아이와 같은 유치하고 미숙한 신앙생활을 할 수밖에 없습니다.

우리의 가장 소중한 신앙의 본질은 일차적으로 외형적인 일들보다는, 우리의 신앙의 내면을 중시하고 건실하게 가꾸어 가는 일입니다. 이점이 분명하고 확고하지 않으면 우리의 신앙이 빗나갑니다. 하나님 앞에서의 당당함을 잃고 언제나 남의 눈치와 평가에 연연하는 고달픈 삶이 됩니다. 그러나 성경적 참된 신앙은 이를 극복할 수 있습니다.

　내면의 능력이 강하게 되는 신앙생활을 해야 한다는 것을 아는 것으로 내면이 강해지지 못합니다. 교회에 나와서 열심히 한다고 내면의 능력과 지혜가 활성화되지 못합니다. 성경말씀을 많이 안다고 내면의 능력과 지혜가 활성화되지 못합니다. 담임목회자가 내면의 능력을 강조한다고 내면의 능력과 지혜가 강화되지 못합니다. 말로는 내면의 능력과 지혜가 활성화되지 못합니다. 반드시 초자연적인 역사가 사람의 마음 안에서 일어나야 내면의 능력과 지혜가 활성화됩니다.

　알아야 될 것은 열심히 하는 것과 많이 알고 강조하는 것은 외적인 활동이기 때문입니다. 자신 안에 성전에서 성령의 역사가 일어나야 내면의 능력과 지혜가 극대화될 수 있습니다. 내면의 능력과 지혜를 극대화하려면 반드시 성령으로 세례를 받아야 합니다. 성령으로 세례를 받고 성령의 인도를 받아야 합니다. 내면의 능력이나 지혜는 성령의 역사가 강화시키기 때문입니다. 일부 목회자들이 내면을 강조하다가 생각대로 성도들이 변화되지 못하기 때문에 열심히 하는 행위와 성경공부와 같이 밖으로 보이는 것에 치중을 하는 것입니다. 내면의 능력과 지혜의 극대화는 말로 되는 것이 아닙니다. 살아계신 성령께서 역사하셔야 내면의 능력이 강하게 되고 내면의 지혜가 풍성해지는 것입니다.

5부 자신 안을 능력으로 채우는 비결

21장 성전에서 올라오는 성령으로 채운다.

(요 14:12)"내가 진실로 진실로 너희에게 이르노니 나를 믿는 자는 내가 하는 일을 그도 할 것이요 또한 그보다 큰 일도 하리니 이는 내가 아버지께로 감이라"

하나님은 성전에서 올라오는 기도를 하여 자신 안을 능력으로 채우기를 원하십니다. 능력은 자신 안에 있는 성전에서 올라오는 것입니다. 많은 크리스천들과 목회자들이 능력있는 사람을 통하여 능력을 받는 것으로 오해하는 경우가 많습니다. 이런 오해 때문에 권능있는 삶을 살아가지를 못하는 경우가 생기는 것입니다. 능력은 자신 안에 성전에 주인으로 계시는 하나님으로부터 나오는 것입니다. 자신 안에 중요한 것입니다. 자신 안에서 능력이 흘러나오는 영적활동을 해야 합니다.

첫째, 능력이 흘러나오는 기도를 하라. 하나님은 확실하게 성령으로 기도하는 자를 영-혼-육이 건강하게 하십니다. 하나님은 크리스천들이 내면이 능력으로 채워져서 건강하기를 소원하시기 때문입니다. 하나님은 성령으로 기도하는 자를 축복하십니다. 기도는 예수를 믿고 성령으로 거듭난 성도가 쉼 없이 할 수 있는 영혼의 호흡입니다. 인간이 호흡을 하지 않으면 죽듯이 크리스천이

기도를 하지 않으면 하나님과 멀어집니다. 성령으로 하는 기도를 통하여 하나님과 교통하면서 하나님의 뜻을 알고 순종하여 영-혼-육이 건강해지는 것입니다.

기도는 영이요 생명이신 하나님과 사귀는 것입니다. 하나님과 가까이 하는 것입니다. 하나님과 함께 시간을 보내는 행위입니다. 하나님과 사랑을 나누는 시간입니다. 하나님께 사랑을 고백하고 감사하는 시간입니다. 우리의 삶에서 가장 깨어있는 시간, 하나님의 소리를 듣는 시간입니다. 자신의 영-혼-육을 치료하는 시간입니다. 자신의 내면에 능력으로 채우는 시간입니다. 그렇기 때문에 반드시 성령으로 기도해야 합니다. 기도의 대상인 하나님께서 영이시기 때문입니다. "오직 하나님이 성령으로 이것을 우리에게 보이셨으니 성령은 모든 것 곧 하나님의 깊은 것까지도 통달하시느니라. 사람의 일을 사람의 속에 있는 영외에 누가 알리요, 이와 같이 하나님의 일도 하나님의 영외에는 아무도 알지 못하느니라(고전 2:10-11)" 기도는 반드시 성령으로 해야 합니다. 성령으로 기도한다는 것은 자신의 욕심이나 생각이나 지성을 버리고, 백지 상태에서 자신 안에 주인으로 계시는 성령님을 부르면서 하는 기도입니다. 이렇게 기도를 하다가 성령께서 순간순간 감동하시는 것을 순종하면서 기도하는 것이 성령으로 기도하는 것입니다. 성령으로 기도를 해야 잠재의식을 정화할 수가 있습니다. 인간적인 욕심이나 기교로 하는 기도는 마음과 육체가 감동을 받지 못하므로 영-혼-육이 변화되지 못합니다. 영-혼-육의 문제가 잠재의식에 형성되어 있기 때문입니다.

그래서 하나님은 성령의 인도를 받으라고 말씀하십니다. 성령의 인도를 받으면서 성령으로 기도하고, 성령으로 진리를 깨달으면서 잠재의식을 정화하는 것입니다. 잠재의식이 정화되는 만큼씩 하나님의 영역이 넓어지는 것입니다. 하나님의 영역이 넓어지는 만큼씩 능력이 채워지고 건강해지는 것입니다. 원래 에덴동산에서 아담이 죄를 짓지 않았을 때는 인간의 전인격이 하나님의 영역이었음으로 하나님과 대화하며 거닐면서 지냈습니다. 아담이 하와의 말을 믿고 선악과를 먹음으로 하나님과 관계가 단절됨에 따라 사람의 전인격이 마귀의 지배하에 들어간 것입니다. 예수님께서 사람의 몸을 입고 오셔서 십자가에서 인간의 죄악을 청산하셨습니다. 믿는 자들은 하나님과 관계가 열리게 됩니다. 하나님께서 인간의 마음 안에 성전삼고 주인으로 임재 하셨기 때문입니다. 그러나 이성과 육체는 여전하게 마귀가 지배하고 있다고 믿고 행동해야 되는 것입니다. 마귀가 지배하고 있는 이성과 육체를 성령으로 기도하고 말씀을 깨닫는 만큼씩 하나님의 영역으로 바뀌는 것입니다. 하나님의 영역이 넓어지는 만큼 영-혼-육이 치유되는 것입니다. 영-혼-육의 치유는 전적으로 생명의 말씀과 성령으로 되는 것입니다.

　　많은 성도들과 목회자들이 어떤 장소와 목회자에게 가면 금방 하나님의 원하시는 수준에 도달하는 줄로 착각합니다. 특별한 곳이 있는 줄로 착각을 합니다. 그래서 이곳으로 저곳으로 돌아다닙니다. 필자도 19년 전에 그랬습니다. 어디가면 금방 능력자가 되고 영육의 문제가 해결되고 하나님과 교통하게 되는 줄로 착각하고 지냈습니다. 많은 크리스천들과 목회자들이 자신의 영육의 문제나 영적인 능력을 받는다는 명목 하에 이리저리 방황을 합니다. 그러다가 잘 못되는 경우도 있습니다. 나쁜 영이 전이되거나 자신 안에 역사하던 귀신이 자신의 전인격을 장악하고 반항하기 때문입니다.

절대로 하나님은 순간 영적인 사람이 되도록 역사하시지 않습니다. 하나님은 분명하게 이렇게 말씀하셨습니다. "그 때에 사람이 너희에게 말하되 보라. 그리스도가 여기 있다 혹은 저기 있다 하여도 믿지 말라. 거짓 그리스도들과 거짓 선지자들이 일어나 큰 표적과 기사를 보여 할 수만 있으면 택하신 자들도 미혹하리라. 보라 내가 너희에게 미리 말하였노라. 그러면 사람들이 너희에게 말하되 보라 그리스도가 광야에 있다 하여도 나가지 말고 보라 골방에 있다 하여도 믿지 말라. 번개가 동편에서 나서 서편까지 번쩍임 같이 인자의 임함도 그러하리라(마 24:23-27)" 성령의 인도와 진리를 따라가면서 하나님의 원하시는 수준에 도달합니다.

그런데도 많은 성도들과 목회자들은 어떤 특별한 곳이 있는 줄로 착각하고 방황을 합니다. 다시 말씀드리자면 자신이 하나님께서 원하시는 수준으로 변화되는 것은 성령의 인도와 지배와 역사와 진리로 변화되는 것입니다. 그러니까 특별한 장소가 있는 것이 아니고, 지금 있는 장소(교회)가 성령의 역사가 있고 진리가 증거 되면 족하다는 것입니다. 그곳에 뿌리를 내리고 마음 중심을 하나님께 향하고 성령의 인도를 따르면 서서히 하나님의 원하시는 수준이 되어가는 것입니다.

절대로 기도를 성령으로 하지 않고 성령으로 진리를 깨닫지 못하면 하나님께서 원하시는 수준에 도달할 수가 없습니다. 사람을 통하여 하나님의 수준으로 변화되지 못합니다. 자신 안에 하나님의 역사로 변화되는 것입니다. 하나님께서 영이시기 때문입니다. 모든 것이 성령으로 되는 것입니다. 인간의 지식이나 기교로 하나님께서 원하시는 수준에 도달할 수가 없습니다. 천일을 철야하고 성경을 100독을 해도 인간적인 욕심이나 기교로는 하나님과 관계가 없다고 보아야 합니다. 그래서 하나님은 기도를 성령으로 하라고 하십니다(유20). 기도를 바르게 하지 않기 때문에 오랜 시간 기도를 해도 영-혼-육에 변화가 나타나지 않는 것입니다. 우리나라 성도님들과 목회자들의 특성이 기도하면 몸을 흔들고 진동을 하면서 해야 성령이 충만한 것으로 여기는 것입니다. 애를 써가며 외적으로 나타나는 면에 치중을 합니다. 내면의 성전에서 성령의 역사가 분출되는 기도를 하면 무엇인가 부족한 기도라고 생각을 합니다. 그리고 내면의 기도가 익숙 되지 않아서 고쳐지기가 쉽지 않습니다.

그래서 방언기도를 하더라도 따다다다…. 따다다다…. 따다다다…. 하면서 목에 핏대가 서도록 해야 직성이 풀리는 성도들도 있습니다. 그런데 성령의 역사와 내면세계를 깨닫고 보면 그렇게 핏대가 서도록 하는 방언기도를 아무리 많이 오래해도 이성과 육체가 성령의 지배를 받지 못합니다. 자연스럽게 내면의 상처가 치유되지 않으니 자신의 심성에 변화가 일어나지 않습니다. 절대로 따다다다…. 따다다다…. 따다다다…. 하면서 해대는 방언기도를 아무리 오래해도 내면치유는 되지 않습니다. 질병도 치유되지 않습니다. 귀신도 축사되지 않습니다. 마음 안 성전에서 올라오는 기도로 내적인 상처가 치유가 되고 귀신이 정체를 폭로하고 떠나갑니다. 병이 고쳐지는 것입니다. 아마 이렇게 기도해 보신 분들은 모두 동의하실 것입니다. 마음 안에서 성령의 역사가 일어나는 기도를 할 때 이성과 육체가 성령의 지배를 받게 됨으로 잠재의식이 정화되는 것입니다.

손을 흔들면서 기도하기도 하고, 악을 쓰면서 장의자를 주먹으로 치면서 기도하는 성도도 있습니다. 이는 자신의 인간적인 힘으로 분을 푸는 기도가 되기 때문에 하나님과는 무관한 기도가 될 수가 있습니다. 아무리 목에서 피가 나오도록 기도해도 하나님과 무관한 기도가 될 수가 있습니다. 마음의 상처를 치유하고 내면이 성령으로 충만해지는 기도는 배꼽 아래에 의식을 두고 마음으로 기도해야 성령의 역사가 이성과 육체에 영향을 미쳐서 내면이 정화되는 것입니다. 기도에 대하여 바르게 알고 행하실 분은 "응답받는 기도 습관 20가지" 책을 참고하시기를 바랍니다.

내면이 치유되고 능력으로 채워지는 기도는 자신의 노력이나 힘을 빼고 머리를 백지로 한 다음에 성령님을 찾는 기도를 해야 합니다. 기도를 머리로 하지 말고 아랫배로 하라는 것입니다. 우리가 바르게 알아야할 것은 예수를 믿기 만하면 전인격이 성령의 지배를 받는 것이 아닙니다. 기도를 하다가 성령으로 세례를 받고 성령의 인도를 받으면서 회개하고 용서하면서 자신 안에 하나님의 영역을 넓히는 것입니다.

자신 안에 하나님의 영역을 성령으로 기도하면서 성령의 인도에 따라 회개하고 용서하면서 육적인 부분이 영적인 하나님의 영역으로 바뀌어가는 것입니다. 말씀을 성령으로 깨달아 아는 만큼씩 영역이 넓어지는 것입니다. 하나님의 영역이 넓어지는 만큼씩 치유도 되고 권능도 강해지는 것입니다.

영적 정신적인 문제가 발생하여 불안하고, 초조하고, 두려워서 잠을 자지 못하고, 가위눌림을 당하고, 헛것이 보이기도 하고, 간질을 하고, 발작을 하면서 괴성을 지르고, 귀에서 윙하고 소리가 나고, 머리가 깨질 것과 같이 아픈 분들은 기도를 바르게 성령으로 해야 합니다. 영적 정신적인 문제가 있는 분들은 배꼽아래에 의식을 두고 마음 안의 성전에서 성령으로 분출되는 기도를 하여 사기가 뭉쳐진 영역을 성령의 영역으로 바꾸는 기도를 해야 내면이 천국이 되어 평안으로 바뀌는 것입니다.

이렇게 영적 정신적으로 문제가 있는 분들이 따다다다…. 따다다…. 따다다다…. 하면서 방언기도를 해대고, 혼 심을 다하여 발광하는 것과 같은 기도를 하면 내면에서 성령의 역사가 이성과 육체를 지배하지 못해서 더 증세가 심해질 수가 있습니다. 기도를 하면할수록 육체가 되기 때문입니다. 왜냐하면 영적 정신적인 문제를 일으키는 실제적인 존재가 반항을 하기 때문입니다. 필자는 개별안수 하면서 치유사역을 18년을 해왔기 때문에 명확한 임상을 가지고 말하는 것입니다. 절대로 내면에서 성령의 역사가 일어나는 기도를 해야 성령께서 장악하시는 영역만큼 치유가 되는 것입니다.

인간의 노력이나 기교로는 내면을 정화할 수가 없습니다. 성령께서 장악을 하시는 만큼 평안을 찾게 되고 따라서 영적 정신적인 질병이 치유가 되는 것입니다. 영적 정신적인 질병은 자신이 내면에서 성령의 역사가 일어나는 만큼씩 치유가 되는 것입니다. 한 번에 치유하려고 아무리 인간적인 수단과 방법을 동원하여 기도해도 육체에 역사하는 사기가 떠나가지 않습니다. 기도에 성령의 역사가 일어나서 이성과 육체가 성령의 지배를 받도록 해야 내면이 정화되는 것입니다. 아무리 인간적인 욕심을 가지고 강력하게 기도해도 자신은 바뀌지 않습니다. 인간적인 욕심이기 때문입니다. 자신의 욕심과 힘을 빼고 성령으로 기도해야 성령의 역사로 자신의 내면이 변화가 되기 시작하는 것입니다. 자신의 변화와 치유는 전적으로 성령으로 됩니다.

필자가 체험한 바로는 기도가 성령으로 바르게 되면 분명하게 치유가 됩니다. 필자가 처음 교회를 개척하고 잠재의식의 상처로 인하여 불안장애와 불면증과 우울증으로 2년여를 고생했습니다. 가만히 있어도 두려움이 사로잡히고 손이 벌벌 떨렸습니다. 목회는 고사하고 가장 노릇도 못하게 되었습니다. 강단 뒤에서 자면서 귀신을 축사하는 녹음을 해가지고 저녁내 들으면서 8개월 이상을 지냈습니다. 이렇게 기도하면서 지내다가 어느날 기도는 마음으로 내면에서 올라오는 기도가 되어야 치유가 된다는 것을 깨달았습니다.

내면에서 올라오는 기도가 되어 영적인 상태에 들어가니 상처가 치유되었습니다. 마음의 상처는 잠재의식에 형성되어 있습니다. 잠재의식에 형성된 상처는 성령으로 깊은 내면의 기도를 하여 영적인 상태에 들어갔을 때 상처가 정체를 폭로하고 치유되기 시작합니다. 이렇게 영적인 상태에서 성령으로 내면의 상처가 치유되어야 예수님의 인격으로 변화되면서 기도가 깊어지고 권능이 나타나는 것입니다. 내면의 상처가 치유되면서 영-혼-육이 하나님의 영역으로 바뀌기 때문입니다. 그렇기 때문에 은사나 능력을 받아서 주님께 쓰임을 받을 분들은 무엇보다도 성령으로 깊은 내면의 기도를 하여 상처가 치유되는 만큼씩 능력이 강해지는 것입니다.

둘째, 성령으로 진리를 깨달아야 한다. 많은 크리스천들이 성경을 많이 알고 열심히 하면 믿음이 좋고 영적인 것으로 알고 믿는 경우가 많습니다. 이는 바르게 깨닫고 보면 육체에 속한 사람입니다. 많은 크리스천들이 예수를 믿고 교회에 나와서 안수집사, 권사, 장로, 목사직분을 받으면 다된 것으로 생각하는 분들이 있습니다. 직분을 받기 전에는 겸손하다가 직분을 받은 다음에 교만하여 주변사람들에게 상처를 주는 경우가 있습니다. 일부 크리스천들이 아무개 직분자에게 상처를 받고 교만하여 다른 교회로 떠나거나 다른 종교로 돌아가기도 합니다.

그런데 이렇게 직분자가 믿음이 약한 성도들에게 상처를 주는 것은 하나님께 상처를 주는 것입니다. "누구든지 나를 믿는 이 작은 자 중 하나를 실족하게 하면 차라리 연자 맷돌이 그 목에 달려서 깊은 바다에 빠뜨려지는 것이 나으니라(마 18:6)" 하나님은 자

녀들을 특별하게 귀하게 여기십니다. "삼가 이 작은 자 중의 하나
도 업신여기지 말라 너희에게 말하노니 그들의 천사들이 하늘에
서 하늘에 계신 내 아버지의 얼굴을 항상 뵈옵느니라(마 18:10)"
하나님은 자녀를 죽음에서 구해준 사람을 축복하십니다. "하나
님이 그 산파들에게 은혜를 베푸시니 그 백성은 번성하고 매우
강해지니라. 그 산파들은 하나님을 경외하였으므로 하나님이 그
들의 집안을 흥왕하게 하신지라(출 1:20-21)" 하나님은 이스라
엘 아기들을 살려준 애굽의 산파들에게 복을 주셨습니다.

필자가 여기에서 직분자들에게 말하고 싶은 것은 직분 받았다
고 다된 것이 아니고, 예수님의 인격으로 성숙이 되어야 하고, 하
나님과 대면하는 영성을 추구해야 합니다. 욥의 고백을 들어보시
기를 바랍니다. "내가 주께 대하여 귀로 듣기만 하였사오나 이제
는 눈으로 주를 뵈옵나이다(욥 42:5)"

더 쉽게 깨닫기 위하여 모세의 영성을 생각해보면 이해가 될
것입니다. 하나님은 모세와 대면하여 뜻을 전하십니다. 그것은
하나님께서 명백하게 말씀하신 것입니다. 민수기 12장 1절에 보
면 "모세가 구스 여자를 취하였더니 그 구스 여자를 취하였으므
로 미리암과 아론이 모세를 비방하니라" 하나님께서 아론과 미
리암이 모세를 비방하는 것을 들으셨습니다. "여호와께서 구름
기둥 가운데로부터 강림하사 장막 문에 서시고 아론과 미리암을
부르시는지라 그 두 사람이 나아가매(민 12:5)" 하나님께서 이렇
게 말씀하십니다.

"이르시되 내 말을 들으라. 너희 중에 선지자가 있으면 나 여호

와가 환상으로 나를 그에게 알리기도 하고 꿈으로 그와 말하기도 하거니와 그와는 내가 대면하여 명백히 말하고 은밀한 말로 하지 아니하며 그는 또 여호와의 형상을 보거늘 너희가 어찌하여 내 종 모세 비방하기를 두려워하지 아니하느냐(민 12:6-8)" 하나님은 "너희 중에 선지자가 있으면 나 여호와가 환상으로 나를 그에게 알리기도 하고 꿈으로 그와 말하기도 하거니와" 모세와는 대면하여 대화를 하신다는 것입니다. 아론과 미리암은 모세와 비교할 수가 없다는 것입니다. 그렇기 때문에 우리 크리스천들은 인격의 성숙과 모세와 같이 하나님을 대면하는 영성이 되어야 합니다.

우리는 말씀을 성령으로 깨닫는 수준이 되어야 합니다. 율법과 복음을 구분할 줄을 알아야 합니다. 율법은 하나님께서 돌판에 다가 직접 기록하여 주신 것입니다. 첫 번째 돌판은 하나님께서 직접 제작하여 앞뒤에 십계명을 기록하여 주셨습니다. 그런데 모세가 이 돌판을 던져서 깨뜨렸습니다. "모세가 돌이켜 산에서 내려오는데 두 증거판이 그의 손에 있고 그 판의 양면 이쪽 저쪽에 글자가 있으니, 그 판은 하나님이 만드신 것이요, 글자는 하나님이 쓰셔서 판에 새기신 것이더라(출 32:15-16)" 모세가 산에서 내려오는데 이스라엘 백성들이 뛰놀고 있었습니다. "모세가 이르되 이는 승전가도 아니요, 패하여 부르짖는 소리도 아니라. 내가 듣기에는 노래하는 소리로다 하고, 진에 가까이 이르러 그 송아지와 그 춤추는 것들을 보고 크게 노하여 손에서 그 판들을 산 아래로 던져 깨뜨리니라. 모세가 그들이 만든 송아지를 가져다가 불살라 부수어 가루를 만들어 물에 뿌려 이스라엘 자손에게 마시게 하니라(출 32:18-

20)" 모세가 첫 번째 돌판을 깨뜨린 것입니다.

다시 하나님께서 모세를 부르십니다. "여호와께서 모세에게 이르시되 너는 돌판 둘을 처음 것과 같이 다듬어 만들라. 네가 깨뜨린 처음 판에 있던 말을 내가 그 판에 쓰리니, 아침까지 준비하고 아침에 시내 산에 올라와 산꼭대기에서 내게 보이되(출 34:1-2)" 하나님께서 모세와 40일 동안 같이 계시면서 모세가 만들어 간 돌판에 십계명을 기록하셨습니다. "모세가 여호와와 함께 사십 일 사십 야를 거기 있으면서 떡도 먹지 아니하였고 물도 마시지 아니하였으며 여호와께서는 언약의 말씀 곧 십계명을 그 판들에 기록하셨더라(출 34:28)"

그래서 율법은 하나님께서 돌판에 직접 기록하여 주신 것입니다. 율법은 육적인 눈으로도 보고 읽을 수가 있는 것입니다. 육적인 사람이라도 하나님의 백성은 율법을 눈으로 보고 기록하고 알고 행할 수가 있습니다.

그런데 성경 말씀은 성령으로 기록하신 것입니다. "예언은 언제든지 사람의 뜻으로 낸 것이 아니요. 오직 성령의 감동하심을 받은 사람들이 하나님께 받아 말한 것임이라(벧후 1:21)" 분명하게 다릅니다. 율법은 하나님께서 직접기록하신 것이요, 성령말씀, 즉 복음은 성령의 감동하심을 받은 사람들이 받아 기록한 것입니다. 성령의 감동을 받아 기록한 말씀은 육체적인 눈과 머리로는 깨달을 수가 없는 것입니다. 반드시 성령으로 깨달아야 합니다. "너희는 우리의 편지라 우리 마음에 썼고 뭇 사람이 알고 읽는 바라. 너희는 우리로 말미암아 나타난 그리스도의 편지니

이는 먹으로 쓴 것이 아니요 오직 살아 계신 하나님의 영으로 쓴 것이며 또 돌판에 쓴 것이 아니요, 오직 육의 마음 판에 쓴 것이라 (고후 3:2-3)"

그렇기 때문에 성경말씀을 머리로 많이 안다고 영적인 크리스천이요, 목회자가 아니라는 것입니다. 성경말씀은 성령으로 깨달아야 알고 행해야 합니다. 성령으로 말씀을 깨달으려면 먼저 성령으로 세례를 받아야 합니다. 성령의 세례는 이론이 아닙니다. 살아계신 예수님께서 직접 베푸시는 세례입니다. 성령으로 세례를 받고 성령의 지배와 인도를 받으면서 성령께서 진리를 깨닫게 하는 성도가 영적인 성도입니다.

정리하면 율법은 모세가 돌판을 만들어서 하나님께 들고 가니, 영이신 하나님께서 돌판의 앞뒤에 율법을 직접 기록하여 주신 것입니다. 하나님의 백성이면 누구나 보고 읽을 수가 있는 것입니다.

반대로 성경말씀은 성령의 감동하심을 받은 사람들이 영으로 받아 기록한 것입니다. 그렇기 때문에 성경말씀을 머리로 알고 깨닫지 못하고 성령의 감동하심을 받아야 깨달을 수가 있는 것입니다. 하나님은 이렇게 말씀하십니다. "기록된바 하나님이 자기를 사랑하는 자들을 위하여 예비하신 모든 것은 눈으로 보지 못하고 귀로 듣지 못하고 사람의 마음으로 생각하지도 못하였다 함과 같으니라. 오직 하나님이 성령으로 이것을 우리에게 보이셨으니 성령은 모든 것 곧 하나님의 깊은 것까지도 통달하시느니라. 사람의 일을 사람의 속에 있는 영외에 누가 알리요, 이와 같이 하나님의 일도 하나님의 영외에는 아무도 알지 못하느니라. 우리가 세상의 영을 받지 아니하고 오직 하나님으로부터 온 영을 받았으니 이는 우리로 하여금 하나님께서 우리에게 은혜로 주신 것들을 알게 하려 하심이라. 우리가 이것을 말하거니와 사람의 지혜가 가르친 말로 아니하고 오직 성령께서 가르치신 것으로 하니 영적인 일은 영적인 것으로 분별하느니라(고전 2:9-13)" 성경말씀은 성령으로 깨달아야 합니다. 성경말씀은 머리로 외워서 깨달을 수가 없는 것입니다. 머리로 지식으로 말씀을 깨닫고 사는 성도는 아직 성령으로 거듭나지 못한 육체에 속한 사람입니다. 반드시 성령으로 깨달아야 합니다. 그렇기 때문에 성령으로 진리를 깨닫는 만큼씩 영성이 깊어지고 권능도 강해지는 것입니다.

지금 성령이 역사하시는 교회시대를 살아가는 성도들은 성령으로 진리를 깨닫고 순종해야 합니다. 수시로 성령으로 기도하면서 레마를 듣고 순종해야 하나님의 자녀입니다. 하나님은 "무릇 하나님의 영으로 인도함을 받는 사람은 곧 하나님의 아들이라(롬 8:14)" 말씀하시는 것입니다.

성령으로 진리를 깨달아 행하는 만큼 권능이 강해지는 것입니다. 권능은 자신 안에 있는 성전에서 성령으로 분출되는 것입니다. 진리역시 자신 안에 있는 성전에서 성령으로 깨닫는 것입니다. 성령으로 기도하면서 듣는 레마도 자신 안에 있는 성전에서 성령으로 듣는 것입니다. 모두가 자신의 육성이 없어지는 없어지고 성령의 지배와 장악이 되는 만큼 깊어지고 강해지는 것입니다.

22장 성전에서 분출되는 방언으로 채운다.

(고전 3:16-17)"너희는 너희가 하나님의 성전인 것과 하나님의 성령이 너희 안에 계시는 것을 알지 못하느냐? 누구든지 하나님의 성전을 더럽히면 하나님이 그 사람을 멸하시리라 하나님의 성전은 거룩하니 너희도 그러하니라"

하나님은 예수를 믿고 성령으로 거듭난 크리스천들이 성령으로 방언기도를 하기를 소원하십니다. 그렇다고 방언기도 유창하게 한다고 다된 것이 아닙니다. 방언기도가 개인에게 매우 유익하다고 하니까 방언기도가 만능인 것으로 아는 성도들도 있습니다. 이는 잘못알고 오해한 것입니다. 방언기도는 만능기도가 될 수가 없습니다. 방언기도를 10년 20년을 한다고 해도 그것으로는 해결되지 않는 문제들이 있기 때문입니다. 다시 말해 방언으로 기도한다 하더라도 결코 열매를 맺을 수 없는 것들이 있는 것입니다(고전14:15). 대체 그런 것들에는 어떤 것들이 있을까요?

그러므로 사도바울은 방언사용에 대해 이렇게 권면합니다. "그러면 어떻게 할까 내가 영으로 기도하고 또 마음으로 기도하며 내가 영으로 찬송하고 또 마음으로 찬송하리라(고전14:15)" 그렇습니다. 기도에도 영으로 드릴 기도가 있고 마음으로 드릴 기도가 각각 따로 있는 것입니다. 거꾸로 이야기하자면 아무리 자신의 영을 사용해 방언기도를 많이 한다 할지라도 절대 해결이 되지 않는 문제들이 있는 것입니다. 옛사람의 근본 성품입니다. 그것은 꼭 마음으로 해야 하는 것들이기 때문입니다. 잠재의식이 변화되어야 근본 성품이 변화되기 때문입니다. 사람 안에는 하나님께 마음을 드려서 변화를 받아야 하는 것들이 있습니다.

우선 우리가 알아야 할 것은 구원이 방언과 직접적인 상관관계가 있느냐 하는 것입니다. 즉 방언기도를 하고 있거나 그러한 기도를 오래 했다고 해서 그 사람의 구원이 보장되느냐 하는 것입니다. 결론부터 이야기하자면 그것은 직접적인 상관관계는 없다는 것입니다. 왜냐하면 구원은 믿음과 회개로 받는 것인데, 우리가 고백해야 할 믿음이나 우리의 잘못을 자백하는 회개는 다 마음이 해야 하는 것이지 영이 하는 것으로는 효과가 없기 때문입니다.

방언기도 한다고 성화가 이루어집니까? 성화는 매우 중요합니다. 성화란 자신의 "몸과 마음과 영혼"을 남김없이 완전히 하나님께 바치는 것 "즉 공의로우며, 자비를 사랑하며, 하나님과 겸손하게 동행하는 것"을 의미합니다. 그리고 자신이나 자신의 유익에는 무관하게 하나님의 뜻을 알고 행하는 것이며, 하늘의 정신을 소유하여 순결하고 비이기적이며, 거룩하며 점이나 흠이 없는 생애를 사는 것을 의미합니다. 그리고 그것은 매일 매 순간 하나님의 뜻에 대한 온전한 굴복을 말합니다. 그것은 또한 하나님의 말씀 속에 계시는 성령에 의해서 날마다 새로운 세례를 받는 것을 의미하기도 합니다. 그 이유는 성화된 사람만이 하늘에서 하나님과 조화되어 살 수 있기 때문입니다. "진정으로 회개한 사람"은 죄를 싫어하고 미워하게 되며, 과거의 어두움 가운데서 살던 생활이 너무 싫기 때문에 다시는 과거의 생활로 돌아가고 싶지 않아집니다. 문제는 방언기도 유창하게 한다고 성화가 되느냐는 것입니다. 반드시 자신 안에 성전에서 올라오는 성령의 이끌림을 받는 방언기도를 해야 성화에 기여할 수 있습니다.

그럼에도 불구하고 오늘날 많은 크리스천이나 목회자들은 자신이 방언으로 기도하고 있으면 만사가 해결되고 자신이 구원받은 것으로 생각하는 이들이 참 많은 것 같습니다. 그것은 전적으로 오해한 것입니다. 사도바울도 이렇게 말했습니다. "네가 만일 네 입으로 예수를 주로 시인하며 또 하나님께서 그를 죽은 자 가운데서 살리신 것을 네 마음에 믿으면 구원을 받으리라 사람이 마음으로 믿어 의에 이르고 입으로 시인하여 구원에 이르느니라 (롬10:9-10)" 그렇습니다. 방언으로 기도한다고 해서 구원을 보장받게 되는 것이 아닙니다. 오직 마음으로 믿어 의에 이르고 입으로 시인하여 구원에 이르는 것입니다. 마음으로 믿지 않는데 어찌 그런 사람이 구원받을 수가 있겠습니까? 그래서 방언기도를 바르게 정확하게 해야 구원도 성화도 카리스마도 분출이 되는 것입니다.

첫째, 방언기도 소리에 치중하지 말라. 우리 크리스천들이 방언기도 하면은 유창하고 듣기 좋게 하는 것으로 알고 있은 경우가 많습니다. 고급방언이니, 저급 방언이니, 찬양방언이니, 하는 외형적인 소리에 관심을 집중하고 소리를 이상하게 하려고 합니다. 방언기도가 분출되는 근원이나 출처에는 관심이 없고 그저 소리에만 치중을 합니다, 방언기도하면 다된 것이라고 믿어버립니다. 그래서 소리에만 관심을 가지고 방언기도를 합니다. 그러니 방언기도를 아무리 유창하게 해도 전인격이 변화되지 않는 것입니다. 분명하게 방언기도는 자신 안에 성전에서 성령으로 분출되어야 합니다. 알아야 할 것은 방언은 불교 승려, 무당, 이슬람에서도 행해지면, 무당이 방언을 하면 급수가 높다고 평가한다고 하기 때문입니다.

분명하게 성경에는 "사람의 사정을 사람의 속에 있는 영외에는 누가 알리요 이와 같이 하나님의 사정도 하나님의 영외에는 아무도 알지 못하느니라. 우리가 세상의 영을 받지 아니하고 오직 하나님의 영계로 온 영을 받았으니 이는 우리로 하여금 하나님께서 우리에게 은혜로 주신 것들을 알게 하려 하심이라"(고전 2:11~12).

오늘 본문 말씀에 보면 분명히 세 가지 영적 존재가 나옵니다. 사람의 영, 하나님의 영, 세상의 영이 바로 그 세 영적 존재들입니다. 하나님도 영이십니다. 또한 타락한 천사장 루시퍼도 영입니다. 인간도 영이 있습니다. 그러나 인간은 그 영을 보이는 육체에 담고 있습니다. 그래서 영혼을 담고 있는 육체를 성경은 질그릇이라고도 합니다. 분명하게 다른 영의 영향으로 방언기도를 할 수 있다는 것입니다.

그래서 방언기도 한다고 다된 것이 아니고 성령으로 방언기도를 해야 합니다. 분명하게 방언기도가 자신 안에 성전에서 성령으로 분출되어야 합니다. 방언기도 소리를 가지고 평가하고 치중하는 것이 아닙니다. 자신 안에 성전에서 성령으로 방언기도를 하면 분명하게 전인격과 환경에 변화가 일어나게 되어 있습니다. 자신 안에 성전에서 초자연적인 하나님의 나라가 분출되기 때문입니다. 하나님은 분명하게 이렇게 말씀하셨습니다. "너희는 너희가 하나님의 성전인 것과 하나님의 성령이 너희 안에 계시는 것을 알지 못하느냐? 누구든지 하나님의 성전을 더럽히면 하나님이 그 사람을 멸하시리라 하나님의 성전은 거룩하니 너희도 그러하니라(고전 3:16-17)" 하나님의 성전이 자신 안에 있습니다.

그러므로 자신 안에 성전에서 성령으로 방언기도를 하면 전인격과 환경의 변화가 눈으로 보이게 일어나야 한다는 것입니다. 성령으로 발원한 방언기도하면 분명하게 크리스천이 변하게 되어 있습니다. 하나님은 이렇게 말씀하십니다. "거짓 선지자들을 삼가라 양의 옷을 입고 너희에게 나아오나 속에는 노략질하는 이리라. 그들의 열매로 그들을 알지니 가시나무에서 포도를, 또는 엉겅퀴에서 무화과를 따겠느냐? 이와 같이 좋은 나무마다 아름다운 열매를 맺고 못된 나무가 나쁜 열매를 맺나니, 좋은 나무가 나쁜 열매를 맺을 수 없고 못된 나무가 아름다운 열매를 맺을 수 없느니라. 아름다운 열매를 맺지 아니하는 나무마다 찍혀 불에 던져지느니라. 이러므로 그들의 열매로 그들을 알리라. 나더러 주여! 주여! 하는 자마다 다 천국에 들어갈 것이 아니요 다만 하늘에 계신 내 아버지의 뜻대로 행하는 자라야 들어가리라. 그 날에 많은 사람이 나더러 이르되 주여! 주여! 우리가 주의 이름으로 선지자 노릇 하며 주의 이름으로 귀신을 쫓아내며 주의 이름으로 많은 권능을 행하지 아니하였나이까 하리니, 그 때에 내가 그들에게 밝히 말하되 내가 너희를 도무지 알지 못하니 불법을 행하는 자들아 내게서 떠나가라 하리라(마7:15-23)" 열매를 보고 판단하라고 경고하시는 말씀입니다. 분병하게 악한 자의 열매를 맺는 자도 있기 때문에 경고하시는 것입니다.

항간에 방언기도와 관상기도가 문제가 있다고 금해야 한다고 하시는 목회자들도 계십니다. 그러나 이는 성령의 역사를 말살하려는 행위입니다. 무조건 금할 것이 아니고 자신 안에 성전에서 성령으로 발원한 방언기도와 관상기도를 하도록 올바르게 알려주고 할 수 있도록 지도하면 되는 것입니다. 아니 구더기 무섭다고 장 담그지 못합니까? 무서운 구더기 보다 장을 담가야 하는 필요성이 더 절박한 것입니다. 방언기도와 관상기도를 못하게 하면 성도들은 막대기 신자, 머리 신자가 될 것입니다. 하지 못하게 하는 것보다 잘못된 부분을 시정하여 바르게 하도록 해야 합니다. 무조건 하지 말라, 그러면 더 합니다. 바르게 지도하여 정확하게 자신 안에 성전에서 성령으로 하는 방언기도가 되게 하면 되는 것입니다. 성경에 하라고 권장하는 방언기도를 왜 하지 못하게 합니까? "그런즉 내 형제들아 예언하기를 사모하며 방언 말하기를 금하지 말라(고전 14:39)" 문제는 방언기도의 출처에 관심 두지 않고 저급방언이니, 고급방언이니, 찬양방언이니, 하는 방언기도 소리에 치중하는 것이 문제입니다.

둘째, 성령 안에서 방언 기도하라. 어떤 여성도가 필자에게 이렇게 질문을 하는 것입니다. 목사님 책을 15권 정도를 읽었는데 기도가 잘되지 않습니다. 어떤 때는 잘되고 어떤 때는 기도를 할 수가 없습니다. 이유가 무엇입니까? 자신의 생각과 말과 목으로 기도하기 때문입니다. 그래서 하나님은 성령 안에서 기도하라고 하십니다. "성령 안에서 기도하라"는 말씀의 의미는 성령님의 도우심을 힘입어 기도하라는 의미입니다. 오늘 에베소서 6장 18-19절의 말씀만 보아도 기도와 간구에 관한 굉장한 단어가 두 개 나옵니다. 그것은 '모든'과 '항상'이라는 단어입니다. 우리는 모든 기도와 간구를 항상 드려야 하는데 그것은 우리의 힘과 인내로는 할 수 없는 일입니다. 제가 이제는 정말 기도해야 하겠다는 생각을 하게 되면서 가장 걱정되는 것이 하나 있었습니다. 그것은 바로 '포기'와 '지치는 것'입니다. 이미 그런 경험이 여러 번 있었던 저로서는 이것이 가장 걱정되었고, 그래서 기도를 드릴 때마다 성령님께서 도와달라고, 성령님께서 기도할 수 있는 힘을 주시고, 인내를 달라고 기도할 수밖에 없게 되었습니다.

우리의 기도는 모든 것을 위해서 드리는 기도가 되어야 하고 항상 드리는 기도가 되어야 합니다. 그래야 사탄이 언제 무엇을 통해 공격하든 승리할 수 있을 뿐 아니라 우리 영혼이 든든히 설수 있기 때문입니다. 그러기 위해서 항상 깨어있도록 힘써야 합니다. 그러나 우리의 힘으로는 이런 영적인 스트레스를 견디어낼 수 없습니다. 금 새 지쳐버리고 포기해 버리기 쉽습니다. 그래서 우리는 성령님의 도우심을 반드시 구해야 합니다. 그 도우심안에서 기도드려야 합니다.

셋째, 자신 안에 하나님의 성전이 있다. 자신 안에 성전에서 올라오는 성령으로 방언기도를 하라는 것입니다. 바울은 분명하게 "너희는 너희가 하나님의 성전인 것과 하나님의 성령이 너희 안에 계시는 것을 알지 못하느냐(고전 3:16)" 말합니다. 그리고 에베소서 2장 21절은 성전이 주님 안에 있다고 말하고, 22절에서는 하나님의 처소가 영 안에 있다고 말합니다. 이것은 주님께서 우리의 영과 하나이시며, 우리의 영이 주님과 하나임을 나타냅니다. 우리의 영 안에 있는 것은 사실상 주님 안에 있는 것입니다. 또한 주님 안에 있는 것은 영 안에 있는 것입니다. 주님과 합하는 사람은 한 영입니다(고전 6:17). 우리는 우리의 영을 주님으로부터 결코 분리시킬 수 없습니다. 그러므로 우리의 영은 교회의 건축이 이루어지는 곳입니다. 성전 건축은 우리의 생각이나 감정이나 혼이나 마음으로 이루어지지 않습니다. 건축은 전적으로 우리 영 안에서의 문제입니다. 방언기도는 자신 안에 성전에서 성령으로 방언기도를 해야 하나님의 카리스마가 분출되는 것입니다. 그리고 자신 안에 성전이 견고하게 건축되는 것입니다.

넷째, 잠재의식의 견고한 진을 파괴하라. 잠재의식의 깊은 곳에 있는 악한 것들을 제거하는 방언기도가 되어야 합니다. 그래서 자신 안에 성전에서 올라오는 성령으로 방언기도를 하라는 것입니다. 잠재의식에는 자신도 잘 모르는 견고한 진들이 있습니다. 이를 성령님의 지배, 장악, 임재로 가득한 가운데 찾아내어 부수고 제거하는 방언기도를 해야 합니다. 성령의 지배 장악 임재 하심 속에서는 말하는 대로 되어집니다. 성령의 지배 장악 임재 하신 상태에서 다음과 같이 명령해보시기를 바랍니다. "성령이여, 임하소서. 무의식의 깊은 곳, 잠재의식의 깊은 곳에 임하소서. 더 깊이 더 깊이 임하소서. 이렇게 성령의 강한 임재가 나타날 때까지 반복하세요. 무의식의 깊은 곳, 잠재의식 속에 자리한 악한 것들은 예수이름으로 성령의 능력으로 분리되고 드러나고 제거될지어다. 성령의 역사로 완전히 밖으로 배출되어 제거될 때까지 반복해서 하세요. 성령이여 무의식의 잠재의식 깊은 곳까지 사로 잡으시고 당신의 능력으로 채우소서. 예수님의 이름으로 기도합니다. 아멘"

이상과 같이 믿음으로 기도하면 무의식의 잠재의식 속에 역사하던 악한 것들이 분리되고 드러나고 제거됨을 경험하게 될 것입니다. 아무튼 자신 안에 성전의 깊은 곳에 들어가고 깊은 은혜를 경험하시려면 무의식의 깊은 곳 잠재의식 속에 역사하는 악한 것들을 제거해야 합니다. 잠재의식이 정화되는 방언기도를 하려고 관심을 가져야 합니다. 관심이 중요합니다.

다섯째, 전인적인 변화가 되는 방언기도를 하라. 방언으로 아무리 기도한다고 해도 성품은 변화되지 않습니다. 방언은 영의 기도이므로 마음으로 기도가 되지 않아 잠재의식이 정화되지 않기 때문입니다. 그러므로 방언으로 아무리 많이 기도하는 성도라 할지라도 반드시 자신의 성품을 바꾸어 달라는 기도를 병행하는 것이 좋습니다. 왜냐하면 사람의 성품은 자신의 마음속(잠재의식)에서 나오는 것인데, 이런 열매들 중에는 더러운 것이 참 많이 나오기 때문입니다. 예수님께서도 이와 같이 말씀하셨습니다. "또 이르시되 사람에게서 나오는 그것이 사람을 더럽게 하느니라. 속에서 곧 사람의 마음에서 나오는 것은 악한 생각 곧 음란과 도둑질과 살인과 간음과 탐욕과 악독과 속임과 음탕과 질투와 비방과 교만과 우매함이니 이 모든 악한 것이 다 속에서 나와서 사람을 더럽게 하느니라(막7:20-23)" 그렇습니다. 사람의 마음은 이미 아담의 타락으로부터 더럽혀진 상태에 있습니다.

그러므로 이러한 유전적인 형질이 후손들에게 내려온 이상 우리는 우리의 성품을 방언기도로 고칠 수 없는 것입니다. 사람에 따라 어떤 사람은 탐욕으로 가득하게 채워 있기도 하고, 어떤 사람의 마음에는 음란으로 가득하며, 또 어떤 사람은 시기와 질투심으로 가득하기도 합니다. 그런데 방언기도를 한다고 해서 이런 것들이 없어지거나 사라지겠습니까? 방언기도 유창하게 한다고 성품이 변화된다고 생각했다면 고쳐먹는 것이 좋습니다. 마음으로 기도가 되어야 잠재의식이 정화되어 근본 성품이 변화되는 것입니다. 그래서 하나님은 "내가 만일 방언으로 기도하면 나의 영이 기도하거니와 나의 마음은 열매를 맺지 못하리라. 그러면 어떻게 할까 내가 영으로 기도하고 또 마음으로 기도하며 내가 영으로 찬송하고 또 마음으로 찬송하리라(고전 14:14-15)" 말씀하시는 것입니다.

우리는 자신의 육체가 유명을 달리하는 그 순간까지 이러한 나쁜 심성들이 잠재의식에 남아 있음을 알아야 합니다. 이것은 우리를 끝까지 괴롭히는 것들입니다. 그러므로 방언기도와 더불어 우리가 꼭 마음으로 해야 하는 기도는 내 연약한 심성을 고쳐달라는 기도입니다. 그리고 우리의 심성이 좋으신 예수님의 품성으로 바꾸어지기를 기도하는 것입니다. 내 자신이 성령으로 충만할 때면 내 안에 들어있는 나쁜 품성이 드러나지 않고 수면 아래에 가라 앉아 있겠지만, 성령 충만이 이내 식어지게 되면 수면 아래에 가라 앉아있던 나쁜 품성들이 점차 위로 올라오게 될 것입니다.

그런데 방언으로 기도한다고 해서 이런 품성이 사라지지 않음을 알아야 합니다. 자신이 인정하고 찾아서 고칠 때까지 고쳐지지 않습니다. 자신이 고쳐야 하는 것은 자신이 고쳐나가야 하는 것입니다. 자신의 나쁜 심성은 방언기도로 해결할 수 없습니다. 날마다 회개하고, 버리고, 죽음에 넘기 우는 수밖에 없습니다. 그래서 바울은 "형제들아 내가 그리스도 예수 우리 주 안에서 가진 바 너희에 대한 나의 자랑을 두고 단언하노니 나는 날마다 죽노라(고전 15:31)" 말한 것입니다. 우리의 육신의 생명이 끝나는 그날까지 우리의 나쁜 심성을 십자가에 못 박는 기도를 해야 하는 것입니다. 이것은 방언으로 기도해서 될 일이 아닙니다. 방언기도 유창하게 한다고 자만하지 말고 자신에게 좋지 못한 성품이 잠재의식에 있다고 생각하고 성령님께 질문하여 찾아서 정화시켜야 합니다. 찾아서 정화하기 전에게 절대로 자동으로 변화되지 못합니다.

여섯째, 주변 사람에게 본이 되는 방언기도를 하라. 방언기도를 유창하게 하는 만큼 변화되고 성화된 모습을 주변에 보여줘야 한다는 것입니다. 자신의 성품도 변해야 되고, 성령의 카리스마도 강해지고, 가정도 평안하여 천국이 되어야할 것입니다. 방언기도는 유창하게 하면서 보이는 행실과 환경이 본이 되지 못하는 분들이 있습니다. 며칠 전에 아무개 여 집사가 치유를 받겠다고 우울증으로 인사불성이 된 아들을 데리고 왔습니다. 오후집회 시간인데 말씀을 거의 전하고 기도시간이 되어서 온 것입니다. 아들의 우울증에 대한 자초지종은 며칠 전에 전화통화로 알고 있는 상태였습니다.

기도시간이 되었습니다. 첫 번째 안수를 하니까, 아무런 역사도 일어나지 않았습니다. 일단 기도를 어떻게 하라고 지시했습니다. 옆자리에서 엄마가 기도를 하는데 방언기도를 아주 유창하게 하는 것입니다. 그래서 "성령님! 이 여 집사가 방언기도를 유창하게 잘하지요." 그랬더니 성령님께서 감동하시기를 "자신의 상처가 있어서 마음이 답답하여 교회에 가서 해대는 방언기도를 하면 속이 후련해지니까, 몇 년 동안 자기만 살겠다고 그렇게 기도하다가 보니 해대는 방언기도가 잠재의식에 심겨진 것이란다. 자신의 마음에 평안을 찾는 것에 관심을 두고 방언기도를 해대다가 보니 가족에게 관심을 갖지 못해서 아들이 우울의 영이 역사하는 것도 모르고 방치하다가 우울증에 걸리니까, 지금 데리고 온 것이다. 치유하는데 시간이 걸릴 것이다." 그래서 "성령님! 그러면 어떻게 할까요?" "머리와 배에 안수를 해주어라." 그래서 우선 머리에 손을 얹고 안수를 했습니다. 기침을 사정없이 하면서 가래를 토해내는 것입니다. "아들을 저 모양으로 만든 더러운 역사는 정체를 밝히고 떠나가라." 아주 정신을 차리지 못할 정도로 기침을 해대면서 잠재의식에 역사하면서 답답하게 했던 귀신들이 떠나갑니다. 방언기도를 그렇게 유창하게 해도 더러운 귀신들이 떠나가지 않고 그대로 있었던 것입니다. 책을 읽는 분들은 방언기도하면 성령 세례 받은 것이라는 사람의 말을 잘 판단하시기를 바랍니다. 다른 사람 안수를 해주어야 하기 때문에 시간이 없어서 자나갔습니다.

다시 두 번째 안수 기도할 차례가 되었습니다. 그래도 여 집사는 방언기도를 유창하게 하고 있었습니다. 아들은 기도를 못하고 앉아있는 상태였습니다. "다시 여 집사의 명치끝에 손가락을 대고 아들을 저 모양으로 만든 장본인은 떠나가라. 명령했습니다.

그랬더니 배를 잡고 주저앉으면서 기침을 해대면서 귀신들이 떠나갔습니다." 다시 아들에게 가서 아들의 배에 손을 얹고 "이 아이를 우울하게 하는 더러운 영들은 정체를 밝혀라." 했더니 기침을 한동안 했습니다. 조금 있으니 얼굴에 웃음이 만연하고 밝아지는 것입니다. 필자가 직감적으로 아들을 우울하게 했던 것들은 엄마와 아들의 잠재의식에 역사하던 상처였다는 것을 깨닫게 되었습니다. 기도가 끝나고 엄마에게 방언기도를 그렇게 하지 말고 아랫배에서 올라오는 소리로 하라고 알려주었습니다. 그렇게 목으로 방언기도 하느니 차라리 아랫배에 의식을 두고 호흡을 들이쉬고 내쉬면서 주여! 하면서 기도하라고 했습니다. 시범적으로 하도록 했더니 숨을 쉬고 내쉴 때마다 기침을 하면서 잠재의식의 상처가 떠나갔습니다. 이렇게 방언기도를 유창하게 해도 잠재의식이 정화되지 않는 기도를 하니까, 가정에 역사하는 영들이 떠나가지 않고 문제를 일으키는 것입니다. 제발 방언기도 유창하게 하는 것으로 만족을 하지 말고 잠재의식이 정화되고 주님의 성품으로 변화되고 가정의 구성원들이 하나가 되는 방언기도를 하려고 하시기를 바랍니다. 방언기도 유창하게 하는 만큼 주변 사람들이 인정하는 믿음생활이 되도록 하시기를 바랍니다. 방언기도 유창하게 하는 것이 능사가 아닙니다. 방언 기도할 때 자신의 마음 안 성전에서 성령의 역사가 밖으로 분출되는 방언기도가 되어야 합니다.

23장 자신 안에 능력은 긍정과 순종이 채운다.

(삼하 12:13-15)"다윗이 나단에게 이르되 내가 여호와께 죄를 범하였노라 하매 나단이 다윗에게 말하되 여호와께서도 당신의 죄를 사하셨나니 당신이 죽지 아니하려니와 이 일로 말미암아 여호와의 원수가 크게 비방할 거리를 얻게 하였으니 당신이 낳은 아이가 반드시 죽으리이다 하고, 나단이 자기 집으로 돌아가니라. 우리아의 아내가 다윗에게 낳은 아이를 여호와께서 치시매 심히 앓는지라"

하나님께서는 예수를 믿는 자들이 자신 안에 능력으로 채워서 세상을 이기기를 원하십니다. 자신 안에 능력은 하나님의 말씀을 긍정으로 받아들여서 순종할 때 채워지는 것입니다. 하나님의 말씀이면 아무리 이치에 맞지 않고 비합리적이라도 긍정으로 받아들여서 순종할 때 자신 안에 하나님의 능력으로 채워지는 것입니다. 몇 년 전에 이런 성도를 치유한 적이 있습니다. 전립선에 질병이 있어서 순간 치유될 것을 기대하고 이곳저곳을 돌아다녔습니다. 저희 교회에도 상당한 기간 동안 다녔습니다. 그러나 여전하게 병세가 호전되거나 치유가 되지 않았습니다. 급기야 박 집사가 저에게 상담을 요청했습니다. 목사님! 제가 전립선에 질병이 있어서 치유를 받으려고 다녔습니다. 그런데 치유가 되지 않습니다. 이유가 무엇입니까? 필자가 성령님께 하문을 했습니다. 성령님 왜 박 집사의 전립선의 질병이 치유가 되지 않습니까? 그러자 성령님께서 이렇게 감동하시는 것입니다. "박 집사는 하나님의 말씀을 받을 때 정수기에 걸러서 받기 때문이다. 또 한 가지는 하나님의 것도 자기 것이고, 자기 것도 자기 것이기 때문에 치유가 될 수가 없단다." 말씀을 받으면 온전하게 순종하는 것이 아니고 자신이 이해가 되고 합리적으로 맞으면 순종한다는 것입니다. 그리고 하나님께 마음과 정성을 드리지는 않고 병만 고치려고 한다는 것입니다. 한마디로 십자가에서 죽었다가 예수로 살아나지 않고 여전하게 자신이 살아있다는 것입니다. 그러니 성령님이 장악을 하실 수가 없고 장악하시기 못하니 치유가 되지 않는 것입니다. 우리 성도들은 말씀을 들을 때 아무리 이해가 되지 않고 합리에 어긋나더라도 하나님의 말씀이면 순종하는 것이 좋습니다.

첫째, 하나님의 말씀에 순종하지 못하고 대꾸하는 사울 왕입니다. 삼상15:11절을 보면, 하나님께서는 그런 사울을 지칭하여 "내가 사울을 세워 왕 삼은 것을 후회하노니"라고 하시었습니다. 그런대도 13절을 보면, 사울 왕은 사무엘에게 내가 여호와의 명령을 행하였으니 당신은 여호와께 복을 받으소서라고 합니다. 하나님께서는 사울의 반역행위에 따라 왕으로 세운 것을 후회하신다고 까지 하셨는데 본인은 순종을 잘하였다고 착각하고 있다는 것입니다. 말대꾸를 하는 것입니다. 즉 영적 어리석음에 빠져있는 것입니다.

오늘의 그리스도인들 중에도 영적 어리석음에 빠진 자들이 얼마나 많은지 모릅니다. 성경에 기록된 모든 영적 어리석음에 빠졌던 자들의 결말은 모두가 하나님의 벌을 받는 것으로 끝이 납니다. 사울 왕 역시 비참한 최후를 맞았음을 삼상 31장을 통해 알 수 있습니다. 그러므로 영적 어리석음에 빠지는 것은 대단히 심각한 문제라 하겠습니다.

사무엘 선지자는, 대적인 아말렉 사람을 진멸하라는 하나님의 명령을 분명히 전달했음에도 순종하지 않은 사울에게, "어찌하여 왕이 여호와의 목소리를 청종치 아니하고 탈취하기에만 급하여 여호와의 악하게 여기시는 것을 행하였나이까?"하고 삼상15장 19절로 힐문합니다. 그때 사울은 대답합니다. 삼상15장 20절입니다. "사울이 사무엘에게 이르되 나는 실로 여호와의 목소리를 청종하여 여호와께서 보내신 길로 가서 아말렉 왕 아각을 끌어 왔고 아말렉 사람을 진멸하였으나" 사울은 하나님의 명령에 순종하여 아말렉을 진멸하였고, 그 증거로 아말렉 왕 아각까지 잡아왔지 않았냐고 말대꾸를 하고 있는 것입니다.

당신은 이 상황에 대해서 어떻게 생각합니까? 하나님의 명령에, 사울 왕이 제대로 수행했다 고 생각합니까, 순종하지 않았다고 생각합니까? 온전히 수행하지 않은 것은 순종치 않은 것과 같은 것입니다. '탈취하기에만 급하여'의 '급하여' 란 히브리어 '이트'는 '급습하다', '탐욕스럽게 돌진하다' 의 뜻으로 이는 마치 맹수가 먹이를 덮치듯이, 사울이 아말렉의 노획물에 욕심을 내었다는 표현입니다. 즉 사울이 여호와께 제사 드리기 위해 좋은 것들을 남겨 둔 것도 아니며, 오직 자신의 탐욕을 채우기 위한 것이었음을 지적하는 말입니다. 여호와 하나님의 명령은 아말렉의 모든 생명체를 진멸하는 것이었습니다. 그러함에도 사울은 백성들에게 자랑하기 위하여 아말렉 왕 '아각'을 살려 둔 자신의 죄, 하나님의 명을 위배한 사악한 행위를 전혀 죄로 인정치 않고 있는 것입니다.

그러고도 오히려 아말렉의 짐승을 진멸치 않은 자신의 범죄를 ①하나님의 제사를 빙자하였으며, ②또한 백성들에게 떠넘김으로써 정당화 시키려 하였습니다. 불순종하는 삶은, 반드시 불순종에 대한 대가를 치러야 합니다. 어리석은 인간은, 불순종하고도, 또한 죄를 지어놓고도 시간이 지나면 하나님도 잊으시겠지… 하고 생각할지 모르지만 그것은 천만의 말씀입니다.

하나님은 결코 죄를 용납하지 않으십니다. 하나님께서는 불순종하는 자를 반드시 꾸짖으십니다. 하나님께서는 지은 죄의 대가를 반드시 치르게 하십니다. 하나님 명령을 불순종하는 큰 죄를 짓고도 깨닫지 못하는 꼴통 같은 사울에게 사무엘선지자는 일침을 놓습니다. '순종이 제사보다 낫고 듣는 것이 수양의 기름보다 나으니' 사무엘 자신이 선지자이며 제사장으로서 '순종이 제사보다 낫다'고 말하는 것은 결코 쉽지 않았을 것입니다. 이는 자칫 제사를 소홀히 해도 된다는 말로 오해할 수도 있기 때문이다. 이런 오해를 오늘의 신앙생활에 접목시켜 본다면, ①'주일날 빠지지 않고 예배에 참석만 잘 한다면, 믿음이 좋은 사람이라 저절로 내면이 주님의 형상으로 바뀐다.' ②주일날 급한 일이 생겼다고, 예배에 불참하거나, 말씀을 듣지도 않고 헌금만 보내는 경우가 생길 것입니다. '순종이 제사보다 낫다' 는 사무엘의 말은, 순종이 결여된 제사는 무의미하다는 것입니다. 왜냐하면 제사의 본질적인 의미가 하나님께 향한 자기 헌신을 포함하고 있기 때문입니다. 그러므로 하나님께 제사를 드리는 자는, 좋은 제물과 화려한 의식 등 외적인 면보다, 하나님의 말씀에 절대적으로 순종하는 내적 신앙(마음중심)이 더욱 소중한 것임을 알아야 합니다. 절대적으로 순종하는 신앙인이라면, 절대적으로 순종하는 성도라면, 절대적으로 순종하는 제자라면, 하나님의 것으로 아는 십일조를 포함해 어떤 예물일지라도 기쁜 마음으로 감사하는 마음으로 드리게 되어 있습니다.

본문 마지막에 '왕이 여호와의 말씀을 버렸으므로 여호와께서도 왕을 버려 왕이 되지 못하게 하셨나이다'라 하였습니다. 사울 왕국은 하나님의 은혜 아래 있지 못하므로 점차 쇠퇴하여져 결국에는 다음 왕이 되는 다윗에게 물러 줄 때까지만 존속해야 할 필요성에 따라 남아있게 된 것입니다. 여기서 우리가 간과해서는 안 될 중요한 신학적 교훈이 있습니다. 그것은 사울이 자신의 왕권과 후손에게 물려줄 왕국을 잃어버리게 된 결정적인 원인은, 그의 죄악으로 인해 하나님께서 그를 버리셨기 때문이 아니라, 그 자신이 먼저 하나님의 말씀을 버렸기 때문이라는 사실입니다.

오늘 '순종이 제사보다 낫다' 는 하나님의 음성을 들었습니까? 하나님의 음성을 들은 모두 그 말씀을 잘 간직하고 지키어, 순종하는 신앙인이 되시기를 예수 그리스도 이름으로 축원합니다. 지금까지 혹시 하나님 말씀에 불순종한 것이 있거나 회개치 않은 것이 있다면, 더 늦기 전에, 주 예수 그리스도의 보혈에 의지해서 회개하여 죄사함 받기를 권합니다. 이렇게 하나님의 말씀을 긍정으로 받지 않고 대꾸하고 불순종을 하니 자신 안이 부실해지는 것입니다.

둘째, 하나님의 말씀이면 긍정으로 받고 순종한 다윗을 생각하여 보겠습니다. 다윗의 인생에서 가장 의미 있었던 두 사람을 꼽으라면, 아마도 골리앗과 밧세바가 아닐까 생각됩니다. 살펴보면 이 두 사람은 완벽한 대조를 이룹니다. 골리앗을 만난 다윗은 아직 어리고 무명이었으며, 세상 경험도 많지 않았던 반면, 밧세바를 만났을 때 다윗은 왕이었고, 충분히 나이도 들었으며, 여러 가지 시련들을 극복하며 백성들로 이미 용기 있고 지혜로운 지도자로 인정받고 있던 때 이었습니다.

본문 당시의 상황은 계절 상 봄이었습니다. 당시의 관습에 따르면, 봄에 주로 전쟁을 다시 시작했습니다. 출전 중이었던 이스라엘 군대를 뒤로하고, 다윗은 궁전에 머물렀습니다. 그러다가 하루는 궁전 옥상을 거닐다 우연히 한 여인의 목욕하는 장면을 목격합니다. 그래서 다윗은 왕으로서의 모든 힘을 과시하며 그 여인을 불러오고, 잠자리를 같이 합니다. 이는 기도하는 자의 정체성은 온데간데없고, 오직 자신의 사욕을 채우는 권력자의 모습만이 드러나고 있습니다.

당시 그 여인, 밧세바의 남편 우리아는 전쟁에 나가있을 때였습니다. 하지만 시간이 얼마 지나지 않아 밧세바는 자신이 임신한 사실을 알게 되고 다윗 왕에게 전갈을 보냅니다. 밧세바의 임신 사실을 알게 된 다윗 왕은 어떻게 이 문제를 해결하고자 했을까요? 다윗은 밧세바의 남편 우리아를 불러다가 휴가를 줍니다. 이러한 다윗의 반응에서 보이는 다윗왕의 모습은 이미 세상일과 처세에 능하며, 어떻게 자신의 위기를 빠져나가야 할지를 알고 있는 모습입니다.

하지만, 아무리 능수능란하여 상황은 만들 수 있을지 모르지만, 사람 마음은 어쩔 수가 없었습니다. 우리아는 집에 돌아왔지만 동료들을 생각하며 편하게 잠자리를 갖지 않습니다. 우리아에게 술을 먹여보아도 뜻대로 되지 않습니다. 다윗왕은 우리아가 마음대로 되지 않자, 우리아를 다시 전쟁터에 보내며 위험한 최전방에 배치하라고 지시합니다. 그리고 우리아는 전쟁터에서 전사하게 됩니다.

이 사건을 통해 우리는 다윗왕의 모습, 특별히 지도자로서 모습을 가지고 있었는지 생각해볼 필요가 있습니다. 그는 하나님께서 세우신 왕으로서의 모습이 아니라, 이 순간만큼은 하나님을 완전히 떠난 자의 정체성으로 자신의 사욕을 채우고 있는 탐욕스런 왕에 지나지 않습니다. 다윗 왕은 첫째로, 간음의 죄를 저질렀고, 둘째로, 간음한 자신의 죄를 덮으려고 한 여인의 남편을 고의적으로 죽게 한 죄를 범했습니다. 자신이 죄인으로 드러나는 것이 두려워 다른 사람의 생명을 빼앗은 셈입니다.

하지만 이것이 다윗의 저지른 죄는 한 가지가 더 있습니다. 사무엘하 11장 본문을 살펴보면, 의도적으로 보이리만큼 반복적으로 사용되는 단어가 있습니다. 바로 "보내다"라는 단어입니다. 다윗 왕은 군대를 보내고, 신하를 보내고, 전갈을 보내고 우리아를 보내고 사람을 보내고… 등등 이 본문에서 "보내다"는 동사-표현이 반복적으로 사용됩니다. "보낸다"는 단어가 가지고 있는 신학적-신앙적 의미는 무엇일까요?

삼하 12장 1-6절을 보면 여호와 하나님께서는 범죄 한 다윗에게 선지자 나단을 보내셔서 그의 죄를 책망하셨습니다. 나단 선지자는 다윗의 범죄를 양과 소가 심히 많은 한 부자가 가난한 집의 한 마리밖에 없는 양을 빼앗아 자기 집에 온 손님을 대접한 사건을 비유로 고발을 합니다. 나단 선지자는 부자는 양과 소가 심히 많지만 가난한 자는 암양 새끼 한 마리뿐이라고 합니다. 가난한 자는 그 한 마리뿐인 새끼 양을 자식과 함께 먹고 마시며 그의 품에 함께 누워 잠으로 딸처럼 되었다고 합니다. 그런데 어느 날 부자 집에 손님이 왔는데 이 부자가 자기 집의 많은 양과 소중에서 잡아 손님을 대접하지 않고 가난한 자의 한 마리뿐인 양 새끼를 빼앗아 자기 집에 온 사람을 대접했다고 합니다. 이 말을 들은 다윗이 분노하며 여호와의 살아계심을 두고 맹세한다고 하면서 이 일을 행한 그 사람은 마땅히 죽을 자라고 하였습니다.

율법에 의하면 남의 양을 빼앗거나 훔친 것은 사형이 아니라 네 배로 갚도록 했습니다. 출애굽기 22장 1절을 보면 "사람이 소나 양을 도적질하여 잡거나 팔면 그는 소 하나에 소 다섯으로 갚고 양 하나에 양 넷으로 갚을지니라"고 했습니다. 그런데 다윗은 분노하며 그가 마땅히 죽을 자라고 합니다. 선지자 나단은 이 비유를 통해서 다윗의 죄를 지적하고 있습니다. 그런데 다윗은 자신의 죄를 전혀 모르는 것입니다. 자기 죄를 아는 자가 은혜를 입은 자입니다. 왜냐하면 죄를 모르는 자는 죄의 용서함도 모르기 때문입니다.

삼하 12장 7-9절을 보면 "나단이 다윗에게 이르되 당신이 그 사람이라. 이스라엘의 하나님 여호와께서 이처럼 이르시기를 내가 너로 이스라엘 왕을 삼기 위하여 네게 기름을 붓고 너를 사울의 손에서 구원하고 네 주인의 집을 네게 주고 네 주인의 처들을 네 품에 두고 이스라엘과 유다 족속을 네게 맡겼느니라. 만일 그것이 부족하였을 것 같으면 내가 네게 이것저것을 더 주었으리라. 그러한데 어찌하여 네가 여호와의 말씀을 업신여기고 나 보기에 악을 행하였느뇨. 네가 칼로 헷 사람 우리아를 죽이되 암몬 자손의 칼로 죽이고 그 처를 빼앗아 네 처를 삼았도다"고 했습니다. 나단 선지자는 다윗에게 죽어 마땅한 그 사람이 바로 당신이라고 합니다. 나단 선지자는 당신이 바로 그 사람이라고 하면서 하나님께서 다윗에게 베풀어 주신 은혜를 말씀합니다. 나단 선지자는 여호와 하나님께서 목동인 다윗을 임금으로 세우신 모든 것을 말하면서 여호와께서 네게 무언가 부족하였을 것 같으면 이것저것을 더하여 주었을 것이라고 합니다. 그런데 여호와의 말씀을 업신여기고 우리아를 암몬 자손의 칼로 죽이고 그 아내를 빼앗았느냐고 책망을 합니다.

삼하 12장 10-12절을 보면 "이제 네가 나를 업신여기고 헷 사람 우리아의 처를 빼앗아 네 처를 삼았은즉 칼이 네 집에 영영히 떠나지 아니하리라 하셨고, 여호와께서 또 이처럼 이르시기를 내가 네 집에 재화를 일으키고 내가 네 처들을 가져 네 눈앞에서 다른 사람에게 주리니 그 사람이 네 처들로 더불어 백주에 동침하리라. 너는 은밀히 행하였으나 나는 이스라엘 무리 앞 백주에 이 일을 행하리라 하셨나이다"라고 했습니다. 여호와의 말씀을 업신여긴 것은 곧 여호와를 업신여긴 것입니다. 여호와를 업신여긴 행위가 우리아의 아내를 빼앗아 아내로 삼았기 때문에 여호와께서 다윗의 집에 재앙을 내리신다고 하십니다. 그 재앙의 내용들은 다윗의 집안에 칼이 영원토록 떠나지 않을 것이라고 합니다. 여기서 "칼이 영원히 떠나지 않는다"는 말은 반역이 계속해서 일어날 것을 말씀하시는 것입니다. 또한 선지자 나단은 여호와께서 다윗의 아내가 백주에 네 이웃에게 주어 동침하게 할 것이라고 합니다. 그리고 다윗은 은밀히 행하였지만 다윗이 벌을 받는 것은 온 이스라엘 앞에서 백주에 이 일이 일어날 것이라고 합니다.

그러면 이 책망을 들은 다윗의 고백이 무엇입니까? 삼하 12장 13a절을 보면 "다윗이 나단에게 이르되 내가 여호와께 죄를 범하였노라 하매…."라고 했습니다. 다윗이 선지자 나단의 책망을 받았을 때 나단을 죽여 버리든지, 아니면 회개하든지 둘 중에 하나일 것입니다. 그러나 다윗은 회개를 하였습니다. 다윗이 나단에게 말하기를 "내가 여호와께 죄를 범하였노라"고 했습니다.

이것이 은혜입니다. 우리가 죄를 범하고 그 죄가 들어날 때 어떻게 합니까? 많은 사람들은 그 마음이 완악하여 져서 죄를 지적하고 책망하는 자를 대적합니다. 심지어 하나님을 대적하기도 합니다. 그러나 다윗은 자신의 죄를 인정하고 회개하였습니다. 이것은 하나님의 은혜가 아니고서는 안 되는 일입니다.

자신의 죄를 인정하며 회개하는 다윗에게 선지자 나단은 죄사함을 선포하며 위로합니다. 삼하 12장 13b절을 보면 "여호와께서도 당신의 죄를 사하셨나니 당신이 죽지 아니하리라"고 합니다. 그러나 14절을 보면 "이 일로 인하여 여호와의 원수로 크게 훼방할 거리를 얻었기 때문에 당신의 낳은 아이가 반드시 죽을 것이라"고 합니다. 그런 후에 나단은 자기 집으로 돌아갔습니다(15절). 다윗은 하나님의 말씀이면 긍정으로 받아들이고 순종하였습니다. 그래서 다윗은 "그가 나이 많아 늙도록 부하고 존귀를 누리다가 죽으매 그의 아들 솔로몬이 대신하여 왕이 되니라(대상 29:28)" 사람은 본향으로 가는 날이 좋아야 합니다. 다윗은 하나님의 말씀이면 긍정으로 받아들이고 순종하여 내면이 강하자로 늙도록 보하며 존귀하게 살다가 영원한 천국에 갔습니다.

셋째, 하나님의 말씀을 긍정으로 듣고 순종하는 사람이 되어야 합니다. 자신 안에 능력으로 채우려면 하나님의 말씀을 긍정으로 듣고 순종하는 습관이 중요합니다. 많은 크리스천들이 말씀을 읽거나 설교를 들을 때 다른 사람에게 하는 말로 듣는 경우가 많습니다. 좋은 말씀은 자신에게 하는 말씀이요, 거스르는 말씀은 세상 사람들에게 하는 말씀이요, 좀 더 심한 말씀을 자기가 미워하는 사람에게 하는 말씀으로 받아들이는 경우가 많습니다. 모든 말씀은 자신에게 하는 말씀입니다. 하나님은 "아무도 자신을 속이지 말라 너희 중에 누구든지 이 세상에서 지혜 있는 줄로 생각하거든 어리석은 자가 되라 그리하여야 지혜로운 자가 되리라(고전 3:18)" 하십니다. 하나님 앞에 어린아이가 되어 자신은 부족하다고 생각하고 모든 말씀을 받아들이라는 것입니다.

하나님은 성령의 인도를 받으라고 말씀하십니다. "무릇 하나님의 영으로 인도함을 받는 사람은 곧 하나님의 아들이라(롬 8:14)" 이 말씀을 읽거나 들을 때 자신은 예수를 믿었고 믿을 때 성령으로 세례를 받아 지금 성령의 인도를 받고 있다고 믿어버리면 아무리 말씀을 여러번 읽어도 흘려보내기 때문에 자신 안에 능력으로 채워질 수가 없다는 것입니다. 성령의 인도를 받는 것이 어떤 것인가, 자신의 것으로 만들려고 해냐 자신 안에 관심을 갖게 되어 능력으로 채워진다는 것입니다.

예수님께서는 바리새인들에게 이렇게 말씀하셨습니다. "눈 먼 바리새인이여 너는 먼저 안을 깨끗이 하라. 그리하면 겉도 깨끗하리라. 화 있을 진저 외식하는 서기관들과 바리새인들이여 회칠한 무덤 같으니 겉으로는 아름답게 보이나 그 안에는 죽은 사람의 뼈와 모든 더러운 것이 가득하도다. 이와 같이 너희도 겉으로는 사람에게 옳게 보이되 안으로는 외식과 불법이 가득하도다(마 23:26-28)" 이 말씀을 읽거나 들을 때 아 그래 나도 바리새인과 같을 수가 있겠구나하면서 받아들이고 자신의 신앙상태를 보여 달라고 기도를 하면서 내면을 청결하게 해야 자신 안이 능력으로 채워질 수가 있다는 것입니다. 나는 바리새인이 아니야, 하면서 지나가면 백번을 읽고 들어도 바리새인에서 탈피하지 못한다는 것입니다.

하나님은 이렇게 말씀하십니다. "내가 진실로 너희에게 이르노니 나를 믿는 자는 내가 하는 일을 그도 할 것이요 또한 그보다 큰일도 하리니 이는 내가 아버지께로 감이라(요 14:12)" 이 말씀을 읽거나 듣고 아니 성도가 어떻게 예수님보다 큰일을 할 수 있어 하면서 흘려보내면 죽을 때까지 자신 안에 능력으로 채워지지 못하여 허구한 날 귀신에게 눌려서 지내게 됩니다. 스스로 영적자립을 하지 못할 수도 있습니다.

설교를 들을 때도 마찬가지입니다. 하나님께서 자신에게 하시는 말씀으로 들어야 합니다. 어떤 목사님께서 주일날 성도들에게 이렇게 말씀을 하셨습니다. 성도님들 건강관리를 잘해서 건강해야 직장에서 구조조정에 걸리지 않습니다. 건강은 스스로 관심을 가져야 건강해질 수 있습니다. 그러니까 어떤 성도의 마음속에서 "나는 우리 직장에서 나 없으면 그 일을 할 수가 없습니다. 그러니 구조조정은 문제가 없습니다." 하고 교만한 말이 튀어나왔습니다. 어떤 성도의 마음속에서는 "그래 건강해야 구조조정에 걸리지 않지" 하면서 건강관리에 신경을 썼습니다. 그런데 얼마지 나서 이런 일이 벌어졌습니다. 자신이 없으면 직장이 돌아가지 않는다고 장담했던 성도가 갑자기 심한 영적 정신적 질병이 생겨서 직장을 나갈 수가 없게 되었습니다. 하루 이틀에 회복이 될 수 없는 질병이 발생한 것입니다. 그 성도의 말대로 구조조정에 걸린 것이 아니라, 건강에 문제가 생겨서 직장을 나가려야 나갈 수가 없게 되었습니다. 자만하고 건강관리를 등안이 한 것입니다. 두말할 필요도 없이 건강해야 구조조정에 걸리지 않는 다고 건강관리에 관심을 가진 성도는 건강하게 직장을 잘 다녔다는 것입니다. 건강은 장담할 것이 못됩니다. 목사님께서 하시는 설교도 하나님께서 자신에게 하시는 말씀으로 받아들여서 자신을 점검하는 것이 중요한 것입니다.

하나님은 사울 왕과 같이 말대꾸하는 사람을 아주 싫어합니다. 몇 년 전에 지방에서 올라온 여 집사의 경우입니다. 집사님은 시집을 와서 시집살이가 너무나 힘들어서 울면서 지내다가 이웃의 전도로 교회를 다니게 되었습니다. 교회를 13년을 다녔는데 한 가지 문제가 있었습니다. 교회에 가서 맨 뒤에 앉아서 예배를 드리는 것입니다. 그러면서 목사님께서 "예배생활을 잘하여 영적인 건강에 관심을 가져야 합니다." 하면 집사님의 마음속에서 목사님은 그렇게 하세요. 목사님이나 잘하세요. 하면서 무의식적으로 말대꾸를 하는 것입니다. 교회에 가서 예배를 드려도 마음이 강퍅하여 은혜를 받지 못하는 실정이었습니다. 그러나 지옥에 가지 않기 위해서 억지로 교회를 다녔다고 합니다. 그런데 계기가 생겼습니다. 주변 교회에서 부흥회를 한 것입니다. 그날이 수요일 이었는데 옆집에 사는 집사가 거기 가서 은혜를 받자고 하여 본 교회에 가보았자 은혜도 되지 않는 것 그래 부흥회하는 곳에 가서 은혜받자 하고 갔다는 것입니다. 강사목사님이 내적상처에 대하여 말씀을 전하시는데 자신에게 하는 소리로 들린 것입니다. 그래서 내적치유를 받자하고 충만한 교회에 찾아온 것입니다. 3일째 되는 날 잠재의식의 상처에 대한 설교를 듣고 기도하는데 자신이 엎드려서 몽둥이로 맞고 있는 모습이 환상으로 보인 것입니다. 너무나 두려워서 악을 쓰면서 울면서 상처를 치유 받았습니다. 이유는 자신 초등학교 3학년 시절에 교실에 있던 빨간 돼지 저금통이 없어진 것입니다. 그것을 자신이 가지고 갔다고 친구들이 선생님에게 말하니 선생님이 아무도 없는 교실에서 엎드리게 한 후 몽둥이질을 한 것입니다. 그 상처를 악을 쓰고 벌벌 떨면서 치유 받고 금요일 날 본 교회 철야예배에 참석하여 목사님 설교를 듣는데 아멘이 저절로 나온 것입니다.

박 집사의 간증입니다. 목사님이 가정이 예수를 믿고 교회에 다니는 것으로 만족하지 말고 살아서 역사하시는 성령으로 하나가 되어야 한다고 말씀을 하셨습니다. 그러자 박 집사의 마음에서 아니 예수만 믿으면 하나가 되는 것이지 왜 살아계신 성령님으로 하나가 되어야 합니까? 하고 성령으로 하나가 되는 것을 중요하게 생각하지 않고 자신은 예수를 믿을 때 성령으로 세례 받았다고 생각하고 성령세례에 대하여 무관심하며 지냈습니다. 얼마가지 않아서 고등학교 들어간 아들이 영적정신적인 문제가 발생한 것입니다. 백방으로 노력해도 치유가 되지 않았습니다. 급기야 강요셉 목사를 찾아갔습니다. 강 목사님이 부모가 먼저 성령으로 세례를 받고 성령으로 하나가 되어야 아들이 치유가 됩니다. 박 집사 왈 아니 목사님! 우리 부부는 예수를 믿고 교회에 잘 다니고 있고 집사입니다. 그러면 족한 것이 아닙니까? 강 목사님께서 하시는 말씀이 관념적인 성령세례 말고 체험적인 성령세례를 받아야 합니다. 그래야 아들이 치유되기 시작을 합니다. 아들을 치유하기 위하여 억지로 집회에 참석하여 말씀을 듣고 기도하면서 목사님의 안수를 받자 성령으로 세례를 받았습니다. 박 집사와 남편집사가 울고불고 하면서 내면의 상처가 치유되었습니다. 귀신이 소리를 지르면서 말로 표현할 수 없이 떠나갔습니다. 아들이 왜 그렇게 되었는지 깨달은 것입니다. 부부가 성령세례 받고 내면이 치유가 되니 아들이 서서히 안정을 찾았습니다. 그때서야 박 집사는 자신 안에서 귀신이 말대꾸를 하게 했다고 인정하고 영적인 눈이 열리기를 시작했습니다. 영적인 눈이 열리니 내면이 강해지기 시작을 한 것입니다.

자신 안에 능력을 꽉 채우려면 다윗 왕과 같이 긍정으로 순종해야 합니다. 어떤 말씀이든지 하나님의 말씀이면 긍정으로 받아들이고 순종하는 것이 좋습니다. 하나님의 말씀을 긍정으로 받아서 순종하니까, 내면이 성령으로 충만해지고 평안해지는 것입니다. 절대로 사울 왕과 같이 하나님의 말씀을 토를 달고 대꾸하면 심령이 메말라서 사울 왕과 같은 처지가 될 수가 있습니다. 하나님의 말씀이면 아브라함과 같이 독자라도 드리는 자세가 되어야 자신 안에 능력으로 채워지는 것입니다. 긍정적으로 받아들이고 순종하지 않으면 절대로 자신 안에 능력으로 채워지지 않는다는 것을 알고 실천해야 할 것입니다.

24장 하나님의 얼굴을 구하는 행동으로 채운다.

(출34:33-35)"모세가 그들에게 말하기를 마치고 수건으로 자기 얼굴을 가렸더라. 그러나 모세가 여호와 앞에 들어가서 함께 말할 때에는 나오기까지 수건을 벗고 있다가 나와서는 그 명령하신 일을 이스라엘 자손에게 전하며, 이스라엘 자손이 모세의 얼굴의 광채를 보므로 모세가 여호와께 말하러 들어가기까지 다시 수건으로 자기 얼굴을 가렸더라"

하나님께서 함께하시며 자신 안에 능력을 채우는 성도가 되려면 하나님의 손을 구하지 말고 얼굴을 구하는 성도가 되어야 합니다. 하나님은 성도들이 하나님의 손을 구하는 삶에서 하나님의 얼굴을 구하는 삶으로 전환이 됩니다. 우리가 아무리 사모하고, 기도를 많이 하고, 아무리 능력을 경험해도 하나님의 얼굴을 구하는 삶으로 전환하지 않으면 하나님과 친밀함은 절대 열리지 않습니다. 바꿔 말하면 하나님의 손을 구하는 삶에서는 하나님과 친밀함은 절대 불가능합니다. 아브라함은 하나님의 얼굴을 구하는 자입니다. 반대로 롯은 하나님의 손을 구하는 자입니다. 누가 어떻게 되었는지는 창세기에 결과가 잘 기록되어 있습니다. 우리는 하나님의 얼굴을 구하는 크리스천이 되어야 아브라함과 같은 전인적인 복을 받게 됩니다.

하나님의 손을 구하는 사람들은 홍해 가에 있던 이스라엘 사람들입니다. 하나님께 원망하면서 소리만 지르는 사람들입니다. 모세는 하나님의 얼굴을 구하여 하나님을 대면하는 삶을 사는 사람입니다. 모세의 형 아론은 하나님의 손을 구하는 사람입니다. 모세는 출애굽기 4장 10절에서 "입이 뻣뻣하고 혀가 둔한 자"라고 말씀하고 있습니다. 하나님도 이 부분을 인정하셔서 형인 아론을 붙여 주셨습니다. 하나님은 말 잘하는 아론과 직접 대화시며 일하시지 않으시고 모세에게 붙여주신 이유가 있습니다. 모세는 하나님의 얼굴을 보면서 대화하는 사람입니다. 반면에 아론은 말은 잘하지만 하나님의 얼굴을 볼 수가 없는 육신에 속한 사람이기 때문입니다. 모세는 한마디로 하나님과 대면하며 친밀하게 지내는 사람입니다. 신앙의 본질은 하나님과 친밀함입니다. 하나님을 알고 사랑하는 삶을 말하는 것입니다. 하나님을 알기 위해서는 하나님께서 자신을 계시(조명)하실 때만 하나님을 알 수 있습니다. 하나님을 얼굴을 구해하는 것은 필수입니다. 따라서 하나님의 얼굴을 구하는 삶은 신앙의 첫 단추와 같습니다. 반대로 하나님의 손을 구하는 삶에서는 하나님과 친밀함이 절대로 가능하지 않습니다.

첫째, 하나님의 손을 구하는 수준으로 능력은 채워지지 않는다. 요한복음 6장에 나오는 광야에 있던 사람들입니다. 오병이어의 떡을 먹었던 무리들과 제자들로서 큰 기적을 경험하고 또 사모한 그들이지만 예수님께서 십자가를 지실 것을 말씀하자 다 떠났습니다(요6:66). 예수님은 그들에게 영적인 눈을 열어 주시지 않았습니다. 하나님의 얼굴을 구하는 삶으로 나오지 않았기 때문입니다. 즉 하나님의 손을 구하는 삶(요6:26)을 사는 아담적인 사람이기 때문입니다. 여기서 우리가 기억해야 할 것은 하나님의 얼굴을 구하는 삶으로 나오지 않으면 그렇게 사모하여 나왔음에도 불구하고 하나님과 친밀한 교제가 전혀 열리지 않는다는 것입니다. 육신에 속한 아담이기 때문입니다.

또 다른 무리들은 광야의 이스라엘 백성들입니다. 엄청난 기적들을 경험했음에도 불구하고 하나님과 친밀함이 전혀 열리지 않았습니다. 왜 그렇습니까? 하나님의 얼굴을 구하는 삶으로 전환하지 않았기 때문입니다. 우리가 아무리 사모하고, 기도를 많이하고, 아무리 능력을 경험해도 하나님의 얼굴을 구하는 삶으로 전환하지 않으면 하나님과 친밀함은 절대 열리지 않습니다. 바꿔 말하면 하나님의 손을 구하는 삶에서는 하나님과 친밀함은 절대 불가능합니다. 하나님의 손을 구하는 삶의 특징은 이렇게 표현하고 설명할 수가 있습니다.

1)육신에 속한 사람으로 완악하여 하나님의 뜻을 헤아리지 못하고, 자신들의 육적인 만족을 이루기 위하여 하나님을 이용하니 하나님을 근심케 하고, 더 나아가 하나님을 분노케 합니다.

①이스라엘 백성들은 40년 동안 하나님의 행사를 보았음에도 불구하고 그들은 40년 동안 하나님을 격노케 하였습니다(히 3:7-19). 하나님의 능력을 경험하는 것이 반드시 하나님이 우리를 신임(기뻐하시는)하는 보증이 아니라는 겁니다. 이것은 별개입니다. 자신에게서 신령한 능력이 나타난다고 다된 것이 아니라는 것입니다.

②유다에서 제 3대 아사 왕은 여호와를 섬기는 신앙부흥을 적극적으로 추진한 왕이었습니다. 그는 먼저 이방제단과 산당을 없이하고 주상을 훼파하며 아세라신을 다 찍어 없앴습니다. 에티오피아의 대왕 세라가 백만 대군을 거느리고 유다를 침략해 들어왔을 때, 간절히 부르짖어 기도하여 하나님께서 에티오피아의 군대를 치셨습니다. 그 후 20년 동안 아무 일이 없이 나라가 부강하고 태평 성대 하니 아사가 하나님을 찾지 않았습니다. 북방인 이스라엘 왕 바아사가 군대를 소집해서 유다를 침략하자 마음속에 두려움이 들어왔으나 여호와께 부르짖거나 기도하지 않았습니다. 병이 들었어도 하나님께 구하지 않고 의원에게 의지했기 때문에 못 고쳤습니다(대하 16:12). 그는 죽고 만 것입니다. 형통함이 하나님의 기뻐하시는 보증이 아니라는 것입니다.

③ 요한계시록에 나오는 라오디게아 교회를 보세요(계3:14-17). 라오디게아교회는 세상 적으로 잘되었던 교회입니다. 급성장한 교회였습니다. 부족한 것이 없는 교회였습니다. 그런데 주님으로부터 칭찬 한마디 없는 교회가 바로 라오디게아 교회였습니다. 그런데 왜 칭찬을 못 받았나요? 세상 적으로 잘되는 것이 하나님이 자기들을 신임하는 보증이라고 자기들의 수준으로 생각한 것입니다. 많은 성도들이 세상에서 잘되는 것이 축복인줄로 압니다. 그러나 기억하세요, 외부적 사역의 확장이 하나님의 신임은 아니라는 것입니다. 하나님의 신임과는 별개입니다. 이것은 영의 눈을 열어 보셔야 합니다.

2)하나님의 얼굴을 구하지 않으면 하나님의 길을 알지 못하니

다. 하나님의 길을 따라 행할 때 하나님이 기뻐하시는 삶이 가능한 것입니다. 하나님의 길을 모르면 하나님을 기쁘시게 하는 삶은 불가능합니다. 하나님의 손을 구하는 삶에서는 친밀함이 불가능합니다. 따라서 하나님의 길을 알 수 없습니다. 고로 하나님을 기쁘시게 하는 삶은 불가능한 것입니다.

헨리 블랙가비 목사님은 하나님은 우리에게 3가지를 계시하시는데 하나님 자신, 하나님의 목적, 길(방법)을 계시하신다고 하셨습니다.

①하나님이 자신을 계시하시는 목적입니다. 모세를 하나님과 친밀한 관계로 인도하시기 위해서 자신을 계시하십니다. 그래서 하나님의 인도를 따라 가려면 영적인 눈을 열어 믿음으로 하지 않고는 불가능합니다. 그런데 믿음으로 주님을 의지하려면 주님을 알아야합니다. 하나님을 아는 만큼 믿을 수 있기 때문입니다.

②하나님이 목적을 계시하시는 이유입니다. 그 일에 동참케 하기 위해서 계시하셨습니다(계시가 곧 초청). 하나님의 일에 동참하려면 자신의 삶을 조정해야 합니다. 자신의 삶을 조정하려면 대가를 지불해야합니다. 오늘날 많은 사람이 하나님을 따르기를 원합니다. 그런데 대가를 지불하기를 원치 않습니다. 하나님의 음성을 듣는 그 자체로 만족하는 경우가 많습니다. 그러니 실제 하나님과 동행하지 못하는 것입니다. 하나님을 따르려면 반드시 대가가 지불되어야 합니다. 자신의 삶이 조정되고 동참되어지면 그때 주님이 앞서서 인도해가십니다. 구체적인 길(방법)을 지시하십니다.

③언제 하나님 자신, 목적, 길이 보일까요? 하나님의 얼굴을 구

해야 합니다. 이스라엘 백성들은 하나님의 얼굴을 구하지 않으니 하나님 자신을 계시하지 않았습니다. 하나님을 모르니 믿음이 없습니다. 따라서 불신, 세상사랑이 가득한 것입니다. 하나님의 얼굴을 구하지 않으니 하나님의 목적을 계시하지 않습니다. 하나님의 의중(길)을 모릅니다. 참다운 순종이 불가능한 것입니다. 따라서 하나님을 기쁘시게 하는 것이 불가능한 것입니다.

둘째, 하나님의 얼굴을 구하는 삶이 되어야 채워진다. 이 삶에서 하나님과 친밀함도, 동행하는 삶도, 다가오는 하나님의 놀라운 행하심에 동참하는 삶이 가능한 것입니다.

1) 하나님의 얼굴을 구하는 삶의 특징입니다. 하나님의 얼굴을 구하는 삶은 하나님의 손을 구하는 삶과 정반대의 특징을 가지고 있습니다. 하나님과 친밀해집니다. 하나님의 길을 알고 그 길을 따라 행하기 때문입니다. 하나님의 은총이 있습니다. 하나님이 기뻐하십니다. 진정한 믿음이 있습니다. 하나님과 친밀한 교제에서 나오기 때문입니다. 올바른 순종을 할 수가 있습니다. 하나님이 영광으로 임하십니다. 출애굽기 34장에 보면 하나님이 모세 앞에 영광으로 임하십니다. 모세가 하나님의 얼굴을 구한 것에 대한 응답으로 이루어진 것입니다.

성경은 마지막 때에 하나님의 놀라운 영광으로 하나님의 백성들과 하나님의 교회를 방문하실 것을 예언하고 있습니다. "일어나라 빛을 발하라 이는 네 빛이 이르렀고 여호와의 영광이 네 위에 임하였음이니라. 보라 어둠이 땅을 덮을 것이며 캄캄함이 만민

을 가리려니와 오직 여호와께서 네 위에 임하실 것이며 그의 영광
이 네 위에 나타나리니"(사60:1-2). 그러므로 오늘날 하나님의 얼
굴을 구하는 삶으로의 전환이 어느 때 보다 절실하게 필요합니다.

2) 하나님의 얼굴을 구하는 삶이란 이렇습니다. 하나님의 손을
구한다는 말과 대조적으로 사용합니다. 하나님의 손을 구한다는
것은 자신의 목적과 목표를 위해 하나님의 도움이나 능력과 같은
하나님의 손길을 구하는 것입니다. 하나님의 얼굴을 구한다는 것
은 하나님 자신을 구하는 것을 의미합니다. 하나님을 더 알기를,
더 사랑하기를 구하는 것입니다. 하나님을 자신의 주인으로 모시
기 위하여 얼굴을 구하는 것입니다.

하나님의 손을 구하는 삶과 하나님의 얼굴을 구하는 삶은 별
차이가 없어 보이지만 근본적인 차이가 있습니다. 하나는 하나님
이 수단이 되는 삶이고, 다른 하나는 하나님이 목적이 되는 삶입
니다. 그러므로 하나님의 얼굴을 구하는 삶은 먼저 거짓신앙체계
를 버리는 것, 즉, 하나님이 수단이 된 삶을 버리는 것에서 시작됩
니다. 하나님이 목적이 되는 삶으로 바뀌어야 합니다. 하나님을
주인으로 모시고 살아가려는 자세가 되어야 합니다.

3)하나님의 얼굴을 구하는 삶의 실 예입니다. 먼저 모세입니
다."여호와께서 모세에게 이르시되 너는 네가 애굽 땅에서 인도하
여 낸 백성과 함께 여기를 떠나서 내가 아브라함과 이삭과 야곱에
게 맹세하여 네 자손에게 주기로 한 그 땅으로 올라가라. 내가 사
자를 너보다 앞서 보내어 가나안 사람과 아모리 사람과 헷 사람과
브리스 사람과 히위 사람과 여부스 사람을 쫓아내고, 너희를 젖과

꿀이 흐르는 땅에 이르게 하려니와 나는 너희와 함께 올라가지 아니하리니 너희는 목이 곧은 백성인즉 내가 길에서 너희를 진멸할까 염려함이니라 하시니"(출33:1-3). 모세가 지금 있는 곳은 광야입니다. 하나님의 약속은 젖과 꿀이 흐르는 가나안 땅, 심지어 천사들을 앞서 보내어 모든 원수를 멸해주시겠다고 약속합니다.

모세의 이 자세를 보십시오. 모세는 하나님께서 함께 가시지 않는 젖과 꿀이 흐르는 가나안 땅이나 천군 천사를 통한 놀라운 승리보다 하나님의 임재가 함께 하시는 그 돌 뿐이고 숨이 막히는 사막이 더 좋다고 했습니다. 그만큼 그는 그 무엇보다 하나님의 얼굴을 구했습니다. 하나님의 임재, 하나님 자신을 구했습니다. 하나님과 함께 있기를 구했습니다. 그 무엇보다 하나님이 그에게 소중했습니다. 하나님의 은총 가운데 있는 것이 소중했습니다. 이것이 바로 하나님의 얼굴을 구하는 자세입니다.

우리는 이러한 모세의 기도와 삶의 자세를 보면서, 왜 하나님께서 그에게 그러한 친밀함을 허락하셨는지, 그가 왜 하나님의 은총을 입었는지, 왜 하나님은 그의 기도를 들으사 곧바로 돌이키시고 이스라엘 백성들과 동행하셨는지, 그리고 왜 하나님께서 영광으로 그에게 임하셨는지를 깨달을 수 있습니다.

우리는 성경에서 하나님의 얼굴을 구하는 것이 무엇인지를 한 구절로 정리한 것을 볼 수 있습니다. "내가 여호와께 바라는 한 가지 일 그것을 구하리니 곧 내가 내 평생에 여호와의 집에 살면서 여호와의 아름다움을 바라보며 그의 성전에서 사모하는 그것이라"(시17:4). 하나님의 얼굴을 구하는 것은 하나님을 알고 사랑하는 것이 유일한 소망이 되는 것입니다.

다윗도 하나님의 임재 가운데서 하나님의 영광을 보고, 하나님의 아름다움을 앙망하는 것을 한 가지 소원으로 하나님께 간구했습니다. 그것은 다윗의 많은 소원 중의 하나가 아니었습니다. 심지어 많은 것 중에서 첫 번째도 아니었습니다. 그것은 다윗의 유일한 한 가지 소원이었습니다. 그리고 그것은 예전에도 그랬고, 지금도 변함없이 그랬습니다. 이것이 바로 하나님의 얼굴을 구하는 삶입니다. 하나님께서 다윗에 대해서 하나님의 마음에 합한 자라고 말씀하셨는데, 우리는 그 이유를 알 것 같습니다.

하나님의 얼굴을 구하는 것은 오직 하나님만이 유일한 목적이 되는 것을 말합니다. 필자는 성공적인 사업도 원하고, 하나님도 더욱 알기 원하는 성도들을 보았습니다. 그리고 목회도 성공하고 하나님의 영광도 보기를 원하는 많은 목회자들도 보았습니다. 그러나 필자는 그것은 결코 하나님의 얼굴을 구하는 자세가 아닌 것을 발견했습니다. 그것은 나누어진 마음입니다. 우리들이 진실로 하나님을 알기 원하고, 하나님이 우리에게 소중하면, 그 분만이 우리의 유일한 목적과 목표가 되어야 합니다. 하나님만이 우리의 유일한 목표와 목적이 되어 질 때, 그 분 안에 우리에게 필요한 모든 것이 다 있습니다. 그 분은 천지를 창조하신 분일 뿐 아니라, 우리를 진실로 사랑하시는 분이시기 때문입니다.

4)우리는 지속적으로 하나님의 얼굴을 구해야 합니다.

①모세의 예입니다. 모세와 다윗과 같은 하나님의 사람들은 지속적으로 하나님의 얼굴을 구했습니다. 그들이 광야를 방황하며

헤맬 때 뿐 아니라, 그들의 사역이 확장되고 놀라운 하나님의 복이 그들과 함께 할 때에도 그들은 여전히 하나님의 얼굴을 구했습니다. 하나님 자신만이 그들의 유일한 소망이요 열망이었습니다. 출애굽기 33:12-13에 나오는 모세의 기도는 그의 사역의 절정기에 그가 한 기도인 것을 기억하십시오. "모세가 여호와께 아뢰되 보시옵소서, 주께서 내게 이 백성을 인도하여 올라가라 하시면서 나와 함께 보낼 자를 내게 지시하지 아니하시나이다. 주께서 전에 말씀하시기를 나는 이름으로도 너를 알고 너도 내 앞에 은총을 입었다 하셨사온즉, 내가 참으로 주의 목전에 은총을 입었사오면 원하건대 주의 길을 내게 보이사, 내게 주를 알리시고 나로 주의 목전에 은총을 입게 하시며 이 족속을 주의 백성으로 여기소서"(출 33:12-13).

②바울의 예입니다. 신약 성경에 나오는 사도 바울도 처음부터 끝까지 오직 예수님 한 분만을 구했습니다. 바울이 간절히 알기를 원했던 한 가지로서 오직 예수님만(주님만) 알기를 원했습니다. "내가 너희 중에서 예수 그리스도와 그가 십자가에 못 박히신 것 외에는 아무 것도 알지 아니하기로 작정하였음이라"(고전2:2). 사도 바울이 간절히 얻기를 원하는 것이 바로 예수 그리스도입니다. "그러나 무엇이든지 내게 유익하던 것을 내가 그리스도를 위하여 다 해로 여길뿐더러 또한 모든 것을 해로 여김은 내 주 그리스도 예수를 아는 지식이 가장 고상하기 때문이라 내가 그를 위하여 모든 것을 잃어버리고 배설물로 여김은 그리스도를 얻고"(빌립보서 3:7-8).

사도 바울이 간절히 본받기를 원하는 것도 예수 그리스도입니다. "내가 그리스도와 그 부활의 권능과 그 고난에 참여함을 알고자 하여 그의 죽으심을 본받아"(빌립보서 3:10). 바울은 그것을 얻기 위하여 다른 모든 것을 해로 여겼습니다(빌3:7-8절). 사도 바울은 오직 예수님만을 원했습니다. 고린도전서는 대체적으로 그의 사역의 초기 부분에 쓰신 서신서입니다. 그리고 빌립보서는 로마 옥중에서 쓰신 서신으로서 그의 사역의 말기 부분에 쓰인 서신입니다. 이 서신들을 보면, 바울은 처음부터 끝까지 오직 예수 그리스도만을 알기 원하고, 그 분만을 사랑하기 원했던 것을 알 수 있습니다.

우리는 지속적으로 하나님의 얼굴을 구해야 합니다. 우리는 이 점을 반드시 배워야 합니다. 우리의 유일한 목표와 목적은 처음부터 끝까지 하나님 자신뿐이어야 합니다. 그 분을 알고, 그 분을 더욱 사랑하는 것만이 되어야 합니다. 우리들이 하나님의 얼굴을 구하는 삶을 살다가도, 조금만 방향이 흐려져 다른 것이 우리의 삶의 초점이 되어지면, 심지어 그것이 주를 위한 사역이라 할지라도, 곧바로 하나님과의 친밀함이 우리에게서 끊어집니다.

5)하나님의 얼굴을 구체적으로 어떻게 구해야 합니까? 하나님의 얼굴을 구하는 과정은 이렇습니다. "그가 나가서 아사를 맞아 이르되 아사와 및 유다와 베냐민의 무리들아 내 말을 들으라. 너희가 여호와와 함께 하면 여호와께서 너희와 함께 하실지라. 너희가 만일 그를 찾으면 그가 너희와 만나게 되시려니와 너희가 만일 그를 버리면 그도 너희를 버리시리라"(대하15:2). 찾으면 만난바

되는데 어떻게 찾아야 할까요? "또 마음을 다하고 목숨을 다하여 조상들의 하나님 여호와를 찾기로 언약하고"(대하15:12), "온 유다가 이 맹세를 기뻐한지라. 무리가 마음을 다하여 맹세하고 뜻을 다하여 여호와를 찾았으므로 여호와께서도 그들을 만나 주시고, 그들의 사방에 평안을 주셨더라."(대하15:15).

하나님을 아는 것과 찾는 것이 유일한 목표가 되는 것으로, 100으로 하나님을 찾아야 하나님을 1이라도 알 수 있습니다. 지속적으로 찾느냐에 따라서 30%, 60% 알아갈 수 있는 것입니다. "여호와께서 이와 같이 말씀하시니라. 바벨론에서 칠십 년이 차면 내가 너희를 돌보고 나의 선한 말을 너희에게 성취하여 너희를 이곳으로 돌아오게 하리라. 여호와의 말씀이니라. 너희를 향한 나의 생각을 내가 아나니 평안이요 재앙이 아니니라. 너희에게 미래와 희망을 주는 것이니라. 너희가 내게 부르짖으며 내게 와서 기도하면 내가 너희들의 기도를 들을 것이요, 너희가 온 마음으로 나를 구하면 나를 찾을 것이요, 나를 만나리라."(렘29:10-13).

전심으로 찾는 것이 어떤 것입니까? "내 이름으로 일컫는 내 백성이 그들의 악한 길에서 떠나 스스로 낮추고 기도하여 내 얼굴을 찾으면 내가 하늘에서 듣고 그들의 죄를 사하고 그들의 땅을 고칠지라."(대하7:14). 스스로 겸비한다는 뜻은 역대하 22장의 요시아 왕이 한 것과 같이, 말씀 앞에 정직하게 엎드려 동의하는 것입니다. 전심으로 기도(구하고, 찾고, 두드림)해야 합니다. 구하고 찾고 두드립니다(눅11:9). "내가 또 너희에게 이르노니 구하라, 그러면 너희에게 주실 것이요. 찾으라, 그러면 찾아낼 것이요. 문을 두드리라, 그러면 너희에게 열릴 것이니"(눅11:9). 하나님의 얼굴을 구해야 합니다. 창32장에 나오는 얍복강의 야곱과 같이 하나님의 얼굴을 구해야 합니다. 그리고 악한 길에서 떠나야 합니다. 온유함으로 옷을 입어야 합니다.

아사왕의 예(대하15:8-15)입니다. "온 유다가 이 맹세를 기뻐한지라 무리가 마음을 다하여 맹세하고 뜻을 다하여 여호와를 찾았으므로 여호와께서도 그들을 만나 주시고 그들의 사방에 평안을 주셨더라"(대하15:15). 중간에 멈추십니다. 유지와 지속적이 중요합니다.

6)하나님의 얼굴을 구하는 삶의 특징은 하나님의 방법을 따라 사는 삶입니다. 자기의 방법을 따라 사는 삶을 종결하고 하나님의 뜻을 물어보는 것입니다. 하나님의 의도를 질문하여 알아내고 순종하는 것입니다. 한마디로 하나님의 방법대로 사는 삶을 사는 것입니다. "곧 내가 오늘 네게 명령하여 네 하나님 여호와를 사랑하고 그 모든 길로 행하며 그의 명령과 규례와 법도를 지키라 하는 것이라. 그리하면 네가 생존하며 번성할 것이요, 또 네 하나님 여호와께서 네가 가서 차지할 땅에서 네게 복을 주실 것임이니라"(신30:16).

특히 여호수아 22장은 여호수아가 가나안 정복을 마치고 르우벤 사람과 갓 사람과 므낫세 반 지파를 요단 동편으로 보내면서 그들을 향한 모든 신앙의 권면을 이 한 마디 속에 담아서 당부한 구절입니다. 핵심은 "하나님의 길로 행하라"입니다.

예수님은 철저하게 하나님의 방법을 따라 사셨습니다. "그러므로 예수께서 그들에게 이르시되 내가 진실로 진실로 너희에게 이르노니 아들이 아버지께서 하시는 일을 보지 않고는 아무 것도 스스로 할 수 없나니 아버지께서 행하시는 그것을 아들도 그와 같이 행하느니라"(요15:19). 하나님의 방법을 따라 살기 위해 우리에게 필수적인 요소 중 하나는 하나님께 묻는 것입니다. 하나님의 의중에 순종하고 따르는 것입니다.

가장 잘 물은 사람이 다윗입니다(삼상23:2-4; 삼하2:1). "이에 다윗이 여호와께 묻자와 이르되 내가 가서 이 블레셋 사람들을 치리이까? 여호와께서 다윗에게 이르시되 가서 블레셋 사람들을 치고 그일라를 구원하라 하시니, 다윗의 사람들이 그에게 이르되 보소서 우리가 유다에 있기도 두렵거든 하물며 그일라에 가서 블레셋 사람들의 군대를 치는 일이니이까 한지라. 다윗이 여호와께 다시 묻자온대 여호와께서 대답하여 이르시되 일어나 그일라로 내려가라 내가 블레셋 사람들을 네 손에 넘기리라 하신지라"(삼상23:2-4).

이 중 대표적인 사례가 삼상30장입니다. 다윗이 블레셋에 피신, 당시 블레셋 족장들과 합하여 사울을 치러갑니다. 가다가 자기가 머물던 시글락으로 돌아옵니다. 아말렉 사람들이 남아있던 자녀, 아내들을 포로로 끌고 갑니다. 다윗의 부하들이 돌을 들어 다윗을 치려고 합니다. 이런 상황에서도 하나님께 물어봅니다(삼상30:6-8). 이러한 다윗도 묻지 않아서 큰 낭패를 경험한 적이 있습니다(대상13장). 나중에 그의 가장 근본적인 잘못이 하나님께 묻지 않았던 것에 있었음을 발견합니다(대상15:13).

25장 하나님이 함께하시는 영성으로 채운다.

(창 39:3)"그의 주인이 여호와께서 그와 함께 하심을 보
며 또 여호와께서 그의 범사에 형통하게 하심을 보았더라."

세상을 살아가는 우리 그리스도인들에게 가장 든든한 일은 하
나님께서 우리와 함께 하신다는 것입니다. 하나님께서는 언제나
우리와 함께 계시며 우리를 지키시고 돌보아주십니다. 그러므로
우리는 어떤 경우에도, 무슨 일을 만나든지 염려할 것이 없습니
다. 얼마나 복되고 감사한 일입니까? 그런데 당신은 하나님께서
함께 하신다는 것을 사람들에게 보여주며 살고 있습니까? 하나님
께서 우리와 함께 계신다는 것과, 하나님께서 우리와 함께 하시
는 것을 사람들에게 보여주는 것은 좀 다릅니다.

성경에서 하나님께서 함께 하심을 분명하게 보여주었던 대표
적인 인물은 요셉입니다. 요셉은 어린 나이에 많은 고난을 당했
으나 하나님께서 그와 함께 하셨으며, 이방인들까지도 그 사실
을 분명히 볼 수 있었습니다. 요셉은 애굽 사람 보디발의 집에 노
예로 팔렸지만, 하나님께서 그와 함께 하셨습니다. "여호와께서
요셉과 함께 하시므로 그가 형통한 자가 되어 그의 주인 애굽 사
람의 집에서 있으니 그의 주인이 여호와께서 그와 함께 하심을
보며 또 여호와께서 그의 범사에 형통하게 하심을 보았더라"(창
39:2-3). 요셉이 억울하게 감옥에 갇혔을 때도 하나님께서는 그
와 함께 하셨습니다. "여호와께서 요셉과 함께 하시고 그에게 인

자를 더하사 간수장에게 은혜를 받게 하시매… 이는 여호와께서 요셉과 함께 하심이라 여호와께서 그의 범사에 형통하게 하셨더라"(창 39:21,23하).

창세기 21장에서 우리는 하나님께서 아브라함과 함께 하신 것을 볼 수 있습니다. 하나님께서 아브라함과 함께 하시는 것을 이방인들이 분명히 보고 알았으며, 그러한 아브라함을 두려워하게 되었습니다. 오늘 당신이 이런 하나님의 사람이 되기를 바랍니다. 하나님께서 당신과 함께 하시는 것을 세상 사람들이 분명히 보고 알며, 당신을 두려워하게 되기를 바랍니다. 하나님께서 함께하시는 성도는 한마디로 하나님께서 하라는 대로 순종하는 성도입니다. 하나님께서 하라는 대로 순종하지 않고 자기 고집대로, 자기 생각대로, 자기자아대로, 자기지식대로, 사람의식하며 행동하는데 어떻게 하나님께서 함께 하시겠습니까? 다음을 읽어 보시고, 그대로 순종해야 하나님께서 함께 하실 것입니다. 하나님께서 함께하는 성도의 특이점은 이런 것이 있습니다.

첫째, 하나님을 주인으로 인정한다. 하나님께서 함께하시는 성도는 걸어 다니는 하나님의 성전의식을 가지고 살아갑니다. 자신의 능력과 수완보다 하나님의 도우심과 복 주심을 의지하고 매사를 하나님의 뜻에 따라 살아갑니다. 야곱과 에서의 생활 태도를 비교해 보면 그 교훈을 얻을 수 있습니다. 에서와 야곱은 이삭과 리브가 사이에 태어난 쌍둥이 형제입니다. 에서는 육신의 능력을 너무 믿었습니다. 그는 담대하고 활달했습니다. 그 동생 야곱보다 출중한 점이 많았습니다. 그는 처세술이 뛰어나고 수완이 있으며 강한 체력으로 사냥에도 능하였습니다. 그러나 이러한 것들이 오히려 그에게 큰 약점이 되었습니다. 에서는 자신을 너무 믿었습니다. 하나님께서 아브라함의 후손에게 약속하신 위대한 복도 별로 관심거리가 되지 못하였습니다.

그래서 그는 팥죽 한 그릇에 장자의 명분을 팔고도 그 순간 만족했습니다. 야곱은 에서보다 육신의 능력이 열등했습니다. 그러나 하나님의 복을 사모하는 마음, 하나님의 도우심 아래 살고자 하는 마음이 간절하였습니다. 야곱은 신령한 복을 사모하고 거룩한 하나님의 복을 추구했기 때문에 복을 받았습니다. 하나님을 주인으로 모시고 매사를 하나님에게 물어보고 하나님의 뜻에 따라 순종하며 사는 성도와 함께하십니다. 하나님의 복을 무엇보다 귀하게 여기고 하나님에게 물어보며 친밀하게 지내는 것입니다.

하나님께서 함께하는 성도는 하늘에 속한자입니다. 하늘에 속한 성도는 살아계신 하나님의 음성을 듣고 순종해야 합니다. 하나님은 하나님의 말씀을 듣고 순종하는 성도를 으뜸이 되게 하십니다. 하나님은 지금도 살아서 역사하시는 분이기 때문입니다. 하나님에게 쓰임을 받으려면 음성을 듣고 순종하는 영성이 되어야 합니다. 마태복은 16장에 13절 이하에 보면 예수님이 제자들에게 자신이 누구인지 물어보는 사건이 나옵니다. "예수께서 빌립보 가이사랴 지방에 이르러 제자들에게 물어 이르시되 사람들이 인자를 누구라 하느냐, 이르되 더러는 세례 요한, 더러는 엘리야, 어떤 이는 예레미야나 선지자 중의 하나라 하나이다. 이르시되 너희는 나를 누구라 하느냐, 시몬 베드로가 대답하여 이르되 주는 그리스도시요 살아 계신 하나님의 아들이시니이다. 예수께서 대답하여 이르시되 바요나 시몬아 네가 복이 있도다. 이를 네게 알게 한 이는 혈육이 아니요 하늘에 계신 내 아버지시니라. 또 내가 네게 이르노니 너는 베드로라 내가 이 반석 위에 내 교회를 세우리니 음부의 권세가 이기지 못하리라. 내가 천국 열쇠를 네게 주리니 네가 땅에서 무엇이든지 매면 하늘에서도 매일 것이요, 네가 땅에서 무엇이든지 풀면 하늘에서도 풀리리라 하시고, 이에 제자들에게 경고하사 자기가 그리스도인 것을 아무에게도 이르지 말라 하시니라"

예수님은 사람의 소리나 소문을 듣고 말하는 성도에게는 관심이 없습니다. "사람들이 인자를 누구라 하느냐, 이르되 더러는 세례 요한, 더러는 엘리야, 어떤 이는 예레미야나 선지자 중의 하나라 하나이다." 하나님이 하시는 말씀을 직접 듣고 행하는 사람을 으뜸으로 대우하여 주십니다. "너희는 나를 누구라 하느냐" "시몬 베드로가 대답하여 이르되 주는 그리스도시요 살아 계신 하나님의 아들이시니이다. 예수께서 대답하여 이르시되 바요나 시몬아 네가 복이 있도다. 이를 네게 알게 한 이는 혈육이 아니요 하늘에 계신 내 아버지시니라."

하나님의 말씀을 듣고 말한 베드로를 칭찬하십니다. 베드로가 하나님의 말씀을 들을 수 있는 영성이 되었다는 것입니다. 즉, 베드로는 하나님의 말씀을 들으려고 집중했다는 것입니다. 우리도 베드로와 같이 하나님에게 집중하여 하나님의 말씀을 듣고 말씀대로 순종하는 것입니다. 하나님의 음성을 직접 들으려고 성령의 불세례도 받고 음성을 듣는 훈련도 하는 것입니다. 하나님은 살아서 역사하시는 생명의 하나님이시기 때문입니다. 하나님께서 함께하시는 성도는 하나님의 음성을 듣고 순종하며 사는 자입니다.

둘째, 사람을 귀하게 여긴다. 하나님은 택한자와, 하나님을 찾는 자와, 말씀에 순종하는 사람을 귀하게 여기십니다. 이방사람이라도 하나님이 사랑하는 자를 죽음의 위기에서 구출하여 주면 복을 주십니다. 그래서 하나님께서 함께하시는 성도는 주변 사람을 귀하게 여깁니다. 하나님께서 사람을 귀하게 여기시기 때문입니다. 세상에 보면 주변 사람을 천하게 여기다가 패가망신을 당하는 사람이 있습니다, 바로 국정논단의 주범인 최아무개 같은 사람입니다. 하나님은 믿는 사람을 통하여 일하시기 때문입니다. 하나님께서 함께하시는 성도는 사람을 귀하게 여기는 자입니다. 기독교는 사람을 귀하게 봅니다. 사람에게 초점을 맞춥니다. 사람을 크게 봅니다. 한 영혼을 천하보다 귀하게 여깁니다. 천하보다 더 귀하고 큰 것이 사람입니다. 하나님은 쓸모없는 사람을 거듭나게 해서 하나님의 영광을 드러내게 하십니다. 하나님의 손에 붙잡히면 살인자도 새사람이 됩니다. 죄인도 의인이 됩니다. 하나님 보시기에 존귀한 사람이 됩니다. 하나님은 이일을 사람을 통하여 하십니다. 마귀는 사람을 귀히 여기지 않습니다. 사람을 유혹해서 죄짓게 하고, 가정을 파괴하는 것이 마귀입니다. 마귀가 주장하는 나라는 사람의 생명을 하찮게 여깁니다.

사람을 귀하게 여기는 나라가 좋은 나라입니다. 미국이 좋은 나라인 것은 사람을 귀히 여기기 때문입니다. 북한에 억류되어 있던 두 기자를 위해 클린턴 전 대통령이 직접 북한을 방문해서 구해왔습니다. 얼마 전에는 카터 전 대통령이 북한을 방문해서 억류돼 있던 미국 시민을 구해왔습니다. 한 사람을 위해 대통령이 움직이는 나라가 미국입니다. 우리나라도 좋은 나라입니다. 북한 연평도 폭격으로 숨진 두 병사를 위해 대통령이 조문을 하고 온 나라가 애도했습니다. 사람을 귀하게 여기는 사회가 건강한 사회입니다. 사람을 소중하게 여기고 사람을 키우는 사회는 발전합니다.

사람이 사는 곳은 문제가 많습니다. 사람이 문제를 일으키기 때문입니다. 그렇지만 우리는 사람에 대한 소망을 가져야 합니다. 사람을 키워야 합니다. 그때 나라가 발전하고, 공동체가 성장하게 됩니다. 사람이 사람을 무시하고, 외면하고, 짓밟게 되면 사회는 혼돈에 빠지게 됩니다. 희망을 잃어버린 사회가 됩니다. 사람이 우선입니다. 요셉 한 사람이 역사에 등장했을 때, 경제문제가 해결되었습니다. 정치 문제가 해결되었습니다. 가족 문제가 해결되었습니다.

좋은 교회는 사람을 귀히 여기는 교회입니다. 서로를 존귀히 여기고, 서로를 사랑하는 교회가 좋은 교회입니다. 부족한 사람이라도 그 사람 안에 있는 잠재력을 보고 믿어 주고 아껴 주고, 키워 주는 교회가 좋은 교회입니다. 다른 사람이 우리 자신을 존귀히 여겨주길 소원하는 것처럼, 우리도 만나는 사람을 존귀히 여길 줄 알아야 합니다. 좋은 교회는 좋은 사람들이 모이는 곳입니다. 아니 어떤 사람이 들어오더라도 좋은 사람으로 변화되는 교회가 좋은 교회입니다. 집이 외적으로만 화려하다고 행복한 가정이 아닙니다. 그 집에 어떤 사람이 사느냐가 행복한 가정을 결정합니다. 사람이 중요합니다. 하나님은 사람을 귀하게 여기는 성도와 함께 하십니다.

셋째, 하나님께 영광을 돌린다. 하나님께서 함께하시는 성도는 모든 영광을 하나님께 돌리는 성도입니다. 행 14:8-18을 보면 사도 바울과 바나바의 이야기가 나옵니다. 여기서 사도 바울과 바나바는 모태로부터 앉은뱅이가 되어 결코 걸어본 적이 없는 사람을 고치게 됩니다. 그리고 이것을 본 사람들은 이들을 신들이라고 말하며, 소들과 화환을 가지고 와서 사도바울과 바나바에게 희생제를 드리려합니다. 그러나 바나바와 바울은 헤롯처럼 그 영광을 자신들이 취하지 않았습니다. 그들은 오히려 자신들의 옷을 찢고 그들을 말리며 하나님께 영광을 돌리라고 말하고 있습니다.

"말하되, 여러분이여, 어찌하여 이런 일을 행하느냐? 우리도 너희와 같은 성정을 지닌 사람으로, 너희가 이런 헛된 일들에서 살아계신 하나님께 돌아서라고 선포하는 것이니, 그 분께서는 하늘과 땅과 바다와 그 가운데 있는 모든 것을 만드신 분이시니라" 또한 하나님께서는 합당한 영광을 돌리는 자들에게 보답하시는 분이십니다. "만일 하나님께서 그 안에서 영광을 받으셨으면, 하나님께서도 자신 안에서 그에게 영광을 주시리니, 곧바로 그에게 영광을 주시리라(요 13:32)” 하나님께 영광을 돌리는 사람들에 게 하나님께서는 영광을 주신다고 말씀하고 계십니다. 이 얼마나 놀라운 사실입니까? 천지의 주재이신 하나님께서 그분께 영광 돌리는 자들에게 영광을 주시겠다고 말씀하시다니요!

사도행전 16:19-31을 보면 바울과 실라가 빌립보에서 점치는 귀신들린 소녀를 하나님의 이름으로 고쳐주자 사람들이 시기하여 그들을 감옥에 가두는 사건이 나옵니다. 채찍에 맞았으므로 그들의 등은 쓰리고, 아팠을 것입니다. 그러나 그러한 상황 중에도 그들은 하나님께 영광을 돌립니다. 하나님께서는 이들이 드린 영광을 받으셨고, 다시 그들에게 영광을 주십니다. 곧 지진이 일어나 옥문이 열리고 착고가 풀어지며, 간수와 관리들이 그들에게 절하며 오히려 용서를 구하게 되었습니다.

사울 왕이 멸망 받은 이유는 하나님의 말씀에 순종하지 않았고, 하나님께 영광을 돌리지 않았습니다. “사울이 이르되 내가 죄를 범하였을지라도 이제 청하옵나니 내 백성의 장로들 앞과 이스라엘 앞에서 나를 높이사 나와 함께 돌아가서 내가 당신의 하나님 여호와께 경배하게 하소서 하더라(삼상 15:30)” 백성들을 의식하고 백성들에게 칭송을 받는 행동을 함으로 결국은 망했습니다.

하나님께 영광을 돌리는 자들은 어떠한 상황에서도 마음을 드립니다. “그런즉 너희가 먹든지 마시든지 무엇을 하든지, 모든 것을 하나님의 영광을 위하여 하라(고전 10:31)” 그렇다면 하나님께 영광을 돌리는 방법에는 어떤 것이 있습니까? 바울과 실라의 경우처럼 찬송의 노래를 부름으로 영광을 돌릴 수 있습니다. 또 나병환자의 경우처럼 엎드려 경배 드리는 방법도 있습니다. 그리고 어떠한 상황에서도 하나님의 은혜를 기억하여 기뻐하고 감사 드리며 기도한다면 이 또한 하나님께 영광을 돌리는 것입니다.

넷째, 하나님의 뜻에 순종하는 사람이다. 하나님의 기적은 말씀에 순종하는 사람을 통해 일어납니다. 순종하기 때문에 하나님께서 함께하시는 것입니다. 아무리 잘 준비가 되어있어도 순종하지 않으면 열매가 맺히지 않습니다. 기드온과 300명의 용사는 13만 5000명의 대군을 두려워하지 않고 무조건 말씀에 순종했습니다. 그런데 하나님의 명령이 이상했습니다. 사사기 7장 16~18절은 "삼백 명을 세 대로 나누어 각 손에 나팔과 빈 항아리를 들리고 항아리 안에는 횃불을 감추게 하고 그들에게 이르되 너희는 나만 보고 내가 하는 대로 하되 내가 그 진영 근처에 이르러서 내가 하는 대로 너희도 그리하여 나와 나를 따르는 자가 다 나팔을 불거든 너희도 모든 진영 주위에서 나팔을 불며 이르기를 야훼를 위하라, 기드온을 위하라 하라 하니라"라고 말씀합니다. 하나님께서는 전쟁을 앞두고 칼과 활이 아닌 항아리와 나팔을 준비시키셨습니다. 하나님의 명령은 비상식적이었고 이해할 수 없었지만 기드온과 300명의 용사는 "왜 그렇습니까?"라고 따지지 않고 말씀에 무조건적으로 순종했습니다.

사무엘상 15장 22절은 "사무엘이 이르되 여호와께서 번제와 다른 제사를 그의 목소리 청종하는 것을 좋아하심 같이 좋아하셨나이까 순종이 제사보다 낫고 듣는 것이 숫양의 기름보다 나으니"라고 말씀합니다. 하나님의 말씀에 대한 순종이 없는 예배와 헌신은 의미없는 것입니다. 순종은 결단입니다. 따지고 비판하는 태도로는 순종할 수 없습니다. 순종하겠다는 마음으로 말씀을 듣고, 순종하겠다는 마음으로 하나님의 사명을 감당할 때 하나님께서 열린 문의 복을 주십니다.

우리의 순종하는 믿음은 기적을 만들어냅니다. 하나님의 약속의 말씀을 믿고 나아갈 때 기드온은 놀라운 기적을 경험했습니다. 밤 11시쯤, 기드온은 그의 병사들에게 나팔 소리가 들리면 항아리를 부수고 횃불을 흔들라고 명령했습니다. 그리고 나팔을 불고 "여호와와 기드온의 칼이다."라고 크게 외치게 했습니다. 곤하게 잠을 자고 있던 미디안의 군대는 갑작스러운 소리와 불빛에 놀라 자기들끼리 싸우게 되었습니다. 얼마나 그들이 놀랐던지 그때 십이만 명이 그 소란 중에 죽어버렸습니다.

이 사건을 통해 하나님께서 우리에게 말씀하시는 교훈이 있습니다. 우리가 기적을 창조하는 믿음의 사람이 되기 위해서는 먼저 항아리를 깨야 합니다. 이 항아리는 우리의 고집과 교만, 불순종과 같은 옛 사람의 모습입니다. 우리가 주님 앞에서 깨어지고 낮아질 때 성령님께서 역사하실 수 있습니다.

다섯째, 하나님께서 하실 때까지 기다린다. 하나님께서 함께하는 성도는 하나님께서 하실 때까지 기다리는 자입니다. 다윗이 목숨을 부지하기 위해 도망 다니기를 5년째 되던 때입니다. 다윗은 드디어 삼상 24장에 나오는 엔게디 광야로 숨어들게 됩니다. 엔게디는 지구상에서 가장 험하고 황량한 지역으로 일컬어지는 곳입니다. 쫓겨 다니는 다윗으로서는 엔게디의 지형만큼 숨기 좋은 곳은 없습니다. 그런데 다윗이 엔게디 근처에 있다는 것을 안 사울이 쫓아왔습니다.

원수는 외나무다리에서 만난다고 이들의 만남은 참으로 기가 막힙니다. 사울이 갑자기 화장실이 가고 싶었습니다. 볼일을 보기 위해 동굴로 들어가게 되는데 그 동굴이 마침 다윗 일행이 쉬고 있던 바로 그 동굴이었습니다. 동굴 안으로 들어간 사울은 그 안에 있는 사람들을 알아보지 못합니다.

한 낮의 태양 빛 가운데 있다 동굴로 들어온 자들은 어둠에 익숙지 않기 때문에 동굴 안쪽 어두운 구석에 있는 사람을 알아보지 못합니다. 영화가 시작된 극장에 들어가면 캄캄해서 앞뒤 분간이 어려워 허둥대는데 앉아 있는 사람들은 그 모습을 훤히 보는 것과 같은 것이지요. 등을 돌리고 앉은 사울은 자신의 볼일을 보고 있습니다. 사울이 다윗을 쫓아온 것인데 모양새는 마치 하나님께서 사울을 다윗에게 완전히 양도된 상황으로 만들어주신 것 같이 느껴집니다.

부하도 없이 그리로 들어온 사울은 꼼짝없이 당할 운명에 놓였습니다. 지금 이 상황은 우연이라 하기에는 너무 절묘한 타이밍입니다. 사울임을 알아 본 다윗의 부하들은 그를 죽일 절호의 기회라고 여겨 다윗을 조릅니다. 사실 누가 봐도 이것은 하나님께서 허락하신 기회라고 여기는 것이 당연합니다. 그러나 다윗은 다만 사울의 옷자락을 조금 벨뿐입니다. 고대 근동에서는 사람의 옷자락을 자르는 것은 그 사람의 명예를 박탈하기 위한 상징적인 법률행동으로 여겼습니다. 그래서 옷자락을 벤 것만으로도 사울의 명예를 박탈한 것 같은 마음에 편치 않았습니다. 얼마 후 하길라 산이란 곳에서 이와 비슷한 일은 한 번 더 되풀이 되었습니다 (삼상 26장).

이미 자신을 죽이려고 여러 번 시도했었고 지금도 죽이기 위해 쫓아온 자가 바로 자기 눈앞에 있습니다. 이쯤 되면 그가 사울을 죽여도 잘못은 아닙니다. 게다가 자신은 이미 차기 왕으로 기름 부음 받았습니다. 그런데도 다윗은 사울을 죽이지 않았을 뿐 아니라 옷을 조금 벤 것만 가지고도 불편해 했습니다. 왜 그랬을까요?

사무엘상 24장 6절에 보면 "자기 사람들에게 이르되 내가 손을 들어 여호와의 기름 부음을 받은 내 주를 치는 것은 여호와께서 금하시는 것이니 그는 여호와의 기름부음을 받은 자가 됨이니라." 다윗이 사울을 죽이지 않은 가장 큰 이유는 생명의 주권이 하나님께 있다는 자신의 신앙고백에 있습니다. 사울을 사울로 보는 것이 아니라, 하나님의 사람으로 보는 안목이 그로 하여금 사울에게 손대지 않게 하였습니다. 하나님께서 하실 때까지 기다립니다.

여섯째, 어디서나 하나님의 영광만을 본다. 예수를 믿고 교회를 다녀도 무엇을 보고 다니느냐가 중요합니다. 교회를 다녀도 살아계신 하나님의 역사만을 보도 다닙니다. 어떤 성도는 교회에서 목사님의 오른팔이 누구인가, 누가 축복을 받고 있는가, 병이 고쳐지는가, 어떻게는 없고 결과만 보고 교회를 다니는 분들이 있습니다. 살아계신 하나님의 영광을 보며 하나님과 관계가 열리는 것에 중점을 두고 교회를 다녀야 합니다.

놀라운 것은 예수님의 보혈의 능력이 찌그러진 내 인생과 가치를 펴 주셨습니다. 바울은 "누구든지 그리스도 안에 있으면 새로운 피조물이라 이전 것은 지나갔으니 보라 새것이 되었도다(고후 5:17)"라고 했습니다. 잘못된 내 생각과 습관과 삶의 태도를 고치려면 예수님을 만나야 합니다. 내 영이 고침 받고 참 자유를 누리려면 십자가에 달려 죽으신 예수님을 만나야 합니다. 병든 가정과 병든 역사와 병든 나라가 고침 받으려면 주님 앞에 나와 무릎을 꿇어야 합니다. 주여 소경의 손을 붙들어 주신 것처럼 내 손을 붙들어 주옵소서. 내 머리에 안수하여 주옵소서. 나로 하여금 보게 하여 주옵소서.

예수님은 무엇이 보이느냐고 물으셨습니다. "무엇이 보이느냐?" 그의 대답이 마태복음 8장 24절 이하에 나와 있습니다. 그는 "사람들이 보이나이다"라고 했습니다. 그러나 그의 눈에 보인 것은 나무 같은 것들이 걸어가는 것처럼 희미하게 보였습니다. 개안 수술에 성공한 사람의 경우 눈에 감았던 붕대를 푸는 순간 1.5의 시력이 나오는 것이 아닙니다. 희미하게 보이다가 점차 시력이 회복되는 것입니다. 그러나 일주일이 지나고 한 달이 지나도 시력이 회복되지 않고 나무 같은 것들이 걸어 다니는 것처럼 보이면 성공적 결과가 아닌 것입니다. 이 사람의 경우도 눈을 뜨는 순간 사물이 희미하게 보였습니다. 중요한 것은 그 다음입니다. 25절을 보면 "이에 그 눈에 다시 안수하시매 저가 주목하여 보더니 나아서 만물을 밝히 보는지라"고 했습니다. "나아서 만물을 밝히 보더니……" 정상 시력이 회복되었다는 것입니다. 눈은 인체의 모든 부분 가운데 가장 소중한 부분입니다. 그래서 주님도 "눈은 몸의 등불이다"고 하셨습니다.

각막을 통해 빛이 들어오면 그 빛이 망막에 집중되고 그 빛이 모아져 시신경을 통해 대뇌에 전달이 되면 시각을 일으킨다고 합니다. 우표 크기만한 망막 속에 1억 3천만개의 세포가 들어있고 그 세포는 1w의 1백조분의 1이라는 약한 빛까지도 식별해 내는 초감도의 능력을 가지고 있다고 합니다. 한마디로 현대 과학으로도 상상할 수 없는 정밀도와 능력을 가진 것이 눈입니다. 그 눈에 무엇이 보이느냐에 따라 그 사람의 인생관이 결정됩니다.

인간의 참된 가치가 무엇인가 어떻게 벌고 어떻게 쓰는 것이 옳은 것인가를 바로 볼 줄 아는 사람이었습니다. "무엇이 보이느냐?" "밝히 보이는 지라" 바로 보고, 바로 믿고, 바로 살아야 합니다. 영의 눈을 떠야 영적 세계가 보입니다. 영의 눈이 밝아져야 예수님이 보이고 내가 할 일이 보이게 됩니다.

지금 자신의 눈에 무엇이 보입니까? 예수가 희미하게 보입니까? 천국이 희미하게 보입니까? 그런가 하면 눈을 감아도 떠나지 않고 확실하게 보이는 것은 무엇입니까? 어떤 여자입니까? 어떤 남자입니까? 증권입니까? 오만원 권 지폐입니까? 향락입니까? 영화입니까? 주여! 어두운 내 눈 밝히사, 진리를 보게 하여 주소서. 예수님을 보게 하여 주옵소서. 신령한 세계를 보게 하여 주옵소서. 하나님의 역사를 보게 하소서. 아멘.

일곱째, 주신 권능을 알고 사용할 줄 안다. 하나님께서는 주신 권능을 사용할 줄 아는 자와 함께 하십니다. 하나님께서 레마를 주시면 듣고 권능을 사용하는 성도와 함께 하십니다. 하나님이 성도에게 주신 권능이 많이 있습니다. 이 권능을 가지고 이 땅에 하늘나라를 만들라고 주신 것입니다. 주신 권능을 가지고 마귀와 싸워서 이기라고 주신 것입니다. 성도가 세상을 살아가자면 여러 가지 문제를 만나게 됩니다. 하나님은 성도가 문제를 만날 때마다 하나님에게 기도하여 레마를 받아, 주신 권능을 사용하여 해결하기를 원합니다. 권능을 사용하지 못하면 하나님의 일을 할 수가 없습니다. 하나님은 주신 권능을 사용하라고 신구약 성경 말씀을 주신 것입니다. 말씀에 보면 이스라엘 사람들이 이방 사람들과 싸워서 이겨야 땅을 차지할 수 있도록 하셨습니다. 성령이 역사하는 교회시대를 살아가는 우리도 하나님이 주시는 레마에 따라 주신 권세를 사용해야 우리 앞에 있는 문제들이 떠나가는 것입니다. 그래서 하나님이 주신 권능을 사용할 줄 아는 자와 하나님께서 함께하십니다. 반대로 주신 권능을 사용하지 않으면 함께 하실 수가 없습니다.

이 책을 통해 예수님이 땅끝까지 전파 되기를 소원합니다.
(출판으로 인한 이익금은 문서선교와 개척교회 선교에 사용합니다.)

자신 안을 능력으로 채우는 법

발 행 일 l 2017. 4. 4초판 1쇄 발행

지 은 이 l 강요셉

펴 낸 이 l 강무신

편집담당 l 강무신

디 자 인 l 강요셉

교정담당 l 강무신

펴 낸 곳 l 도서출판 성령

신고번호 l 제22-3134호(2007.5.25)

등록번호 l 114-90-70539

주   소 l 서울 서초구 방배천로 4안길 20(방배동)

전   화 l 02)3474-0675/ 3472-0191

E-mail l kangms113@hanmail.net

유   통 l 하늘유통. 031)947-7777

ISBN l 978-89-97999-56-9 부가기호 l 03230

가   격 l 16,000원